## 版权声明

Tea with Winnicott by Brett Kahr

Copyright © 2016 Brett Kahr

Authorised translation from the English language edition published by Routledge, a member of the Taylor & Francis Group, LLC.

All rights reserved. No part of this book may be reprinted or reproduced or utilised in any form or by any electronic, mechanical, or other means, now known or hereafter invented, including photocopying and recording, or in any information storage or retrieval system, without permission in writing from the publishers.

Copies of this book sold without a Taylor & Francis sticker on the cover are unauthorised and illegal.

---

保留所有权利。非经中国轻工业出版社"万千心理"书面授权，任何人不得以任何方式（包括但不限于电子、机械、手工或其他尚未被发明或应用的技术手段）复印、拍照、扫描、录音、朗读、存储、发表本书中任何部分或本书全部内容（包括但不限于光盘、音频、视频等）。中国轻工业出版社"万千心理"未授权任何机构提供源自本书内容的电子文件阅览、收听或下载服务。如有此类非法行为，查实必究。

*Tea with Winnicott*

# 与温尼科特的茶会闲谈
## 一场跨越时空的对话

［英］布雷特·卡尔（Brett Kahr） 著
唐可 译
张沛超 审校

中国轻工业出版社

图书在版编目(CIP)数据

与温尼科特的茶会闲谈：一场跨越时空的对话／
(英)布雷特·卡尔(Brett Kahr)著；唐可译.--
北京：中国轻工业出版社，2025.1. -- ISBN 978-7
-5184-4799-2

Ⅰ.K835.615.1

中国国家版本馆CIP数据核字第2024X8F403号

责任编辑：林思语　　责任终审：张乃柬
策划编辑：林思语　　责任校对：刘志颖　　责任监印：吴维斌

出版发行：中国轻工业出版社（北京鲁谷东街5号，邮编：100040）
印　　刷：三河市鑫金马印装有限公司
经　　销：各地新华书店
版　　次：2025年1月第1版第1次印刷
开　　本：710×1000　1/16　印张：19
字　　数：270千字
书　　号：ISBN 978-7-5184-4799-2　定价：118.00元

读者热线：010-65181109
发行电话：010-85119832　010-85119912
网　　址：http://www.chlip.com.cn　http://www.wqedu.com
电子信箱：1012305542@qq.com

版权所有　侵权必究
如发现图书残缺请拨打读者热线联系调换
231077Y2X101ZYW

献给丽莎（Lisa）和马塞尔（Marcel）
我生命中最挚爱的两位登场人物
致以满满的深情与爱意

"……一种极其令人愉悦的体验，就如同观赏一场音乐会、一场戏剧，或在一段友谊中所获得的那样。"

唐纳德·伍兹·温尼科特医生，
《独处的能力》（"The Capacity to Be Alone"）
（*The International Journal of Psycho-Analysis*，1958，p.419）

# 审校者序

## 心灵咖啡与茶

咖啡和茶差不多是我每天的"续命还魂水"。午后的咖啡是不可缺的,但茶可以陪伴我一整天,甚至是在与来访者工作的时候。按照弗洛伊德的说法,这应该是口欲期的满足;按照温尼科特的理论,这或许是"过渡性客体"?

在世界各地的精神分析从业者的书架上,占有率第一高的毫无疑问是这个传统的缔造者——弗洛伊德的著作。每当我有机会到精神分析同行的书房做客,一个必不可少的任务就是去看看他们的藏书。毫无疑问,厚重的弗洛伊德全集总会毫不意外地出现在显眼的地方,有些老者甚至拥有两套,因为第一套因年代过于久远已经成为适合陈列的古董。占有率第二高的你猜是哪位?这里把近乎所有的精神分析流派,甚至荣格学派都算在内,答案是温尼科特。同安娜·弗洛伊德和梅兰妮·克莱因不一样,唐纳德·温尼科特是位地地道道的英国人。而他的书早已跨过英吉利海峡和广阔的大西洋,出现在世界各地的精神分析学人的书架上。我一直有个计划,就是去维也纳和伦敦旅游。走一走弗洛伊德走过的路,吹一吹温尼科特吹过的风,但因全球大流行病推迟了这个计划,到现在这些都还是个未实现的梦想。好在有《与弗洛伊德的咖啡漫语》(*Coffee with Freud*)和《与温尼科特的茶会闲谈》(*Tea with Winnicott*)这两本书让我仿佛抵达了那个时空,甚至能感受到与两位大师同在,闻到咖啡和茶的香气。

坊间有关弗洛伊德和温尼科特的一手及二手著作汗牛充栋。弗洛伊德的全集尽管没有全部汉译,但以我个人的印象也出了十之七八。格外核心的著作，比如《梦的解析》拥有几十个中文译本，从德文直接翻译过来的也已经有三种。至于温尼科特我则更为亲切，因为在十多年前温尼科特尚不如今日流行的时候，我参与过他的一部重要理论著作《人类本性》（Human Nature）的翻译。近些年来，有关弗洛伊德和温尼科特的导论性著作，如雨后春笋般令人应接不暇，这不可不谓是学人之福。

但是这些著作很难让我们体察到二位大师的生活。作者的文风尽管是人格的一种展现，但远非全部。弗洛伊德的文风是清晰而深刻的，你能在阅读的时候获得层层深入的理论快感；温尼科特的文风是亲和、如师在侧的，因为其著作大部分是面向大众的演讲集整理而成的。为了获得对大师生平的理解，我们需要阅读其传记，好在弗洛伊德传记中的几种，以及温尼科特的最为重要的传记都已经有中文译本。

但这些著作的特点是，告诉我们事实，而我们同事实的对话，需要我们自己完成。那么有没有既曲径通幽式地展现大师们的生平，又满足初学者的八卦心态的著作呢？那就是摆在各位面前的《与弗洛伊德的咖啡漫语》和《与温尼科特的茶会闲谈》，其各自都是独一无二的著作，甚至可以说是前无古人后无来者。

说"前无古人"，是由于其体裁的新颖。虽然对话体其实是历史最为悠久的文体之一，柏拉图的对话录、中医学的基础经典《黄帝内经》都是对话体。但这种体裁的写作难度颇大。用精神分析的术语来说，这种文体对心智化（mentalization）的要求很高。如果是创作剧本，那么设想虚拟人物之间的对话尚且有足够的自由度，但是设想自己与一个真实的历史人物对话就不能天马行空，毕竟这两位人物去世不算很久且有大量著作流传。况且，如果这种对话的目的是使读者似乎抵达了现场，获得旁观旁听的效果，那就不得不思考：读者需要了解什么？有什么内容是如我们一般的读者好奇，而没有其他的了解渠道的？所以既要尊重史实，又要与读者充分共情的对话体恰恰是最难的。我很好奇作者的撰写过程，是一边撰写一边查阅资料丰富内容并修改细节呢？还是犹如扶乩一般，观想出栩栩如生的弗洛伊德和温尼科特并与之对话，然后再记录下来？

论"后无来者"，我觉得也并不夸张。我幸运地与直接被克莱因、比昂、弗洛姆分析过的人有过交往，所以多少能隔着一个人感受到这些教材中的人物的生活。但是弗洛伊德已经去世多年，温尼科特也差不多。为了获得对这二位的生活的直观体验，作者需要能够接触到足够多的与这二位有个人交往的人士。所幸布雷特·卡尔（Brett Kahr）教授有这样难得的机缘，如作者在本书末的致谢所述，除了能接触到多个弗洛伊德博物馆、档案馆的文物，他也设法访问了弗洛伊德在世的后代们。至于温尼科特，作者曾与其生前的秘书多次交谈。所有这些难得的机缘，随着岁月的流逝将变得不可重复。这也使得这两本书对弗洛伊德和温尼科特的模拟与再现，基本上达到了"起死回生"的效果。

由于几乎在同一时间审阅这两部著作的译稿，我得以对照比较二者的内容和文风的区别。《与弗洛伊德的咖啡漫语》充满了当年维也纳的种种细节，从衣着到吃喝，再到弗洛伊德威严的腔调，让我很多时候都感觉身临那次访谈所发生的咖啡馆，乃至闻到咖啡及酒品的气味。文中的弗洛伊德会情不自禁地使用德语俚语，这完全不是作者在卖弄他的德语。对弗洛伊德而言，他的思维是德语式的，即便他可以流利地使用英语。但是这增加了翻译的难度，译者段涤非不厌其烦地将德语设法译出，并且竭尽所能地添加译者注以方便我们理解。而《与温尼科特的茶会闲谈》一书，则呈现了完全不同的风格，温尼科特亲和但略带拘谨，这样的风格与我所了解的温尼科特是高度吻合的。为了方便读者理解细节，译者唐可也尽可能地添加了有益的译者注。同一个作者，需要带入两种非常不同的想象对话，这不得不令人佩服，我猜想作者的临床能力毫不逊色于写作能力。

我一边喝着咖啡，一边喝着茶，反复审读了这两部书稿，在突触间产生了难以名状的愉悦，是时候把这份快乐与各位共享啦！

张沛超

2024年4月于中国深圳

# 译者序

作为译者与此书相遇，我感到非常荣幸。本书作者布雷特·卡尔教授既是英国塔维斯托克中心的资深临床心理工作者，也是精神分析历史学家。正是他那严谨周密又混合着奇思妙想的写作风格，令他构筑出这样一部精彩的"想象的非虚构"访谈——他与著名儿童心理学家、精神分析大师唐纳德·伍兹·温尼科特（Donald Woods Winnicott）的访谈。之所以称虚构，是因这位大师已然不在世，此访谈也并非真实记录；之所以又称"非虚构"，是因文中所有关于温尼科特的人物刻画、生平事迹、理论思想，甚至绯闻八卦，都是基于作者30余年对史料以及亲历者的研究采访。其作品里，虚幻与真实、活泼与严肃、主观与客观、过去与现在、科学与艺术、爱与恨、光与影、生与死……这些看似对立矛盾的各方各面都在作者妙笔下浑然一体，也许这正是对温尼科特的"过渡空间"的一种创造性演绎与实践，成就了一种鲜活的美。

## 此时，彼时的交汇

当代精神分析学者与复活后的温尼科特在英国切斯特广场87号的温尼科特故居相见，开启了这次跨越时空和生死的访谈，属于他们彼此不同的时代与背景在此刻交汇，"言行举止绅士而得体，西装革履且文质彬彬，喜欢喝茶、抽烟、绘画、音乐、写作，热爱表达又略带啰唆，不折不扣的工作狂"——温尼科特医生的形象栩栩生动，跃然纸上与心间。

## 转动的命运齿轮

二人促膝畅谈间,光阴回溯至温尼科特生前,记忆大幕拉开,回到维多利亚时代的英国,在普利茅斯的温尼科特大家族里,人人都秉持着助人信仰,温尼科特也不例外。作为家中最小的孩子,温尼科特在足够多的爱与陪伴中长大,而妈妈隐秘的抑郁气质也许是幼年的他所经历的阴影,他需要学会在悲伤里陪伴着妈妈。这种沉重,又或是一笔财富,因为在那个精神分析尚未诞生的年代,这些经历已开始塑造着这位天才精神分析师。

## 冥冥之中的牵引,寻找自我的声音

那是心理学尚未普及的年代,学生时代的温尼科特挣扎在生理医学的学习中,这无法成为他的心之所向,而吸引他的儿科和精神病学又是医疗领域的"辛德瑞拉",处境边缘且发展原始,充满着不人道和忽视。在内心困顿以及境遇不堪之际,精神分析成为温尼科特的救命稻草,也成就了这位儿科与精神病学伟大的开拓者。他先后接受了詹姆斯·斯特雷奇(James Strachey)和琼·里维埃(Joan Riviere)的分析,最终成为儿童与成人精神分析师。

## 时代车轮的皱褶

第一次世界大战发生在温尼科特的求学时期,第二次世界大战发生在温尼科特的执业时期,历史的车轮无情碾过每个人。正如伏尔泰所言:"雪崩时没有一片雪花是无辜的",身处其中的温尼科特经历了巨大的丧失和变动。这些创伤、这些内疚与补偿赋予了他某种使命感,他坚持以医助人,帮助了太多太多的受难群众,也启发了他对仇恨、攻击性与儿童行为不良的卓越研究。

## 与温尼科特相遇

在这位大师的生命历程中,太多耳熟能详的重要人物在其中抹上了浓墨重彩的一笔,西格蒙德·弗洛伊德(Sigmund Freud)、欧内斯特·琼斯(Ernest Jones)、梅兰妮·克莱因(Melanie Klein)、安娜·弗洛伊德(Anna Freud)、詹姆斯·斯特雷奇、琼·里维埃、哈里·卡纳克(Harry Karnac)、约翰·鲍尔比(John Bowlby)、马苏德·汗(Masud Khan),等等,他们之间的相遇碰撞出了书中叙述的美妙火花。

## "江湖"纷争,恩怨情仇

国家间,第二次世界大战期间各国在激烈交战;行业内,英国精神分析学会内部也群雄割据,水深火热。最终,协会内部三分天下:安娜·弗洛伊德学派,克莱因学派,以及温尼科特所在的中间学派。与克莱因交情颇深、关系复杂的温尼科特却带头中立,又被迫卷入斗争,最后两人恩怨交织,渐行渐远。

## 温尼科特的心理地图

这位特立独行的大师逐渐描绘出专属的完整心理蓝图,从生命伊始到走向独立,他大量的经典临床理论与技术贡献,让当代成千上万的临床工作者与来访者受益,其经典论文数年间一直霸榜全球精神分析电子出版数据库引用量前列。

## 大师的阴影，舆论是非

"光"之所至，"影"必随行。访谈间触及了温尼科特被众人诟病的绯闻八卦及种种方面，包括他对于临床技术的创新性实验、理论上的突破、与病人的关系、与克莱因和马苏德·汗的传言，等等。

作者笔下所描绘的温尼科特不只是一个创作出许多精妙的临床洞见——"足够好的母亲""过渡空间""抱持性环境""原初母性贯注"——的学者，不只是一个举世闻名的儿童心理学家和精神分析师，也不只是一个精神分析学派创始人，更是一个鲜活的、真实的人。

正如温尼科特医生最后在未完成的遗著中的肺腑之言："愿我死后如同活着。"也许读完本书的我们会不禁回应："温尼科特医生，您还活着，您的思想活在这些文字之间，您的形象活在无数学习者和读者心中，如此鲜活地、持续地存在着。"

最后，带着以上感受与触动，望诸位读者可以一起享受此次精神旅途，感受温尼科特的生命力与创造性，玩得尽兴。

唐可

2024年2月于中国澳门城市大学

# 中文版序

当我还是一名非常年轻的心理学本科生时，我经常花大量的时间漫步在大学图书馆的走廊里。那是20世纪70年代，我们没有电脑，没有互联网，也无法使用搜索引擎。因此，如果想要深入研究某一领域，就必须定期阅读实体的印刷品。

我永远难以忘怀，有一次我在图书馆心理学区的书架间徜徉时，意外地发现了一些由英国精神分析师唐纳德·伍兹·温尼科特创作的著作。这个极富趣味、如音乐般动听的姓氏真的勾起了我的好奇心。可惜的是，我所有的老师都未曾提过温尼科特，所以我遇到他真的是纯属巧合。

幸运的是，我开始阅读他的众多著作，而在很短的时间内，我就被深深吸引，迅速陷入对唐纳德·伍兹·温尼科特医生的狂热迷恋里。

随着时间的推移，我愈发欣赏温尼科特医生，他将一生奉献给了心理健康研究领域——在20世纪20—30年代，这还是一个新兴领域——在超过半个世纪的时间里，他为人类心理学的发展做出了巨大贡献。例如，当温尼科特开始从事儿童医学——我们现在称为"儿科"的专业——的临床实践时，许多医生会鼓励有神经症或焦虑的孩子的父母将自己的孩子送到乡下，远离父母。温尼科特则意识到，如果父母借此摆脱他们的后代，从心理学角度来看，这是非常具有破坏性的；因此，他建议父母应该安排他们的孩子和精神分析师做咨询——这在当时是一个相当激进的选择。

因此，与安娜·弗洛伊德和梅兰妮·克莱因一样，出生于英国的唐纳德·温尼科特成为世界上最早的儿童心理健康专家之一。事实上，在儿童精神分析的早期发展阶段，这一领域的大多数从业者都是女性。温尼科特实际上是全英国第一位男性儿童精神分析师，在那个时代，人们普遍认为男人在他们子女的生活中没有任何作用！

温尼科特不仅对儿童精神分析和心理治疗领域的创立和发展都做出了巨大贡献，而且为我们贡献了不计其数的其他成果。虽然我无法在这篇简短的序言中完整地概括他的诸多伟大发现，但值得强调的是，在这几十年间，他承担了无数具有重大意义的项目。

例如，温尼科特为心理健康专家和儿童保健专家构造了第一个详细而全面的"正常"婴儿心理学理论，这对更广泛的发展心理学和发展精神病理学领域的研究仍然是一个无与伦比的贡献。换句话说，他不仅研究患有精神疾病的儿童，也研究所谓的"正常"儿童，探索每一个新生婴儿在来到我们这个世界时必须与焦虑做斗争的方式。

另外，他不仅概述了婴儿心理学的详细理论，而且助力开创了最终被称为"婴儿-父母心理治疗"的领域，为前语言期的儿童及其家庭成员提供精神分析治疗，同时，基于婴儿观察，强调早期心理干预可能会以一种彻底有益的方式改变年幼的人。就这方面而言，我们有充分的理由向温尼科特致敬，他是预防性精神病学和预防性心理保健领域的真正先驱之一。

唐纳德·温尼科特在治疗婴幼儿及其母亲方面取得了巨大的成功。尤其是，他认为婴儿患者的每一个精细动作和咿呀声都是至关重要的，因此他极其仔细地研究婴儿，不管是生理方面还是心理方面，并且他非常努力地帮助父母更加全面地了解自己的孩子。温尼科特特别关注作为婴儿心理状态基石的"绝对依赖"的作用，强调新生儿总是完全依赖于父母；因此，任何断裂的依恋、分离或剥夺都会给婴儿的精神状态带来沉重的负担，阻碍婴儿走向更健康的独立。

这位杰出的儿童医生，后来受训成了成人和儿童精神分析师，他接受了詹姆斯·斯特雷奇先生和琼·里维埃夫人的个人治疗，这两位都是西格蒙德·弗洛伊德教授的被分析者。温尼科特不仅为他的同行提供了真正详细的婴儿和儿童心理学理论，而且，他尤其关注父母心理学，并成为第一批不仅考虑母亲角色，同时考虑父亲角色的人之一。此外，他还为他的同时代人和后继者提供了对产前心理学的详细理解，研究了母亲在怀孕期间的无意识心理状态，作为影响婴儿未来个性发展的因素。

通过阅读温尼科特的著作，你会很容易认识到，一旦新生儿在充满爱意和贴心的父母那里得到足够的"抱持"，他将发展出一个足够坚固的自我结构，并能够享受大量的心理成长，最终获得关切的能力——照顾他人的能力，以及独处的能力——拥有容忍甚至享受独自一人的力量。此外，他还强调了游戏作为心理健康的关键点的重要性。正如温尼科特所言，一个心理健康的人必须具备爱和工作的能力——经典的弗洛伊德观点——而更重要的是，还必须发展出享受游戏的能力！

在温尼科特年轻时，安娜·弗洛伊德女士和梅兰妮·克莱因夫人在英国的儿童精神分析领域占据主导地位。在整个20世纪20—30年代及之后，每一位弗洛伊德学派的儿童治疗从业者都被要求每周5天对幼儿进行精神分析，包括周一到周五。虽然这种形式的密集治疗毋庸置疑会为问题儿童及其家庭提供非常大的支持，但温尼科特与弗洛伊德女士和克莱因夫人不同，他在公共卫生部门工作，需要为成千上万的家庭提供支持，因此，他无法为每个孩子提供完整的传统精神分析。他开始开发更简短的干预方法，这种方法被证明非常成功，也是必要的，这表明孩子的症状——与根深蒂固的成人症状不同——往往可以很快得到解决。在这方面，他是儿童心理健康服务扩展的真正先驱，这最终造就了我们所知的英国国家卫生服务体系（National Health Service，NHS），面向那些无法负担私人治疗费用的公众。换言之，尽管西格蒙德·弗洛伊德是个体精神分析的奠基者，唐纳德·温尼科特则开创了面向大众的精神分析。

在漫长而丰富的职业生涯中，温尼科特为这个行业做出了无数其他贡献。我特别敬佩的是，他在20世纪40—50年代敢于挑战英国精神病学的残酷现状。当时，大多数严重的精神病患者都要遭受诸如精神外科手术（例如，脑白质切除术或前脑叶白质切除术）之类的侵入性手术治疗，或被迫接受电休克治疗和其他形式的侵入性生物医学干预。这位勇士，温尼科特，公开谈论这种对身体有害的治疗过程的潜在残酷性，并且推荐了更安全、更有效的谈话疗法。因此，他成了最终被称为"反传统精神病学"运动的真正先驱。

此外，温尼科特是传媒精神分析领域的真正奠基者之一，他理应得到我们的感谢。早在大多数同代人之前，温尼科特就为英国广播公司（British Broadcasting Corporation，BBC）录制过广播节目，勇敢而广泛地传播了精神分析的知识。在 21 世纪初，我也非常荣幸地常驻 BBC 数年担任心理治疗师嘉宾，若不是唐纳德·温尼科特几十年前铺平了这条道路，我肯定无法做到这一点。

尽管温尼科特医生写了大量对心理健康领域有巨大贡献的文章，但他的文笔并不总是通俗易懂。因此，尽管温尼科特的作品非常出色，但许多从事精神分析的同行没办法完全沉浸其中。因此，我开始考虑，作为一名教师，也是温尼科特的一名仰慕者，我可以如何帮助将温尼科特的标志性见解传播给更广泛的受众。

某一天，我有幸与我亲爱的同事奥利弗·拉思伯恩（Oliver Rathbone）共进午餐，他那时拥有著名的英国精神分析出版社卡纳克图书（Karnac Books）公司。在某个时候，我对奥利弗说，我渴望为新手治疗师写一本书，分享我对西格蒙德·弗洛伊德的热爱，同时希望这本书也能被大众读者所接受，此外，我还计划写一本关于唐纳德·温尼科特的书。在奥利弗的鼓励下，我开始创作一个全新的系列——"与偶像对话（Interviews with Icons）"，在这个系列中，我努力让弗洛伊德和温尼科特"重返人间"，在咖啡或茶的陪伴下与这两位大师交流。

奥利弗·拉思伯恩兴奋地支持我的计划，创作一本名为《与弗洛伊德的咖啡漫语》的书，并且基于我对著名儿童精神分析学家唐纳德·伍兹·温尼科特医生的研究，创作一本名为《与温尼科特的茶会闲谈》的书。幸运的是，2015 年我成功完成了《与温尼科特的茶会闲谈》，而 2016 年，我也成功完成了《与弗洛伊德的咖啡漫语》。

我决定将"与偶像对话"系列中的作品描述为非虚构作品，因为作为一名历史学家，我一直致力于百分之百地传达有据可查的事实。但是，由于该系列作品描写的是我与1939年离世的弗洛伊德以及1971年离世的温尼科特进行的对话，我将这些访谈称为"想象的非虚构"实践。这些书包含完全准确的人物刻画，但以一种通俗易懂、引人入胜（甚至略带戏剧性）的风格呈现。

在过去的几年里，我感到非常高兴和荣幸，因为这么多年轻的学生，甚至这么多年长的同行，都读过这些书，并向我坦白说，他们也开始与这些精神分析史上的偶像人物建立更深厚的"感情"。

毫无疑问，得知《与温尼科特的茶会闲谈》即将出中文版，我感到非常感动和感激。作为生活和工作在遥远的英国的人，这给我带来了很多喜悦。我真的希望我们的世界能变得更加亲密，不同国家的人能更顺利地彼此了解，从而以更加紧密合作的方式认识我们共同的人性。因此，我在这里能够帮助中国的新朋友和同行认识这位来自英国的天才唐纳德·伍兹·温尼科特，本人承蒙厚爱，荣幸之至，不胜感激。

我衷心希望温尼科特医生能给地球上每一个国家的人提供一些洞见。我想，他对婴儿和父母心灵的独特理解将鼓励我们每个人变得更加敏锐。感谢你花时间来阅读对这样一位杰出的非虚构偶像人物的采访。

布雷特·卡尔教授
2024年4月于英国伦敦

# 目 录

导语 001
序幕 002

## 采访

1　温尼科特医生归来 005
2　特立独行者的形成 019
3　一名平凡的内科医生 041
4　斯特雷奇的躺椅 055
5　克莱因夫人及其后继者 067
6　跌跌撞撞地走向战争 083
7　幸存的仇恨 111
8　温尼科特学派速成课 133
9　咨询室的白热化 161
10　一位精神分析大师 179

结语　我是如何与温尼科特相识的 197

人物小传 203
推荐阅读 251
致谢 261
参考文献 267

# 导 语

在唐纳德·温尼科特去世大约45年后，我有幸与他一同品茶。

令我欣喜万分的是，温尼科特医生同意接受关于他的生活和工作的采访，我们交谈了好几个小时。

我谨在此提供此次访谈的未经删节的文字记录，这些文本都是由温尼科特的前秘书乔伊斯·科尔斯（Joyce Coles）夫人打出来的。希望心理学、心理治疗和精神分析的学习者，以及其他关心婴儿、儿童、青少年和成人的照顾和发展的人能对这些内容感兴趣。

## 序　幕

**唐纳德·伍兹·温尼科特（Donald Woods Winnicott）** 内科医生，儿童精神科医生，精神分析学家，作家，电台广播员，理论家（1971年1月25日逝世）

**乔伊斯·科尔斯（Joyce Coles）** 在1948—1971年间担任唐纳德·伍兹·温尼科特医生的私人秘书（1997年1月1日逝世）

**布雷特·卡尔（Brett Kahr）** 教授，采访者（健在）

时间：现在

地点：英国伦敦贝尔格莱维亚区切斯特广场87号

# 采 访

"我永远也不会忘记那些用茶包泡的茶,它们为我的整个体验增添了魔力。魔力,也就是我开始变得非常真实而独特的时候。"

科林·詹姆斯(Colin James)博士在 1971 年 1 月 26 日
致克莱尔·温尼科特(Clare Winnicott)夫人的信中,
谈及温尼科特医生对他的督导(James,1971)

# 温尼科特医生归来

卡　尔：科尔斯夫人，我该如何感谢您为我安排此次会面？您知道的，我一直都渴望能和温尼科特医生交流。

**科尔斯**：嗯，我很开心我们做到了。

卡　尔：我想您一定费了很大劲。

**科尔斯**：没有啦，这没什么。

卡　尔：但真的……对于这种逝世后的访谈也不费劲吗？

**科尔斯**：的确，逝世后的采访并不那么容易。我必须和他商议并得到所有许可，和谁……你知道的。

**卡　　尔**：当然，我理解。

**科尔斯**：温尼科特医生拒绝了大多数他去世后的采访请求。

**卡　　尔**：您的意思是，其他人也邀请过他？

**科尔斯**：嗯，是的，每周我们必定会收到两三个邀请。大多数来自美国，但当我向温尼科特医生阐明你已经写了一本关于他的传记时，他就问我能否安排这次访谈。他愿意公开访谈，仅此一次。

**卡　　尔**：科尔斯夫人，我会永远感激您。我非常希望这次采访能对许多学习温尼科特医生著作的学生们有所帮助，他们会珍惜这次聆听他"现场"访谈的机会，尤其是我们这些从未见过他的人。

**科尔斯**：别告诉别人，我想温尼科特医生同意喝这杯茶……对了，我有没有告诉你？他要求我们不要把这当成一次访谈，而更像一次茶会闲谈。

**卡　　尔**：这听起肯定不错。

**科尔斯**：我想他之所以同意此次访谈，有一部分原因是他知道他死后的名声因那件肮脏的事受到了负面影响。

**卡　　尔**：您指的是……马苏德·汗事件？

**科尔斯**：是的，正是。

**卡　　尔**：确实是。

**科尔斯**：我想他会澄清事实真相的。

**卡　　尔**：好，我希望这次逝世后的访谈——抱歉抱歉，是这次茶会闲谈——也许可以让温尼科特医生有机会告诉我们他想做的一切，关于他的生活、工作和遗产。我也打算一定要问问他关于马苏德·汗的事件，也涉及其他很多很多话题。

**科尔斯**：我想这次访谈会非常圆满的。我就是来协助你的，先生。

**卡　　尔**：您已经帮了我很大的忙了。

**科尔斯**：温尼科特医生让我把访谈的文字稿打出来。你知道的，他信任我打字的能力。有些年轻女孩来自那些所谓的"各种机构"，她们却胜任不了打字这项工作！

卡　　尔：万分荣幸由您来准备我们的访谈文字稿。您真是太慷慨了。在我们开始前，请告诉我，有任何我应该特别知道的关于温尼科特医生的事情吗？您了解他目前的状况，他容易疲惫吗？他的心脏还会不适吗？

科尔斯：“逝世”的好处之一就是对自己身体的感受不一样了，所以温尼科特医生的身体状况已不再是问题。但是你也了解温尼科特医生……他依然在十分努力地工作。他仍在继续写作。

卡　　尔：他真的在写吗？

科尔斯：他会说，"科尔斯夫人，虽然我现在是已故的唐纳德·伍兹·温尼科特医生了，但这并不意味着我就没有很多话要说了。"

卡　　尔：他在写什么呢？

科尔斯：我认为是一本新书……有着不计其数的草稿，一如既往。

卡　　尔：那是关于什么的呢？

科尔斯：好吧，虽然我们已经完成好多本书了，但到目前为止，他最喜欢的是《如何虽死犹生》（*How to Be Alive, Though Dead*）。

卡　　尔：这书名真是太棒了。在他未完成的自传里，有一段精彩的发自肺腑的呼喊："哦，老天啊！我死后还能活着吗？"

科尔斯：是的，正是这个。但坦率地说，我认为这很难找到出版商。

卡　　尔：我可以问问他最近的写作情况吗？

科尔斯：当然，当然可以。温尼科特医生喜欢讨论他的作品。你知道的，在私下的研讨会上，他仍然会和同事们见面。他们会分享个案材料，就像以前一样。

卡　　尔：真的吗？

科尔斯：就像我之前说的，他依然做非常多的工作。但他还是有很多知识可以传授。你知道，我们"天上"依然有很多母亲和孩子，而且……

卡　　尔：多么了不起啊！

科尔斯：你听，我想我能听到他来了，我想我最好先准备好打字机。
卡　　尔：嗯，不过请先留下来为我们引荐一下。我不得不承认，我有点紧张，这是我第一次做逝世后的采访。
科尔斯：当然。这种采访确实有点令人不安。但你很快就会忘了你还活着而我们已故去这件事的。

［此时，唐纳德·伍兹·温尼科特医生出现了，手里拿着一捆手写的文稿。］

温尼科特：你好，科尔斯夫人。
科　尔　斯：你好，温尼科特医生。需要我帮你拿着这些文稿吗？
温尼科特：好的，我不知道这些文稿好不好，但字迹有点潦草。我刚想起来，这是一个帕丁顿格林儿童医院（Paddington Green Children's Hospital）的老病例，6岁的小男孩。我想我们可以考虑一下它是否适合放在第二十九章的某处。
科　尔　斯：太好了，温尼科特医生，我会办好这事的。
温尼科特：对了，以防万一你认不出来，这里的这个词是……
科　尔　斯：你是指"不愿被打扰的（incommunicado）"。
温尼科特：没错，就是"不愿被打扰的"。
科　尔　斯：对我来说你的字迹依然很清晰明了，温尼科特医生。
温尼科特：好的，那个时候我笔滑了，我以为……
科　尔　斯：温尼科特医生，请允许我介绍下……
温尼科特：啊哈，对了，你就是来喝茶的那个家伙。
卡　　尔：非常荣幸见到您，温尼科特医生。
温尼科特：不要这么说，不要这么说。我很开心。我从科尔斯夫人那得知，你已经很了解我了。
卡　　尔：是的，多年来，我有幸一直在研究您的生活及贡献。

温尼科特：真的吗？太好了。科尔斯夫人告诉我她给了你一大堆我寄给她的手绘圣诞卡。

科 尔 斯：是的，我想他作为一名历史学家，会保护好它们的。

温尼科特：真的太棒了！每年我对做这些都很有兴趣。我喜欢画画。

科 尔 斯：这儿还有什么事情吗？温尼科特医生，要不然我去泡点茶？

温尼科特：好的，这儿没什么事情了，科尔斯夫人。

科 尔 斯：好的，温尼科特医生。

［乔伊斯·科尔斯夫人离开咨询室。］

卡　　 尔：邀请您来您曾经的故居坐一坐，让我感觉有点怪。

温尼科特：我的天，我们是在切斯特广场吗？

卡　　 尔：是的，87 号。

温尼科特：但我几乎认不出来了。有人已经重新装修过了。不过，我能看出来，这里确实是 87 号。

卡　　 尔：如果我没记错的话，您在这里住了将近 20 年。

温尼科特：是的，我也是在这里过世的，尽管过程只用了很短的时间。记忆中事情发生得很快。我记得我半夜起来上厕所，接下来我只知道……好吧，不能抱怨。能回到这房子里，我太感动了。

卡　　 尔：这里的新主人很好，同意我们坐在您以前的咨询室里喝茶。如您所见，他们今天特地出去了，甚至让科尔斯夫人自由使用厨房。

温尼科特：真是太慷慨了。

卡　　 尔：是的，当我们告诉他们您会回来接受一次逝世后采访时，他们很感兴趣。遗憾的是，房子前面没有用蓝色牌匾[①]来纪念您。不过，

---

① 蓝色牌匾（blue plaque）：由英格兰遗产委员会（English Heritage）管理，用来纪念某些建筑、房屋、地点与各时代著名人物的联系。——译者注

世界上最伟大的儿童心理学家之一曾经住在这里，住在这所房子里，这一点让房主很开心。

**温尼科特**：这多么暖心。

**卡　　尔**：嗯，让我们坐下来说？

**温尼科特**：是坐这儿，我猜？

**卡　　尔**：是的，如果您乐意。

**温尼科特**：这太奇怪了。我以前的沙发在那边，靠着墙，还有我的椅子，你看……应该就在门边……是的，这确实很奇怪。

**卡　　尔**：我能想象，这确实很奇怪。在开始之前，温尼科特医生，您介意我录下我们的"茶会闲谈"吗？我知道科尔斯夫人也正准备把访谈内容转录为文本。

**温尼科特**：是的，她是破译我混乱不清的语言的最佳人选。可以，没问题。

**卡　　尔**：谢谢。请您稍等我一下，我要按下这个按钮……好的，似乎开始录了。

**温尼科特**：多么特别的录音机。我们那时候的录音机要大得多，笨重得多，还需要一大堆烦琐的磁带，而且总是搅在一起。

**卡　　尔**：现在科技已经进步了。

**温尼科特**：很多其他方面也都进步了，毫无疑问。当然，我们确实也能听说些最新的消息，但我并不是总有时间跟进，你懂的。你也知道我在"天上"依然要看病人。那里似乎对我所能提供的服务仍有很大需求。"逝去"并不像人们想象的那么简单——至少从心理学的角度来看并不简单。这会带来非常特殊的焦虑。

**卡　　尔**：我能想象到。那么，也许我们可以开始了。

**温尼科特**：我是否需要试试麦克风，看看它能不能正常工作？就像以前在英国广播公司录节目的时候那样？

**卡　　尔**：测试声音，好主意。

**温尼科特**：我是温尼科特。唐纳德·温尼科特在对着麦克风讲话。

**1　温尼科特医生归来**

卡　　　尔：非常棒，一切正常。您好，温尼科特医生。非常感谢您愿意与我交流。我非常感激。

温尼科特：我必须说，这让我想起了我在广播大厦（Broadcasting House）的日子。我要对着一个巨大的麦克风讲话。但你的这个麦克风挺特别的。我还有点不习惯呢。但是音响技术员在哪儿呢？你懂的，就是那些有趣的小男生，耳朵上总挂着耳机，不停地检查着线路。

卡　　　尔：技术已经变得更精简（streamlined）了，所以，对于这种非正式访谈，我们不需要技术员。

温尼科特："精简"，嗯，我喜欢。但"精简"这个词，我并不常听到。

卡　　　尔：是的，流行文化也已变迁。如果我碰巧使用了任何也许您不太明白的词汇，请打断我，让我知道。

温尼科特：好的！你能想到这一点真是太好了。是的，我猜很多东西都已经变了。我一眼就能看出你的西装——这是一套非常漂亮的西装——但它的剪裁风格和我的就不太一样。

卡　　　尔：您在总是衣冠楚楚这一点上享有很高的声誉。

温尼科特：是吗？我真是如此？

卡　　　尔：我确信您所有的西装都是手工制作的。

温尼科特：还有人不这么穿吗？衣服当然是手工制作的呀。

卡　　　尔：好吧，那我们继续？

温尼科特：你知道，死而复生的感觉很奇怪，但我依然为此高兴。尤其是回到我以前的咨询室，回到切斯特广场。我真的喜欢这里的新布置。而且越来越喜欢了。但是我的沙发不见了，所有的玩具也不见了。那些我在儿童分析治疗时所用的玩具。我挺好奇那些东西怎么样了……但至少这里还有鲜花。我在这个房间里经历了很多。我听过太多的故事……太多的悲剧故事，你知道的。

卡　　　尔：我想，您也曾帮助您的病人们减轻了很多痛苦。

温尼科特：是的，我的确试过。

卡　　尔：您去世后，世界各地的心理健康专家开始对您所做的工作越来越感兴趣，包括您工作的各个方面。我想，能听到您的讲话，我们不胜荣幸。

温尼科特：你真好。我的工作现在真的家喻户晓了吗，还是人们已经忘记我了？

卡　　尔：我想可以很公正地说，您已经名垂千古了，您的名字现在与西格蒙德·弗洛伊德和卡尔·古斯塔夫·荣格（Carl Gustav Jung）并列位于伟大的心理学家众神殿里。

温尼科特：我有点不好意思……但只是一点点而已。听你这么说，我很欣慰。

卡　　尔：如果您不反对，也许我们可以从您的个人成长史开始谈。我知道在1971年您去世前不久，您已经开始写一本自传……

温尼科特：嗯，是的，没错。让我想想……如果我没记错的话，我原本打算把它起名为《什么也没少》（Not Less Everything）。这本书我开了个好头，但再也没有完成。由于疾病和工作，我根本没有时间。

卡　　尔：好，我希望这次访谈也许可以提供一个机会，让您向我们讲述您精彩的人生，也可以分享一些在您未完成的自传里可能会提及的精彩内容。

温尼科特：是啊，这真是个好主意。

卡　　尔：之所以想起您的自传，是因为我记得您书中留存的零碎片段，您以一个美妙的句子作为书的开头。如果您还记得，您写过一句祷文："愿我死后如同活着"。

温尼科特：是的，这是我的信条……也许也是每个人的信条。虽死犹生是非常重要的。当然，我这里指的不仅是对死亡的原始否认。我们都想否认死亡。但我认为，我也想要赞赏活着的重要性，因为很多人都觉得自己的内心已经死去了。

卡　　尔：您所有的作品都在赞颂人的活力、创造力以及游戏力的可能性。

温尼科特：是的，没错。我喜欢游戏。

**1** 温尼科特医生归来

卡　　尔：我从您的秘书科尔斯夫人那里得知，您现在依然在写作是吗？您是否正在写一本关于"如何虽死犹生"的书？

温尼科特：是的，就是这本书。这是人类面临的困境：如何虽死犹生。游戏会有所帮助，你知道的。对我来说，游戏是活着的终极表达。

卡　　尔：在所有心理学专业人士的心中，您已经和游戏的概念及其重要性紧密地联系在一起了。

温尼科特：我说过，我喜欢游戏。我们刚刚就提到了那些手绘圣诞卡。为了画那些卡片，我会熬夜到很晚。如你所见，那就是游戏。克莱尔——我的妻子——过去常因为我睡得太晚而责备我，但就像我对你说的，我真的十分享受画画。

卡　　尔：您的圣诞卡真的太棒了——那么生机勃勃，色彩缤纷。

温尼科特：你居然有科尔斯夫人所有的圣诞卡，真是太了不起了。告诉我，你是如何认识她的？我想，你在她去世之前就认识她了，像我一样？

卡　　尔：是的，我在 1994 年见过科尔斯夫人，就在她 1997 年元旦去世的前几年。安娜·弗洛伊德中心（Anna Freud Centre）的一位儿童心理分析师——伊尔米·埃尔肯（Irmi Elkan）女士……

温尼科特：我记得埃尔肯女士。她是不是也……你知道吗？

卡　　尔：是的，埃尔肯女士几年前过世了。事实上，她活到了 90 岁高龄。

温尼科特：我还没在"天上"见过她……上面有那么多人，你懂的……几十亿。

卡　　尔：是的，我能想象。

温尼科特：埃尔肯女士帮你联系上了科尔斯夫人？我想，她们应该是通过我认识对方的。

卡　　尔：是的，埃尔肯女士确实帮我与科尔斯夫人取得了联系，然后我到科尔斯夫人位于西伦敦伊灵的公寓里探访了她很多次，她友善地允许我对她与您共事的经历进行了一系列非常全面的采访。我必须承认，我有点爱上科尔斯夫人了，多么亲切的女士。如此善良，如此慷慨，如此善于观察。她真的激发了我对您——作为一个人以及一位思想家——的兴趣，这让我走上了为您写传记的道路。

**温尼科特**：多么精彩。我们得谈谈你写的关于我的传记。它叫什么名字？

**卡　　尔**：《唐纳德·伍兹·温尼科特：传记肖像》（*D. W. Winnicott: A Biographical Portrait*）——一个相当直白的名字。

**温尼科特**：最好不要含糊其词。

**卡　　尔**：这本书出版于 1996 年，您的百年诞辰。现在回想起来，我想我应该选择一个更出奇的书名。

**温尼科特**：我经常好奇会不会有人来写我的故事。这真是太棒了。回到科尔斯夫人的话题。她是……或者是否应该说曾经是……我一直不太懂这些规矩。无论如何，她曾经是一个了不起的女人。

**卡　　尔**：确实是。

**温尼科特**：你知道，她和我都会惹恼对方，但都只是小打小闹。50 多年来，我从未遇到过比她更好的秘书。回到绘画上来，你一定也知道我画得不是特别好，但我觉得画画非常有趣。就像我说的那样，克莱尔曾经在这件事上让我很为难，因为我有心脏病。原谅我，又在重复唠叨这些事。

**卡　　尔**：没关系，温尼科特医生。

**温尼科特**：提到科尔斯夫人，我想，或许她已经准备好了茶水。介意我来一杯吗？也许再来点饼干？你也来点？

**卡　　尔**：好的，谢谢。

**温尼科特**：我按铃叫科尔斯夫人过来，好吗？你知道吗，从 1948 年到我 1971 年去世，我们一直并肩工作。我们一起喝的茶和抽的烟多得我都想不起来了。你抽烟吗？

**卡　　尔**：不，不，我不抽烟。

**温尼科特**：在我生活的那个年代，做精神分析的不抽烟简直难以想象。早在

20 世纪 20—30 年代，甚至 50—60 年代，我们都抽烟——医生和病人都是如此。我过去常常在咨询室里为病人准备一些香烟，以防他们忘记带自己的烟。我总是会给病人准备一个单独的烟灰缸，放在沙发边上，我也有我自己的烟灰缸。和病人共用烟灰缸可能太亲密了，你不觉得吗？

卡　　尔：现在没有人在咨询中抽烟了。我们已经发现了抽烟和很多疾病都有关系，尤其是癌症。

温尼科特：这正是我设法避免的。我没有得癌症，但我得了冠状动脉疾病。能活到 74 岁，我已经做得相当不错了，尽管有过不少令人讨厌的心脏问题。

卡　　尔：的确是这样。

温尼科特：但，听着，你并不想听圣诞卡和心脏病发作这些事情吧。你想知道些什么呢？

卡　　尔：我想，我们是否可以尝试探究您的生活和工作——我知道，这是一项浩大的工程——但我有如此多问题。我的同道们将真的非常享受以这种更私人、更直接的方式来了解您。学生们也需要了解您。

温尼科特：真令人开心。当然可以。我随时乐意效劳。

［就在这时，科尔斯夫人走进了咨询室，手里捧着一个放有茶杯、一个茶壶、一罐牛奶、几把勺子和一碟饼干的托盘。］

温尼科特：科尔斯夫人，真是太棒了。现在我们有茶了。谢谢你，科尔斯夫人。哦，看，你带来了我最喜欢的那种茶杯，非常大的那种。科尔斯夫人没有忘记我尤为中意大号茶杯。我一直认为这样就可以喝到更多茶。但我以前没见过这个特别的杯子。

科 尔 斯：是的，温尼科特医生。这些大号杯子都是新主人的。

温尼科特：当然。我真是太傻了。

卡　　尔：温尼科特医生，您之前的一个受督者曾告诉我，当您在督导中用大号杯子端茶给他时，他感到非常为难，因为他觉得不得不全部喝完，然后他就会特别想上厕所，但他又不敢中途离开！

温尼科特：哦，天哪，这太尴尬了。可怜的家伙，他应该说出来。

科尔斯：还有其他事情吗，温尼科特医生？

温尼科特：你有尝试完成第二十九章吗？我想你没那么多时间。

科尔斯：噢，是的，温尼科特医生。我已经把这一章打出来了。还有一份你喜欢的复写件，可供你随时修改。我设法找到了一些老式打字机的色带——带有你喜欢的那种字体。

温尼科特：谢谢你，科尔斯夫人。你真好。我猜想没有什么信件需要我来处理吧？

科尔斯：没有，温尼科特医生。

温尼科特：在我1971年去世后的好几个月里，我确实持续数月收到来信，包括相当多让我做讲座的邀请，当然，大部分来自美国。我想，并不是每个人都能马上知道我的死讯，尤其是美国人。

卡　　尔：您可能不记得了，温尼科特医生，但您去世的时候恰逢一场长时间的邮政罢工。

温尼科特：真的吗？我有点迷糊了。

卡　　尔：是的，英国皇家邮政罢工了。所以国外的人过了一段时间才知道您去世的消息。

温尼科特：但我想他们现在已经知道了。

科尔斯：是的，温尼科特医生。

温尼科特：还有那些来自美国邀请我去做讲座的信件……我相信科尔斯夫人告诉他们我无法前去了。是这样吗，科尔斯夫人？

科尔斯：是的，温尼科特医生。你收到了很多信，甚至有一封来自美国神经精神病学家学会（American College of Neuropsychiatrists）的信。

**1** 温尼科特医生归来

温尼科特：这多棒啊！我不太确定我是否知道什么是神经精神病学家。但我很确定我算不上。谢谢你，科尔斯夫人。如果我们需要更多的茶，我会叫你。对了，我不能向你要香烟，是吗？

科 尔 斯：温尼科特医生！如果我给你，温尼科特夫人会吓坏的……

温尼科特：好吧，科尔斯夫人，那就先这样吧。

［科尔斯夫人离开咨询室。］

卡 尔：科尔斯夫人真的很照顾您。

温尼科特：现在看来仍然如此！噢，没错，她对于我很重要。在来我这里之前，她是一位女医生的秘书，所以科尔斯夫人已经积累了丰富的照顾医生的经验。找到她真是让我松了一口气。她为我做了如此多事情：替我打印信件，为病人开发票，打印我的文章，甚至把我的车送到修车厂维修。各种各样美妙的事情。

## 特立独行者的形成

卡　　尔：您喜欢这茶吗？

温尼科特：喜欢，我已经很久没有像这样喝过一杯茶了。这真是最令人开心的事、最愉快的事。那么，让我们回到访谈中吧……去世后的茶会闲谈？

卡　　尔：也许我们可以从讨论您的早年生活开始。

温尼科特：好的，我生于1896年……在老女王统治的末期。

卡　　尔：维多利亚女王（Queen Victoria），当然。

温尼科特：是的，维多利亚女王。当时我太小了，不记得1897年她的60周年钻禧庆典（Diamond Jubilee）了——那时我还是一个婴儿，没法读报纸——但我猜当时一定发生了很多激动人心的事情，我想我可能意识到了这种兴奋。但我确实记得，几年后，也就是1901年，她的逝世引起了巨大的骚动。所有报纸发行时边缘都带有黑色的边框，以示尊敬、崇敬和哀悼。

卡　　尔：这是英国历史上一个非常特别的时期。

温尼科特：嗯，是的，那时我们成长在一个对心理学一无所知的年代。我们不懂心理学，但我们很恭敬。我们尊敬我们的前辈。

卡　　尔：您会如何描述19世纪晚期的育儿方式？

温尼科特：那时，我相信父母尽了他们最大的努力，但他们对孩子的心灵一无所知，完全无知。富裕的父母会将他们的孩子抛给家庭教师和保姆，而那些经济条件不好的父母就只能放任孩子在街上闲逛。大多数父母都尽力而为，但他们并不明白孩子是有意义的（meaningful），值得去细致地（in detail）了解。

卡　　尔：我喜欢这个观点，好的父母必须以细致的方式去了解孩子，而不是以笼统的方式。

温尼科特：绝对如此。观察婴儿最细微的动作，倾听最轻微的咯咯声和咿呀学语——我认为这就是为人母亲的艺术。

卡　　尔：极少有婴儿和儿童能享受到您后来称之为"抱持性环境（holding environment）"和"促进性环境（facilitating environment）"的安全感，这样说合适吗？

温尼科特：看得出你读过我的作品。好极了。是的，完全正确。婴儿需要能陪在他们身边——也是可靠的——的母亲或父亲。可靠性（reliability）是好的儿童养育的本质，也是好的精神分析临床实践的核心。然而回到我自己身上，我想，就维多利亚时代的童年而言，我还是有一个比较好的童年的。我从未遭受过任何形式的彻底抛弃——没有经历过父母去世，没有经历过无法承受的丧亲之痛。我有很多连续性的生命体验。

卡　　尔：您跟着两个姐姐。

温尼科特：是的，我的父母——弗雷德里克·温尼科特（Frederick Winnicott）和伊丽莎白·伍兹·温尼科特（Elizabeth Woods Winnicott）——一共有三个孩子：我的姐姐维奥莱特（Violet）和凯瑟琳（Kathleen）——我总是把她们简称为"V."和"K."，我确实如你所言地跟着她们。你一定了解，在我的童年时代，我受到了很多照顾。作为这个家庭最小的孩子，我获得了大量的关注，来自我的母亲、我的姐姐们，以及其他所有住在我们家的女性成员：偶尔来造访的一两位姑姑，还有一大群女性佣人——这在当时并不罕见——包括一名厨师，一名我姐姐们的家庭女教师，一名我的保姆——还有一些女佣。

卡　　尔：我想，您和您的保姆长期保持着通信联系吧？

温尼科特：我爱我的保姆，而且在我的一生中，我一直挂念着她。

卡　　尔：我相信，您开始把您的保姆和所有这些女性——母亲、姐姐、姑姑、女佣——当成您的"多元母亲（multiple mothers）"。

温尼科特：是的，我经常这样称呼她们。我所受的滋养不止源自一个母亲，也许是11个！我不仅得到了洛克维尔（Rockville）——我们位于普利茅斯的房子的名字——的女人们和女孩们母亲般的照顾，而且我的姑姑、伯伯和所有堂兄妹都住在隔壁。理查德（Richard）伯伯和他的家人……所以我从一个名副其实的"温尼科特村"得到了大量的照顾。当然，我们在普利茅斯都感到非常自在——十分融入——在那里待了很长一段时间。我的父亲把一生都献给了普利茅斯的公共服务事业。他曾两次当选市长，我的伯伯理查德也做过市长，在那之前，他们都担任过治安法官和市参议员。他们确实管理过普利茅斯。所以我认为这个家庭很安定。理查德伯伯有很多孩子，他们成了我的玩伴。

卡　　尔：这似乎使您很少有时间独处。我知道，在20世纪50年代末，您曾在您最杰出的论文之一——《独处的能力》（"The Capacity to Be Alone"）中写过关于独处（aloneness）和团聚（togetherness）的内容。

温尼科特：嗯，尽管有这么多关注，也有这么多机会建立联结，但我确实找到了安静的时刻，让我可以去沉浸享受。你知道的，我会经常弹钢琴，那需要专注和独处——尤其是演奏贝多芬（Beethoven）的曲子的时候。你知道吗？一个人真的可以在贝多芬的音乐中忘记自我。但当然，我们也可以在贝多芬的音乐中找到自我。除了音乐，我还喜欢在户外玩耍和游泳，因为普利茅斯在海边。

卡　　尔：想到您的"多元母亲"，以及您为了玩耍而寻求独处……

温尼科特：你要不要再来点茶？

卡　　尔：您真好。好的，谢谢您。

温尼科特：你的茶里放牛奶吗？

卡　　尔：好的，来点牛奶更好。

温尼科特：我猜你不放糖。现在每个人都如此在意健康，这样看来似乎也没有吸烟什么事了！

卡　　尔：是的，我不要糖，谢谢。所以……您拥有非常丰富、非常充实、非常受关注的童年，拥有如此多照顾您的人和玩伴。您能谈谈您父母的个性吗？我对您的父亲了解得更清楚，因为他很长寿，他给您写了很多信，我读过这些信。但您的母亲去世得相对早一些，因此对历史学家来说，她是一个更加模糊的人物。

温尼科特：我在精神分析上花了这么多年时间——在斯特雷奇（Strachey）先生那儿待了10年，在里维埃（Riviere）夫人那儿又待了几年——我不知道关于父母我还能谈什么……你看，很难概括。你说得很对，我父亲在很多方面都是一个坦率得多的人。如果你认识他，你会发现他很讨人喜欢。他精力充沛、慷慨大方、热情奔放，而且他身上还有一种仁慈的气质。所有人都爱他。他们封他为爵士，你知道的，他成了弗雷德里克·温尼科特爵士。我们都为此自豪。我母亲陪他去参加了白金汉宫的授勋仪式，他见到了乔治国王（King George）——乔治五世（King George V），你知道的，不是他儿子，他儿子也被叫作乔治国王。当然，父亲在其他场合也见过国王。作为普利茅斯市长，他招待了所有来访的政要，包括年轻的威尔士亲王（Prince of Wales），也就是后来为了辛普森（Simpson）夫人放弃了王位的那位。

**卡　　尔：** 是的，当然。

**温尼科特：** 我扯远了，是吗？我经常这样。我的大脑就是这样运转的，经常"漫游"。我想我不是直线型思维，是曲线型。我们说到哪儿了？噢，对，说到我的父亲。所以我认为我的父亲是一个非常好的人，但也是一个大忙人。有时，我只能在周末见到他，有时只有在周日去教堂的路上才能见到他。他需要顾及太多委员会……太多太多。

**卡　　尔：** 您也是，在您职业生涯的巅峰时期，您也成了一名非常敬业的委员会成员。

**温尼科特：** 是的，我想是的。我在我们的精神分析研究所（Institute of Psycho-Analysis）的培训委员会、科学委员会、出版委员会和其他各种委员会任职。我也曾两次担任英国精神分析学会（British Psycho-Analytical Society）的主席……还有RSM儿科分会（Paediatrics Section）的主席。

**卡　　尔：** 那应该是英国皇家医学会（Royal Society of Medicine，RSM）。

**温尼科特：** 是的，英国皇家医学会，在温普尔街。哦，对了，我差点儿忘了，我还曾是英国心理学会医学分会（Medical Section of the British Psychological Society）的主席。我们不能漏掉这个！是的，我想我是以父亲为榜样,担任了这些领导职务,以及其他更多职务。我觉得我把其中一些工作搞得一团糟。但我想我可能……唔,可以说我如果不是一个好主席,那至少是一个足够好(good-enough)的主席。

卡　　尔:很明显,您和弗雷德里克爵士在创造性工作上都有极强的能力。

温尼科特:我想是的。

卡　　尔:那温尼科特夫人,您的母亲呢?

温尼科特:我们之间的关系更为复杂,我不确定我现在能不能完全客观地看待这段关系。

卡　　尔:您在生命的最后写了一首关于她的诗——《树》("The Tree")。

温尼科特:我的天啊,你是怎么读到《树》的?我把它发给了我的小舅子詹姆斯……詹姆斯·布里顿(James Britton),克莱尔的弟弟。我不太记得为什么,但我非常清晰地记得写了那首诗。

卡　　尔:您去世后,您的妻子克莱尔和科尔斯夫人花了很多时间整理您的文章和信件,把它们存档。我相信温尼科特夫人销毁了您的一些私人文件和信件,但她和科尔斯夫人精心保存了成千上万的文章、笔记和信件,包括您的一些诗歌和打油诗。还有您的一些画。

温尼科特:太好了。人们可以读这些文章吗?我的私人文章呢?案例笔记呢?你知道,这些都是非常机密的。

卡　　尔:您大部分病人的记录都被封存起来了,您放心。科尔斯夫人告诉我,她花了非常非常多的时间浏览了病例记录,用黑色记号笔涂去了很多病人的名字。

温尼科特:我想那花了她很多时间。但她是做这件事的最佳人选。乔伊斯非常谨慎。她从来没有泄露过我的任何一个病人的名字,这些年来确实有某些知名人士来见我……事实上,是一些非常有名的人。

卡　　尔:您刚刚开始谈论您的母亲,还有您的诗《树》。

温尼科特:嗯,这就是我描述我母亲在"哭泣"的那首诗。我猜你想知道我是否发现了她抑郁。唔，我想她是抑郁的。但不是临床上的那种抑郁，你懂的……不是精神病学的那种抑郁……但，她还是抑郁的。三个孩子，一个经常缺席或一门心思扑在事业上的丈夫，要管理一个庞大的家庭，还有她的公民责任。她还负责管理普利茅斯的妇女委员会。你知道吗，她甚至为贫困的母亲和她们的孩子创建了一个团体。尽管我们在罗克维尔有厨师，她有时也会做饭。我母亲确实很喜欢做果酱。爱丽丝（Alice）——我想你知道爱丽丝是我的第一任妻子吧？

**卡　　尔：** 是的，我知道爱丽丝。

**温尼科特：** 嗯，爱丽丝和我母亲相处得很好——应该说特别好，她们过去经常一起做果酱。这是你想知道的内容吗？说这些有用吗？

**卡　　尔：** 是的，非常有用。谢谢您！

**温尼科特：** 但是我的母亲——尽管她的自我力量很强，她有相当强的自我力量——尽管她有自我力量，但她有一种隐秘的抑郁。我不知道这种抑郁的根源是什么，但她有，我能感觉到。

**卡　　尔：** 我明白在这种访谈中谈论您的父母一定相当困难，尤其是您已经在多年的精神分析中，以一种更私密的方式谈论了您的父母。

**温尼科特：** 是的，当然。但我们应该强调的一点是，无论他们能力如何，无论他们有何缺点，我的父母尽力为我提供了足够的我需要的东西。我的意思是，他们抱着我，他们照顾我，他们把我带到这个世界。他们给了我令我存活（be）的基础，这样我才能继续存在（being）。你知道的，有一个好的开始，一切皆会水到渠成。

**卡　　尔：** 所以，用您的话说，您有一个"足够好"的童年？

**温尼科特：** 嗯，是的，我有一个"足够好"的童年……而且还远不止此。但我不想自夸，尤其是我在格林看到的多数孩子都没有"足够好"的童年。

**卡　　尔：** 您说的是西伦敦的帕丁顿格林儿童医院吧，您在那里工作了

40年。

**温尼科特**：我们总是叫它"格林"。它的服务对象是帕丁顿及周边地区最贫困的家庭。这些孩子在贫困和暴力中长大。他们的生存环境非常恶劣。必须说，有些人有足够好的家庭，但许多人没有。所以和他们相比，我生活得很轻松。但你提醒我《树》是对的，因为在那首诗里……我突然好像能回想起来了？噢，是的——"下面的母亲在哭泣／哭泣／哭泣／所以我认识了她"。我的母亲的确有一种关于她自己的悲伤，我想我还是个小男孩的时候已经成了精神分析师，一个初出茅庐的精神分析师，试图寻找一种方式在她的悲伤中陪着她。

**卡　　尔**：我想有些同道可能会想知道，在"多元母亲"的环境里长大，是否不仅只有好处，也有坏处。

**温尼科特**：嗯，我认为你是对的。在我们必须穿越的人生历程中，都有复杂的方方面面。但总的来说，我的父母的确为我奠定了基础。

**卡　　尔**：您的父母对您最终的职业选择有很大的影响吗？

**温尼科特**：是的，我想是的。不是直接的影响，你明白的。当然，在我父母的那个年代，没有人了解精神病学，当然也没有人了解精神分析。甚至当时的精神病学……很初级，很不起眼。精神科医生——实际上，我们称他们为"异型学家（alienists）"——他们对婴儿或无意识一无所知。那时候我们还没有精神病学（psychiatry）这个专业。而且精神分析……唔，在维也纳也才刚刚开始出现。仅仅是刚萌芽，你知道的。

**卡　　尔**：所以几乎是在精神分析创立之前，您就成了一位名义上的精神分析师。

**温尼科特**：是的。因为必须关照母亲，还必须像父亲那样做一名优秀的人民公仆，我想我很自然地找到了通往精神分析的道路，弗洛伊德的精神分析。这一职业给了我照顾别人的机会，同时，基于我自己

## 2 特立独行者的形成

的分析，我也有机会让自己得到照顾。

卡　　尔：据我所知，温尼科特家族以为公众服务为荣。这和你们的宗教背景有关吗？和您的卫斯理循道宗①有关吗？

温尼科特：肯定是有关的。你知道普利茅斯及其循道宗（Methodists）吗？

卡　　尔：唔，我需要更了解……

温尼科特：我的家人都是循道宗信徒……应该说，都曾是循道宗信徒……它给了我们一个平台，一个信仰的基础，以及做善事的愿景。约翰·卫斯理（John Wesley）在18世纪创立了该宗派。我想你一定知道，他是一个巡回传教士，一个演说家。他在全英国四处宣扬善行的重要性。在很多方面，他预见了现代社会服务。他还写了关于"physick②"的文章，你懂的，就是医学。所以他是灵魂的医生，也是身体的医生。我认为卫斯理对我影响很大。我想他希望人们行善，做一个乐善好施的人。所有温尼科特家族的人都把这当作一种责任——一种神圣的责任。我们都竭尽所能做善事。

卡　　尔：您的父亲，我想，也通过他在普利茅斯的公共事业做了善事。他帮助建立了普利茅斯的图书馆，还有博物馆，如果我没记错的话。

温尼科特：是的，的确如此。而且远不止此。如果你去普利茅斯，你会看到他的名字被刻在各种建筑的基石上。我认为人们不仅可以称他为乐善好施者，更是一个大善人。

卡　　尔：您的姐姐们也做了很多好事。

温尼科特：哦，是的，你无法阻止V.和K.。我认为她们比我们所有人都有更多的精力。如果她们不是女孩，她们也可能成为医生。我指的是那段历史时期的女孩。V.和K.都是非常聪明的女孩……她们曾在

---

① 卫斯理循道宗（Wesleyans Methodism）是崇奉英国18世纪神学家约翰·卫斯理（John Wesley）的宗教思想的各教会团体之统称。以宗主张认真研读圣经，严格宗教生活，遵循道德规范，故又称为"循道宗（Methodists）"。——译者注

② physick 是 physic 的古变体，意为"治愈""医学"。——译者注

第一次世界大战期间照顾受伤的士兵。她们制作绷带，管理童子军，什么都做，真的。她们在第二次世界大战中也做了很多善事。她们总是帮助他人，也学会了急救。真的是非常了不起的姐姐！总之，温尼科特一家给普利茅斯留下了深刻的印象，那就是我们的循道宗教义……我们对行善的承诺。我是通过儿童医学和心理学来做善事。我本可以很容易地成为牧师，但我需要精神分析来治愈我——我有我的问题，你知道的，个人问题——所以我找到了通往精神分析的道路。

卡　　尔：循道宗教义显然带来了巨大的影响。事实上，您的父母在您14岁的时候就把您送去了一所卫理公会寄宿学校。

温尼科特：利斯……亲爱的利斯。

卡　　尔：英国剑桥的利斯学校（Leys School）。

温尼科特：是的，我在那里度过了很多快乐的时光。虽然你从我这老态龙钟的身体上看不出这点，但我过去是个十足的运动健将——跑步、竞走，等等——年轻的时候我能很好地掌控我的身体，所以我在学校里参与了很多项运动，我也参加了很多音乐活动。我喜欢钢琴，只要有机会，我就会在小教堂里弹奏。我有时会举办音乐会。我演奏过各种各样的音乐，贝多芬之类的。我甚至学了更多的现代作品，你知道的，比如麦克道尔。

卡　　尔：爱德华·麦克道尔（Edward MacDowell）吗？

温尼科特：是的，他创作了如此温柔的钢琴曲作品，你不觉得吗？我喜欢做这些。不过，没错，在利斯学校时，卫理公会占据了我们大部分时间。学校无疑加强了卫斯理循道宗的传统。

卡　　尔：但我知道您认为自己不仅是循道宗教徒，而且是罗拉德派教徒。

温尼科特：你知道我和罗拉德派<sup>①</sup>的事吗？你好像很了解我啊。

卡　　尔：当我还是一名年轻的学生时，我就对您的工作产生了兴趣——事实上是非常强烈的兴趣——然后我开始研究您的作品，我采访了许多您的还在世的同事，向他们了解您和您的贡献。

温尼科特：我希望自己没有让你感到无聊。

卡　　尔：恰恰相反。温尼科特医生，对您了解越多，我对您的工作和您的世界就越着迷。

温尼科特：你太好了。但是我对你一无所知。请一定告诉我一些关于你的事。

卡　　尔：好的，我非常乐意告诉您我的背景，但也许我们可以先继续谈谈您的事，否则我的同行们会很失望的。

温尼科特：我们说到了罗拉德派，是吗？

卡　　尔：是的，罗拉德派。在您生命的最后，您写了一封非常坦率的信，在信中，您直言自己是罗拉德派的教徒。我想不是所有人都知道罗拉德派。

温尼科特：嗯，罗拉德派……让我想想……我想他们可以追溯到中世纪，他们是英国第一批对当时的状况持异议的群体。他们反对天主教会，反对罗马天主教的一切浮华和仪式。早在亨利八世（Henry Ⅷ）让英国脱离罗马天主教会体系之前，罗拉德派就对天主教的腐败深恶痛绝。而且，你看，他们想用英语祈祷，而不是用拉丁语，这样真正的平民百姓——不仅是僧侣和牧师——就可以学习宗教。罗拉德派有他们自己的思想。我们不知道在那个年代用英语布道是多么令人震惊。拉丁语完全统治天主教。甚至连一本英文祈祷书都找不到！

卡　　尔：也许您可以把罗拉德派看作中世纪的"中间学派（Middle

---

① 罗拉德派（Lollardy）是指牛津大学哲学家、神学家约翰·威克里夫（John Wycliffe）的追随者。威克里夫是中世纪英格兰的宗教改革者，其思想和教义对后来的宗教改革运动产生了深远的影响。——译者注

Group)"或心理健康专业人士的"独立学派（Independent Group）"，您曾经所属的英国精神分析学会就属于这个学派。

**温尼科特**：你知道吗？我不仅属于这个学派，而且促进了它的建立。是的，我创立了"中间学派"。我讨厌精神分析同行的刻板。我讨厌他们的正统观念。弗洛伊德女士——像她父亲一样，是一个真正的天才——认为只有每周分析5次才能帮助孩子。她从来没有时间了解我的工作——进行短程治疗咨询。但我别无选择，作为一名忙碌的在医院工作的医生，我需要治疗成千上万的孩子，而她没有。她有一个很小的幼儿园——确实很小。克莱因（Klein）夫人……梅兰妮，亲爱的梅兰妮……她很固执。她也只治疗很少数量的孩子。她有自己的工作方式和教学方式，你懂的。但也许我们之后会谈到这一点。我想要一个舞台，一个人们可以以一种更独立的方式进行精神分析思考的舞台，而不被弗洛伊德女士和克莱因夫人的教条主义和"教皇主义"所束缚。所以就这方面而言，我天生就是罗拉德派的。

**卡　　尔**：所以，罗拉德派和循道宗帮助熏陶了您对持有不同观点的热爱。

**温尼科特**：当然。我忠爱持有不同意见。我喜欢提出不同意见。我也喜欢被别人反对。我从不认为意见不合就是攻击。我一直认为这是真正的契机，可以了解自己和反对者的立场……是一个真正了解自己想法的机会。我认为，我们需要更多的不同意见，尤其是在精神分析领域。否则，我们将变得太过古板，太过枯燥乏味。我担心我们已经变成这样了。

**卡　　尔**：我知道您因为思想开放而在这个行业中脱颖而出。我记得在您的存档资料中读到过一些未发表的文献材料，内容是关于英国精神分析学会是否应该既对精神分析师，也对心理治疗师提供培训机会的，您的大多数同事都投票反对这个想法。但您一直主张与尽可能多的人分享知识，您真很支持在英国刚刚起步的心理治疗运动，而您的许多同事将心理治疗师视为威胁。

**温尼科特**：是的，我们参与了许多斗争，大多都涉及所有权的斗争。我的同事们常常认为，只有他们才有资格实践心理学。但因为我所信奉的循道宗，因为我是个天生的罗拉德派，我总是尽我所能，尽可能广泛地分享我的学识。要改变这个国家的心理健康状况，我们需要的不仅仅是几百名精神分析师。

**卡　　尔**：也许我们可以把话题转回您的生平经历，温尼科特医生。关于您在利斯学校的那段时期，您还记得什么？

**温尼科特**：我已经跟你聊了运动方面，也聊了音乐方面。但我还没提到我的学业，你也还没问。说实话，我不是一个伟大的学者。我的聪明才智足以让我顺利完成学业，但我无法以一种井然有序的方式来掌握知识。我的思绪飘忽不定，游离得太远。我的思维方式是横向的，而非纵向的，我总是记不住一长串的历史事件。但我的学业还算不错，足以去上大学。

**卡　　尔**：我想，您在利斯学校时读到了查尔斯·达尔文（Charles Darwin）的文章吧？

**温尼科特**：是的，我用零花钱在剑桥的书摊上买了一些达尔文的书。那时候剑桥有很多二手书摊。

**卡　　尔**：达尔文有什么特别吸引您的地方？

**温尼科特**：当我开始读他的作品时，我觉得我遇到了一个我真正能理解的人。不是以书本上的方式来理解——我无法告诉你他在某一页写了什么——而是以一种更本质的方式。我接触了很多达尔文的思想。你知道，他写了很多关于恨的文章，关于我们如何恨。

**卡　　尔**：在您的作品里，这成为一个非常重要的主题。

**温尼科特**：是的，但不仅如此。我喜欢达尔文还有其他原因。

**卡　　尔**：请告诉我们。

**温尼科特**：好的。你看，达尔文谈到了人类发展的必然性，谈到了物种的发展。无须对人类做任何特别的事情……影响他们，栽培他们，塑造他们……无须这样的事情。随着时间的推移，人类就会缓慢、自然地进化。这也是我从婴儿身上以及人类生理和心理发展中发现的。无须对婴儿做任何事。只要和孩子在一起，孩子就会神奇地成长。

卡　　尔：您强烈反对某些育儿"专家"，比如新西兰人特鲁比·金（Truby King），他对母亲应该或不应该"做"什么提出了各种实用的建议。

温尼科特：你见过塔维斯托克诊所（Tavistock Clinic）的亨利·迪克斯（Henry Dicks）吗？我的一个年轻同行。

卡　　尔：很遗憾，没有见过。

温尼科特：迪克斯曾经说，特鲁比·金一手促成了纳粹主义的发展，我认为他说得也许有道理。当然，金实际上并没有促成纳粹主义，你知道的，但他确实代表了某种残酷的家长教育方式。刻板的身体，僵化的致敬。这些立场都反映了对婴儿身体的残酷对待，以及对婴儿身体的忽视。是的，我非常痛恨特鲁比·金和他的支持者。他们建议母亲在喂奶、睡觉等方面采用严格的日常程序，并且坚持母亲不得触碰她们的宝宝。

卡　　尔：从我们的角度来看，医生竟然会支持这样一种理念，这似乎令人难以置信。

温尼科特：令人震惊，我知道。但当时的特鲁比·金让母亲把自己的孩子当成物品来对待，而不是人。事实上，在他的影响下，父母不仅把他们的孩子当作物品，而且把他们当作令人厌恶的物品。

卡　　尔：所以，不像查尔斯·达尔文——他允许自然的发展，特鲁比·金试图以一种人为的、精心设计的方式来塑造婴儿的成长。

温尼科特：是的，达尔文帮助我认识到，无须做太多，发展就会自然而然地顺利进行。特鲁比·金应该多读点达尔文的书。

卡　　尔：我真的很欣赏您这种具有创造性和独创性的方式，您允许自己"使用（use）"达尔文并从他那里获得灵感。

温尼科特：嗯，人的存在就是为了"被使用"，可以以一种好的方式，也可以以一种坏的方式。

卡　　尔：您在利斯学校也结交了很好的朋友——一辈子的朋友。

温尼科特：尤其是我的一位朋友——吉姆·埃德（Jim Ede）。当然那时候我们都叫他斯坦利。他的全名是哈罗德·斯坦利·埃德（Harold Stanley Ede）。直到后来他才成为"吉姆"。这也让我需要些时间来适应。但我们是最好的朋友……一辈子最好的朋友。是的，我们拥有非常亲密的友谊。

卡　　尔：我知道，你们的生日是同一天吧？

温尼科特：确实是的，4月7日，尽管相差1年。他是1895年出生的，我是1896年出生的。

卡　　尔：埃德成了著名的艺术史学家和艺术讲师。

温尼科特：他实际上发掘了相当多现代艺术家，你知道的，像亨利·戈迪埃–布尔泽斯卡（Henri Gaudier-Brzeska）和康斯坦丁·布朗库西（Constantin Brâncuşi）……他为英国观众发掘了他们。吉姆是一位非常优秀的艺术历史学家。他在泰特美术馆（Tate Gallery）工作多年。早在人们知道这些雕像的价值之前，他就让泰特美术馆购买了布朗库西的作品。后来吉姆和他的家人搬到了摩洛哥的丹吉尔，我和我的第一任妻子爱丽丝经常去看他……那应该是20世纪30年代的事了。很久很久以前。

卡　　尔：您成了他的孩子们的教父？

温尼科特：伊丽莎白（Elisabeth）和玛丽（Mary）。她们是如此活泼健康的女孩。伊丽莎白当了医生，你知道吗？也许我对此有些影响。我想玛丽成了一位母亲。吉姆和他的妻子海伦（Helen）过去经常旅行，有时他们把女儿们留给我和爱丽丝照看，因为我们住得很近。

卡　　　尔：你们住在北伦敦的汉普斯特德。

温尼科特：是的，没错。有一次我甚至问是否可以收养伊丽莎白和玛丽——两个漂亮、可爱的女孩——但吉姆拒绝了。

卡　　　尔：您自己从未有过孩子，但您与两万多名孩子一起工作过。

温尼科特：是的，我是期待成为父亲的，但这从未发生。这让我非常难过。但在我的生活中，我有很多很多孩子，我甚至帮助过其中一些孩子。回想起在利斯学校的日子，另一件重要的事情就是它让我非常渴望去剑桥上大学。也许我也能去牛津大学，也许不能，但我真的想去剑桥大学。作为一名曾经在利斯学校度过 4 年的学生——你知道的，它就在剑桥镇的中心——我爱上了那些雄伟的建筑，还有那些中世纪的小街道——非常适合骑行，这也是我很喜欢做的事情——所以我知道我必须去剑桥大学。于是我就这样做了。我不够聪明，拿不到奖学金，但我还是被录取了。

卡　　　尔：您 1914 年从利斯学校毕业，暑假后您被剑桥大学最古老的学院之一——耶稣学院（Jesus College）录取。

温尼科特：是的，大主教克兰麦（Archbishop Cranmer）——亨利八世的大主教——上过耶稣学院。你知道这件事吗？他是个改革者，我想和我一样。不管怎么说，我很高兴通过了院长阿瑟·格雷（Arthur Gray）的入学面试，他是一个在业余时间写鬼故事的怪人。但我获得了耶稣学院的录取资格，所以我就去了。

卡　　　尔：您的大学经历有些不同寻常，因为就在您入学之前，整个欧洲爆发了战争。

温尼科特：是的，就在我入学前不久，塞尔维亚人疯了，奥地利人疯了，然后德国人也疯了，我想我们英国人也疯了，然后我们宣战了。所以当我去剑桥的时候，我的大多数同龄人——所有那些优秀的年轻人——已经参军了。

卡　　　尔：我确信您没有应征入伍。

温尼科特：是的，我是一名医学生，你知道，我指的是一名医科学生，要成为一名医生，我还有很长的路要走。我们这些医护人员被给予了特殊豁免。国家知道需要医生，所以我上了大学。当然，我本可以应征入伍——许多未来的医生都这样做了——但我想我当医生可能比当水手更有用。如果我当时应征入伍，我应该会进英国皇家海军（Royal Navy）。

卡　　尔：当然，您是在普利茅斯的海岸边长大的，皇家海军就在您家门口。

温尼科特：对于一个普利茅斯人来说，做任何其他事情都是不可想象的。我们对皇家海军太了解了，许多温尼科特家族的成员都在皇家海军服役了很多很多年。我至少有一个祖先在造船厂工作……可能还有更多，我也不会觉得奇怪。所以如果我在1914年参军了，我就会进海军。当然，我最终还是加入了海军，但在大约3年后才加入。

卡　　尔：您开始学习自然科学课程——医学训练的临床预科要求。

温尼科特：是的，在剑桥我们学了解剖学、生理学、植物学，甚至动物学……我想，我们学了所有的基础科学。我并不是特别喜欢，只是勉强通过了。我想，即使在那时，我也想和人打交道——真实的人，有真实的人格——而不是化学元素、骨骼、牙齿、头骨和身体部位。哦，这些虽然很有趣，但我想要接触带着生平经历，带着过往体验的人。我真的无法在细胞层面上与人和睦相处，现在依然如此。然而我完成了课程，尽管最后只获得了一个三等学位。

卡　　尔：但您在剑桥大学的学习为您最终从事儿童医学工作奠定了基础，也为几年后的精神分析打下了基础。

温尼科特：是的，剑桥的医学课程让我成为一名医生。但是我的训练不断被打断，你知道，因为我们必须在剑桥的野战医院为受伤的士兵治疗，他们刚从前线回来。事实上，整所大学都变成了一家医院，在大学的四方院子里建立了医务室之类的。那真是个疯狂的时期。但是我们挺过来了。

卡　　尔：您说塞尔维亚人疯了，德国人疯了……

温尼科特：你看，我们都承载着巨大的恨，大多数人能把恨转化为语言。但回到1914年，整个世界都疯了，太多的仇恨，太多的疯狂，一切都爆发了。也许我们对战争前夕所享有的和平感到很内疚。也许我们大不列颠人对我们征服和殖民的所有土地感到内疚。你知道，作为大英帝国——维多利亚女王的帝国，我们曾经拥有世界上四分之一的土地。当我们看到其他国家，德国和俄罗斯，试图控制巴尔干半岛……我们不喜欢那样。不管是什么原因——在这一点上，你需要与历史学家、政客以及心理学家谈谈——我们全都疯了。

卡　　尔：您失去了很多朋友。

温尼科特：我几乎所有利斯学校的同学都死于战争或疾病。几乎所有本该是我在耶稣学院同学的小伙子也都死了。我常常觉得自己是唯一的幸存者。正因如此，我发誓要更全心全意地投身于公共事业，投身于医疗实践，投身于对病人和临终者的关怀。我觉得这是我欠我朋友们的，欠我们"迷惘的一代（lost generation）"的。我下定决心，我不仅要做自己的工作，还要做那些失去生命的年轻人的工作——如果他们还活着，他们会做的工作。

卡　　尔：您不得不忍受许多沉重的丧失之痛。您是怎么做到的？您是如何为自己寻找支持的？

温尼科特：唔，我并没有做到。我们只是带着这些继续生活。我们不得不这么做。在剑桥读书的时候，我忙得连思考的时间都没有。我不仅要学习所有的自然科学知识，还要在临时医院与士兵们长时间工作。成百上千的伤兵涌入剑桥，照顾他们的医生和护士却寥寥无几。大多数医护人员和护士都上前线去了……不是去战斗，而是为了照顾那些战斗过并受伤的人。因此我们这些留在剑桥的年轻学生，需要做很多基础的护理工作。

卡　　　尔：您一定看到了可怕的伤口。

温尼科特：可怕的伤口……确实非常可怕……大多数时候，我们对这些人无能为力，至少从医学角度来看是这样。许多人失去了腿、胳膊和眼睛。许多人的脸被炸成碎片。那绝对是毁灭性的。我经常只是坐着和男人们聊天，进行平常的交谈。有时我会弹钢琴。这些士兵的内心是如此了无生气，他们需要生命力。他们很喜欢我弹钢琴，所以我就弹了。你知道《苹果布丁》（"Apple Dumpling"）吗？……那时候的一首有趣的小曲儿。这首曲子成了剑桥的男人们的最爱。"苹果布丁，苹果布丁，嘀——嘀——嘀——嘀——嗒——嗒——嗒，苹果布丁，苹果布丁……"哦，天哪，我都忘词儿了。我以前把所有的副歌都背下来了。这首歌要唱好长时间，一段又一段，但我完全记不起来了。距离我上次唱这首歌已经快100年了！

卡　　　尔：温尼科特医生，也许您会有兴趣知道，早在1996年，当我写的关于您的传记出版时，我们在塔维斯托克诊所为这本书举办了一场发布会。因为知道您对《苹果布丁》这首歌的喜爱，我们找到了这首歌的乐曲，我让塔维斯托克诊所合唱团为所有来宾演唱了这首歌。

温尼科特：哇，听起来真不错。我真希望我能听到："苹果布丁，苹果布丁，嘀——嘀——嗒——嗒——嘀——嘀——嘀。"真是棒极了，你也喜欢音乐吗？

卡　　　尔：是的，我弹钢琴。说句心里话，虽然您的精神分析工作一直让我感兴趣，但当我发现您对音乐的热爱时，我对您的作品更加着迷了。

温尼科特：你是怎么知道我喜欢音乐的？

卡　　尔：我最早是在与您的精神分析同事玛丽昂·米尔纳（Marion Milner）的交流中发现的。

温尼科特：亲爱的玛丽昂。是的，当然，她知道我喜欢音乐。

卡　　尔：但是，除了您会弹钢琴之外，我一直认为您的书和文章有一种独特的音乐气质，一种独特的音调、韵律和节奏，我相信，这极大地增强了它们的吸引力……至少对我来说。我一直认为您深刻地运用了您的音乐才能，以一种听众和读者能吸收的节奏演讲和写作。不像其他许多单纯写作的精神分析作家——通常不把读者放在心上——您就像一个表演者。您知道听众将会倾听和回应。

温尼科特：我以前从来没有这样想过，但你说得有道理。是的，音乐确实存在于我的身体里。我想，如果我能成为一名音乐家，我会非常高兴的。也许我们也可以回到这个话题上。我对音乐和婴儿，以及母亲说话的节奏有很多想法。这是一个需要更多思考和讨论的领域，你不觉得吗？

卡　　尔：的确如此。

温尼科特：我们是如何聊到音乐的呢？哦，对了，在第一次世界大战期间，我在剑桥为受伤的士兵弹钢琴。那是一个令人恐惧而悲惨的历史时期。就像我说过的，那时候没有时间思考。但我们还是挺过来了。

卡　　尔：1916 年，政府对所有英国男人实行强制征兵。

温尼科特：是的，我本可以在这个时候入伍，但我已经开始学习第 2 年的自然科学课程了，我仍然有医学院学生的豁免。但在完成我在剑桥大学的第 3 年课业后，我加入了 RNVR。

卡　　尔：英国皇家海军志愿预备队（Royal Naval Volunteer Reserve，RNVR）？

温尼科特：没错。从某种程度上来说就是海军。我成了见习外科医生，这对一名年轻的新手海上医学生来说是一个非常华丽的头衔。不折不扣是在海上！而且我真的还在实习期。要记得，那时我对医学几

## 2 特立独行者的形成

乎一无所知。那时，我们只学习了解剖学和生理学等自然科学，没有学习外科或药理学等临床科学。除了接触过受伤的士兵外，我没有在真正的正规医院的实践经验。所以我成了见习外科医生温尼科特……在海上。

**卡　尔**：我记得您在英国皇家海军舰艇"路西法（Lucifer）"号上待过几个月。

**温尼科特**：是的。她是一艘伟大的驱逐舰。

**卡　尔**：您在"路西法"号上是怎么打发时间的？

**温尼科特**：唔，我必须穿制服——一套可爱的蓝色制服，和我眼睛的颜色很配。我必须做一个水手所做的一切，你知道的，向上级敬礼，诸如此类。这是皇家海军的一种仪式。但作为一名医生，我也拥有很大的自由，至少就我在船上的时间而言。大多数男人都相当健康，他们并不真的需要医生，尽管我想，他们的母亲如果知道他们有一名能为他们随时待命的医生会感到很高兴的。所以我花了很多时间阅读。但我也需要在医务室值班。

**卡　尔**：我想，您见到了战斗？

**温尼科特**：哦，是的，驱逐舰的作用是护航，保护商船。我们确实靠近过敌人的鱼雷……我得说，那相当可怕。但我们幸存下来了。我确实需要处理一些怪异的伤病，但主要是治疗梅毒和淋病，尽我所能地去治疗。有些人在港口和一些女士发生过性关系，我怀疑他们之间可能也发生过性行为，所以他们感染了这些性传染病。我们只能推测。我对这些情况一无所知，因为在此之前，我过着受庇护的生活。

**卡　尔**：我想您也有机会和与您背景完全不同的人打交道。

**温尼科特**：机会非常多。我在普利茅斯过着舒适、绅士的生活。在利斯学校和剑桥大学，我遇到的大多是受过高等教育的富裕人士。我的父亲虽然只是一个商人，但是一个非常富有的生意人。他和我伯伯理查德经营着温尼科特兄弟公司（Winnicott Brothers），他们有时卖五金制品和精美小商品什么的，赚了不少钱。所以，除了我们家的仆人，我并没有真正与其他阶层的人交往过。但在"路西法"号上，我们不得不挤在狭小的空间里。那些人教会了我关于一种完全不同的生活所需要知道的一切。他们会找女孩，你瞧，他们教给我的性知识比我从其他渠道学到的要多得多。

卡　　　尔：海军的经验对您后来在格林医院的工作有帮助吗？

温尼科特：确实很有帮助。帕丁顿格林医院服务于非常贫困的孩子和非常贫困的家庭。我还在伦敦东区哈克尼的女王儿童医院（Queen's Hospital for Children）工作过。我看到了西伦敦的穷人和东伦敦的穷人。这些人的生活和我们在普利茅斯的完全不同。他们没有家庭教师和保姆。他们的父亲酗酒，母亲卖淫，诸如此类。因此，在皇家海军与下层阶级的士兵接触的经历确实帮助我学会了如何与来自不同世界的人交谈。当然，我非常享受。而且，你知道吗，他们真的取笑过我。水手们简直不敢相信，像我这样操着一口贵族腔调的人竟是一个商人的儿子！

卡　　　尔：您在海军待过几个月？

温尼科特：是的。直到战争结束，确实是几个月，没错。你看，国家需要我们成为合格的医生，所以我们回去继续学习了。

卡　　　尔：1917 年 11 月，我记得您进入了伦敦的圣巴塞洛缪医院医学院（St Bartholomew's Hospital Medical College）。

温尼科特：确实是的。天哪……1917 年……这么久以前的事了。

# 3

# 一名平凡的内科医生

卡　　尔：好吧,也许我们现在可以谈谈您作为一名内科医生的职业发展。
温尼科特：我去伦敦是为了完成我的医学培训。在"路西法"号上待了几个月,再回到陆地上的感觉真好。如你所知,我已经在剑桥大学完成了基础自然科学的学习,拿到了三等学位,但我还没有接受正式的临床培训。所以那时我就去了。当时剑桥大学还没有临床研究生院,要想完成学习就不得不前往伦敦。
卡　　尔：您在巴茨(Barts)过得怎么样?

**温尼科特**：看来你懂这些行话。大家都叫它巴茨医院，却从来不叫圣巴塞洛缪医院，只有游客才会说"圣巴塞洛缪医院"。我在那儿过得怎么样？唔，这问题可太难回答了。你看，从一种层面上讲，我过得还不错，因为我学到了很多临床医学知识，但从另一种层面上讲，我却过得很艰难。正统医学中没有一个传统且可敬的领域可以真正让我着迷。我在那里有一些密友，他们如饥似渴地听每一堂解剖学课，学习每一本外科教科书，研究每一个病理标本。他们把所有的时间都花在学习上，更聪明一点的学生甚至已经着手写自己的医学论文——正式的医学论文——通常是在取得医生资质之前。但我从来没有那种使命感或者那种天赋。我更喜欢文学，更热爱音乐。我完全不是什么真正意义上科学家，至少不是传统意义上的科学家。

**卡　　尔**：您能描述一下您在巴茨医院的工作吗？

**温尼科特**：当然，如大家一样，我在不同的科室轮转过。我做过敷料师——你懂的，外科敷料师——基本上就是包扎伤口的人。作为一名初出茅庐的医生，我在各种优秀的资深医生手下工作过。但我从未爱上临床医学。所以我毕业了，但也只是毕业了。我利用业余时间投身各种课外活动。我为医院杂志写诗和评论，我非常热爱戏剧，尤其是镇上的音乐活动。我在我能负担得起的范围内看了尽可能多的音乐表演、时事讽刺剧和轻歌剧。我此前从未在伦敦住过，而且……嗯，伦敦……我们还能说什么呢？使人分心的事总能吸引我！我有一些钱，父亲给的，所以我可以负担这些开销。但我经常坐最高层的座位，你懂的，在剧院的顶层——也是便宜的座位。

**卡　　尔**：考虑到您后来在儿童医学领域的研究，以及随后在精神病学领域的研究，我想您可能会感到非常失望，因为巴茨医院并没有真正对这些发展相对滞后的学科提供适当的教导。

温尼科特：你是对的。儿童医学和精神病学……嗯，你知道的……在我那个年代，医生们把这些学科视为医疗界的"灰姑娘"。没人想要专攻这些领域。真正的医生从事的是外科或全科生理医学（内科、心脏病、肺部疾病等）。我认为，坦白来讲，大多数资深医生会认为有点笨或者可怜的人才会成为儿童医生或精神病医生。

卡　　尔：那时，英国内科医生还没有开始使用"儿科医生（pediatrician）"这个词。

温尼科特：确实没有。英国医生憎恶可怕的美国式"儿科医生"的称呼。我们被称为"儿童医学领域的内科医生"。

卡　　尔：原来如此。

温尼科特：正如你指出的，这些仍然是相对落后的学科。事实上，儿童医学在巴茨医院……或其他任何地方都几乎不存在。你知道吗？在我们那个年代，我们常常把儿童病人和成年病人一起安置在普通病房里。人们只是简单地认为儿童就是小一号的成人。我们对孩子的特殊医疗需求知之甚少，当然对他们的特殊心理需求更是一无所知。精神病学也好不到哪儿去。事实上，我们基本上都不用"精神病学（psychiatry）"这个术语。我们把这个领域称为"精神疾病（mental diseases）"。

卡　　尔：您之所以转向"儿童医学"，而后又转向"精神疾病"，是因为您在外科和内科领域并不出彩？还是您对这些边缘化的专业有真正的兴趣？

温尼科特：说实话，这两个方面的原因都有。我知道外科领域永远不会有我的一席之地。这很明显。我完全不具备其他年轻外科医生所具备的基本素质。那些割和切……我根本不感兴趣。但可以肯定的是，对于儿童医学，我确实觉得有趣，我和孩子们相处得很好。我知道怎么与他们做游戏，而其他年轻医生并不知道。

卡　　尔：您曾与罗伯特·阿姆斯特朗-琼斯爵士（Sir Robert Armstrong-

Jones）一起研究"精神疾病"，我想这段经历让您很失望吧？

**温尼科特：** 阿姆斯特朗-琼斯，他就是一个蠢货。他什么也没教给我们，完全无法帮助我们理解疯狂。

**卡　　尔：** 他在当时的英国精神病学领域占有举足轻重的地位。

**温尼科特：** 是的，但他对无意识一无所知。你知道吗？阿姆斯特朗-琼斯最后成了摄影师安东尼·阿姆斯特朗-琼斯（Anthony Armstrong-Jones）的祖父。安东尼后来娶了玛格丽特公主（Princess Margaret），成为斯诺登勋爵（Lord Snowdon）。罗伯特爵士确实有强烈的帝王野心。罗伯特爵士没能活着看到他的孙子与皇室联姻，是这样吧？但他一定十分期待这一刻。

**卡　　尔：** 我发现，罗伯特爵士实际上来自一个非常普通的威尔士家庭，姓琼斯——就叫琼斯，后来他把自己的姓改成了阿姆斯特朗-琼斯。

**温尼科特：** 对此我一点也不意外。罗伯特爵士自视甚高。他教的是"精神疾病"，但在我们的整个医学院学习的过程中，他只做了几次讲座和演示。和精神病人的接触如此少，对我没什么帮助。学习理解精神病人，必须要花时间，而罗伯特爵士确实没有做任何事来促进自己对患者的理解。他认为精神病人就是疯子……就这么简单……不是人，不是正在挣扎的人，不是有童年的人，不是有心灵的人。

**卡　　尔：** 我相信他也厌恶精神分析。

**温尼科特：** 极其厌恶！当时弗洛伊德才刚刚开始在英国医学界站稳脚跟。我们都在杂志和期刊上略微读过一些关于这一新兴维也纳心理学的文章和综述，所以我们对弗洛伊德的学说略知一二。但罗伯特爵士厌恶弗洛伊德。你知道，他也是一名反犹太主义者，就像他同时代的许多人一样，他总是说"精神失常者-分析（psycho-analysis)"——我们在拼写这个词时会加一个连字符①……在那个年代，我们总是会加一个连字符——精神失常者 – 分析可能适合维也纳的犹太人，但它对英格兰人没有任何帮助。

**卡　　尔：** 然而他其实来自威尔士！

**温尼科特：** 是的，但他虚荣心很强，他总装成英格兰人那样东奔西走，而不像一个地道的威尔士人——他们曾在矿上工作。20世纪40年代，我曾在威尔士的卡迪根湾有一间度假小屋，我当然认识很多正统的威尔士人。罗伯特爵士故意回避了他认为卑微的威尔士血统，摇身一变成为一名英格兰爵士。你知道吗，当我父亲获得爵士头衔时，他从不装模作样，从不把自己伪装成别的什么身份，他就是一个普利茅斯人。

**卡　　尔：** 因此，您面临着巨大的挑战，在儿科和精神病学还没有发展为成熟的专业之前，您必须找到通往这些医学领域的路。您必须成为一个拓荒者。

**温尼科特：** 是的，我得说我相当顽固，更确切地说，是有点不顾一切。它们是仅有的让我感兴趣的医学领域，结果发现它们也不是那么"医学"。想要帮助遗尿症儿童或抑郁的成年人，真的不必知道太多的生理医学知识。比如，我们不需要知道尿道的结构，也不需要知道额叶的位置。但是要治疗儿童，就需要成为非常好的心理学家，要治疗有心理疾患的人，也需要成为非常好的心理学家。事实上，我最终忘记了我学过的大部分生理医学知识。然而，当然，医学训练依然很有用，有助于培养出厚脸皮以应对灾难和死亡。但是，儿科和精神病学都不需要多少医学知识——至少在我那个年代是这样。

---

① 精神分析的英文单词为 psychoanalysis，在词中加一个连字符后变成 psycho-analysis，该词中的 psycho 意为精神失常者，有贬损之意。——译者注

卡　　尔：儿科在过去的约80年里发生了巨大的变化，和大多数医学分支一样，它现在已经变得非常技术化和药理学化，而且往往很有效。

温尼科特：是这样吗？我想肯定是。去世后，我尝试在"天上"的小咨询室里跟上当代精神分析的步伐，但我必须承认，我忽视了儿科的新进展。但在我那个年代，你知道的，我们没有可以提供给儿童的药物，或者说没有真正有效的药物。当然我们会使用溴化物。对于一切，医生都会开溴化物的处方。他们还不如给病人一杯白兰地或威士忌。所以，你看，我转向心理学方法，一部分是出于绝望，另一部分是出于我感觉到儿童需要心理上的理解。同时，我意识到有心理问题的成年人也需要理解。

卡　　尔：尽管在巴茨医院遇到了困难，但您还是坚持下来了。

温尼科特：是的，我做到了。你看，我坚持下来了。但生理医学从来都不适合我。

卡　　尔：如今，大多数高等教育机构都有学生辅导员或发展顾问，帮助学员解决他们的困难和困境。当您是一名年轻的受训医生时，有人指导过您吗？

温尼科特：在我那个年代，只能独自面对这一切。我们在医学院没有职业咨询或指导咨询。老师们确实很喜欢我，但我没有"明星气质"的医学潜力，因此没有一个前辈将我收入麾下。很快我就明白，我永远不会成为一名医学教授或爵士。你知道吗，我们医生中爵士的比例很高，比如罗伯特爵士。我猜测巴茨医院的爵士比其他教学医院的都多。

卡　　尔：我知道您是跟随安东尼·鲍尔比爵士（Sir Anthony Bowlby）学习外科的，他是约翰·鲍尔比医生的父亲，他最终成了您的精神分析同行之一。

温尼科特：是的，我在很多很多年以后才见到鲍尔比，也就是约翰，直到他在20世纪30年代开始接受精神分析师培训的时候。事实上，我们都接受过里维埃夫人的分析——琼·里维埃——她接受过弗洛伊德的分析,我想她之前也接受过欧内斯特·琼斯的分析。我在里维埃夫人那里进行了第二段分析,但据我所知,鲍尔比只进行过一段分析……我想他在里维埃夫人之后就没有接受更多分析了。然而,当然,我认识鲍尔比的父亲。我觉得安东尼爵士令人印象深刻。基于他在第一次世界大战中的经历,他为战争创伤的外科治疗做出了巨大贡献。

卡　　尔：我相信在布尔战争期间也是如此。

温尼科特：是的,他确实又回到了战场。他一定是和我父亲差不多同时出生的。

卡　　尔：但您那时从来没有发现一位可以让您仰慕的资深医生吗?

温尼科特：那时……很遗憾,没有。好吧,也许安东尼爵士有一点儿,也许托马斯·霍德（Thomas Horder）也有一点儿。

卡　　尔：霍德医生……

温尼科特：就是后来的霍德勋爵（Lord Horder）,你知道的。

卡　　尔：我想他有一家很大的私人诊所。

温尼科特：噢,非常大。他开豪车去医院——那可是最昂贵的豪车之一——我们这些年轻医生都对他投以羡慕且难以置信的目光。

卡　　尔：像鲍尔比和霍德这样的人——取得巨大成就的成功人士——是否让您感到自己不够好,或者他们是否激励了您,给了您希望,让您相信自己也能成功,能成为一名杰出的医生?

温尼科特：恐怕主要是后者。说实话,从学术的角度来说,我度过了一段非常糟糕的时光。

卡　　尔：您花了一些时间来寻找您的专长,而您的其他伙伴……例如,我想到了克里斯托弗·安德鲁斯（Christopher Andrewes）和杰弗里·伯恩（Geoffrey Bourne）,他们俩都成了更传统的医生和研究者。

温尼科特：我已经很久没有听到这些名字了。我与安德鲁斯和伯恩之间留下了太多美好的回忆。但你说得对，那两个家伙在医学上很轻松就上道了。他们似乎不需要花费太多功夫。他们只是开始，继续做，然后就完成了。而我的过程更为坎坷。

卡　　尔：您有时可能会感到很孤独。

温尼科特：是的，我那时有很多朋友。我的朋友一直都很多。但是，如果有一个人能真正地照顾我，把我当作徒弟，那将会对我有很大的帮助。我认为，一个男人需要另一个男人作为自己的导师，像父亲那样。我想，我的父亲已经为我做了很好的表率……以一种充满爱的方式。因此其他人就相形见绌了。我发现我的许多老师——我是指医学老师——在人性品质方面相当令人失望。

卡　　尔：但我认为，在您取得医师资格后，有一段更愉悦的经历。您遇到了弗朗西斯·弗雷泽（Francis Fraser）教授，他成了您的良师益友。

温尼科特：是的，我遇见了弗朗西斯·弗雷泽。他是巴茨医院的员工，后来我们的资深教授阿奇博尔德·加罗德爵士（Sir Archibald Garrod）去了牛津大学，成为钦定教授（Regius Professor），而弗朗西斯·弗雷泽则接替了他的职位，成为巴茨医院的医学教授。我作为一名基层的住院医师在他手下工作。我在1920年完成医师注册，终于成为一名合格的医生。然而，我不觉得自己是个合格的医生。但弗雷泽的确给了我很好的指导。他帮助我准备了伦敦皇家内科医师学会（Royal College of Physicians of London）的成员资格考试，以及英国皇家外科医师学会（Royal College of Surgeons of England）的考试。虽然我从来没有拿到医学学位——在那个年代这并不是必要的，但我拿到了从业执照和成员资格，这些让我得以行医。

卡　　尔：当代读者可能不明白，在20世纪早期，医生不需要有医学学位就可以行医。如今，没有医学学位的医生行医可是无法想象的。

**温尼科特**：是的，我想美国人会觉得这是一件骇人听闻的事。但如你所知，我们这里的医疗系统有所不同。在我那个年代，只有真正聪明的家伙才能获得更高的医学学位，医学学士学位、外科学士学位，诸如此类。我们大多数人对我们的行医资格都很满意，这意味着我们通过了考试，但没有获得大学学位。我获得了皇家内科医师学会执照，以及皇家外科医师学会成员资格，尽管我从未做过外科手术。所有这些让我完成了医师注册。我确实在剑桥大学获得了本科学位，但不是医学学位。

**卡　　尔**：所以您从来没有成为医学博士（Doctor of Medicine，M.D.）。

**温尼科特**：这让我后来在美国出版我的书时遇到了很大的问题。我的美国出版商想把"D.W. 温尼科特医学博士"印在封面上，因为一个人如果没有医学博士学位就不能成为真正的美国医生。我告诉他们我没有医学博士学位，大多数英国医生都没有医学博士学位。但我认为他们还是为了宣传而给我加上了医学博士的头衔，否则在那个年代，没有人会相信我是一个医生，也没有人会买这些书。

**卡　　尔**：当然，如今心理健康领域已经变得越来越去医学化，大多数英国心理治疗师和精神分析师都不具有医学背景。

**温尼科特**：这并不让我惊讶。一个人不必成为医生才能进行交谈！但在我那个年代，确实需要成为医生才行。如果没有弗雷泽教授，我不可能顺利取得医师资格。是啊，我很感激弗朗西斯·弗雷泽。你知道，国王在他晚年给了他一个嘉奖——爵位……他成了弗朗西斯爵士。我一直和他保持联系，直到他去世。他是一个非常可爱的人，弗朗西斯爵士。

**卡　　尔**：这么说您不仅取得了医生执业资格，在获得认证后，您还获得了伦敦皇家内科医师学会的正式成员资格？

**温尼科特**：是的，我在1922年完成了所有这些，我成了D. W. 温尼科特，英国皇家外科医师学会成员（Member of the Royal College of Surgeons of England，MRCS），伦敦皇家内科医师学会持证医师（Licentiate of the Royal College of Physicians of London，LRCP），伦敦皇家内科医师学会成员（Member of the Royal College of Physicians of London，MRCP）。

卡　　尔：接下来的一年——1923 年——我相信在很多方面对您来说都是一个分水岭。

温尼科特：1923 年改变了我生活的方方面面。首先，我已经完成了我在医学方面的所有住院医师的工作，此时我可以申请一个合适的岗位，成为格林……帕丁顿格林儿童医院的助理医师。我还在伦敦东区的女王儿童医院担任类似的职位，早前我在那里也做过一些工作。这两家医院都专门治疗儿童——在当时是很特别的存在——这些职位的确巩固了我对儿童医学和儿童疾病日益增长的兴趣。在接下来的 47 年里，我一直是一名儿童医生。

卡　　尔：如果我没理解错，您这助理医师的新职位是非常有分量的——也许比"助理"这个称呼要有分量得多。

温尼科特：确实如此。在 20 世纪 20 年代，助理医师确实有地位——当然不及成熟医师的地位那么高，但也有一定地位。我想就相当于现在英国国家卫生服务体系（National Health Service）新委任的顾问医师。

卡　　尔：但与当代顾问医师不同，您没有薪水。

温尼科特：我有一份适中的薪水，但大多数时候，我们拿不到全额工资。在那个年代，能在医院工作是一种荣幸。这意味着同行会认为这个人是有实力的，然后，这个人便能一夜成名。虽然我们薪资不高，但在医院工作所积累的名气和声望，能吸引病人到我们在哈利街的诊所就诊，这就是我们的收入来源。

卡　　尔：所以您开了一家私人诊所？

**3　一名平凡的内科医生**

温尼科特：是的，不得不这么做。

卡　　尔：但不只是在哈利街，我知道。

温尼科特：是的，加入格林儿童医院后不久，我在韦茅斯街租了房间，恰好与哈利街垂直，因此正好位于伦敦富有的私人医疗社区的中心。唯一的问题是，我不像外科医生和全科医生那样受所有贵族的青睐，我治疗的是儿童，而不是成人。在那个年代，很少有父母愿意或有远见带孩子去看私人医生。有钱人带着孩子去看传统的家庭医生。所以一开始我几乎没有病人。不得不说，我觉得这十分丢人。

卡　　尔：尽管您在医院有两份类似顾问医师的工作，但您早年的确在财务上遇到了困难，这样说对吗？

温尼科特：我的父亲帮我度过了这一困境。他帮助了我很多年。谢天谢地！

卡　　尔：我也知道您有时会自掏腰包让格林儿童医院的贫困病人来韦茅斯街的诊所治疗。

温尼科特：我确实给过一些病人从西伦敦进城的电车费。如此，我在韦茅斯街的守门人面前也保全了颜面，因为我不想让他认为我是一个蹩脚的外行或笨蛋。而且，在我的私人诊所治疗帕丁顿格林儿童医院的病人，让我可以有更多时间和他们一起工作，这对我来说是一种非常重要的经历。我花了很多时间和格林儿童医院的病人工作——在医院候诊室人满为患的情况下，我不太容易做到这一点，但在私人诊所我可以做到——这帮助我更多地了解了他们的问题的本质。所以我想，你可以说我付钱让病人来见我。我付钱让他们教我。他们确实也用知识回报了我。

卡　　尔：当然，我们都知道您在您的一本书里写的那句献辞："献给付钱教导我的病人"。

温尼科特：这是我的肺腑之言。即使当我开始从私人咨询工作中赚更多的钱时，我仍然觉得我的病人是我的老师，即使在我生命的最后，他们也付钱给我，而我却不用给他们钱。尽管上天知道，我也无偿见了很多病人，甚至在我生命的最后几年。你知道的，我们必须帮助有需要的人。

**卡　　尔：** 在这个时间点——20世纪20年代早期——您专攻儿童医学的生理方面，对吗？

**温尼科特：** 哦，是的，我还需要一段时间才能真正开始把精神分析运用到儿童工作中，至少是以正式的形式。你可能知道我治疗了很多患有青少年风湿病和心脏病等诸如此类疾病的儿童。当然，你知道的，有时这些个案的问题是有心理根源的。

**卡　　尔：** 所以在1923年，您开始在医院任职，而且开了一家私人诊所。但您也开始接受分析，自己成了病人。这是如何发生的呢？

**温尼科特：** 就像我们说过的，我在巴茨医院当医生的时候对弗洛伊德和他的思想有所了解。罗伯特·阿姆斯特朗-琼斯爵士对弗洛伊德的频繁攻击只会让我更加好奇。于是我开始读书，从菲斯特的书开始。你认识他吗？

**卡　　尔：** 奥斯卡·菲斯特（Oskar Pfister）——弗洛伊德在瑞士的同事？

**温尼科特：** 就是这个人。我倒不知道他和弗洛伊德的关系，但我读了他那本厚厚的教科书《精神分析方法》（*The Psychoandlytic Method*），我觉得这本书非常引人入胜，让我非常着迷。然后我意识到我自己可能也应该接受分析。

**卡　　尔：** 您那时有打算最终成为一名精神分析师吗？

**温尼科特：** 噢，没有，我只是需要帮助……我病得很重。

**卡　　尔：** 是精神病学意义上的"病"，还是温尼科特意义上的"病"？

**温尼科特：** 温尼科特意义上的"病"，我的意思是，我并不快乐，没有真的做自己。你知道，我刚刚结第一次婚……与爱丽丝——爱丽丝·泰勒（Alice Taylor）——一位外科医生的女儿——还有，好吧……这么说吧，我认为接受分析是很有帮助的。所以我找到了欧内斯特·琼斯。我不太记得我是怎么找到琼斯的，但每个人都知道琼斯是弗洛伊德在英国的关键代表人物。所以我在哈利街与他见面，在他的私人办公室里，离我的办公室只有一步之遥。

卡　　尔：在你们的咨询期间都发生了什么呢？

温尼科特：琼斯无疑是一个很难相处的人。每个人和他相处都很困难。每个人都会和他发生争执。但不知为何，我和他之间从未发生不愉快的事。我也不知道为什么，但我真的见到了他最好的那一面。我们从来没有陷入混乱或争吵，后来我才意识到，这种情况实属难得。

卡　　尔：您是如何理解这些的？

温尼科特：唔，我以一名年轻的儿童医生的身份去找琼斯，我想这让我们一见如故。你知道，他年轻时也从事儿童医学，他还发表过很多关于儿童生理疾病的论文。所以我认为，他也许希望从我这里了解，在这约20年的时间里这个领域发生了什么。他离开了儿童医学领域，转而投身于精神分析。我想我们确实谈过这些。但我们也谈关于我的事情。我们主要谈论的是我。我发现这很棒。我觉得琼斯比我更了解我自己。

卡　　尔：您想要接受琼斯的分析吗？

温尼科特：也许是吧。但他当时没有空缺的名额了。那时候人人都去找琼斯做分析。而且我也没什么钱，我想他知道这一点。他的收费很高。我想他让我免于经受请他分析的尴尬，因为他知道我付不起他的费用。于是他把我送到了一位"新人"那里，也就是刚从维也纳回来的詹姆斯·斯特雷奇，他在维也纳接受了弗洛伊德的分析。斯特雷奇的妻子阿利克斯（Alix）也接受过弗洛伊德的分析。所以斯特雷奇夫妇都需要病人，琼斯就让我去找斯特雷奇先生。琼斯也想帮忙。他喜欢斯特雷奇，我猜是因为斯特雷奇出身于一个文学名门世家——你知道，他是利顿·斯特雷奇（Lytton

Strachey）的兄弟。琼斯是威尔士人,就像罗伯特·阿姆斯特朗–琼斯爵士一样,他也想融入英格兰。斯特雷奇是一个地道的英格兰人,事实上,他非常非常地道。所以他喜欢斯特雷奇这一点——英格兰范儿。因此,在琼斯的建议下,我去戈登广场见了斯特雷奇,我们开始进行精神分析工作。

# 4

# 斯特雷奇的躺椅

卡　　尔：您会如何描述20世纪20年代的精神分析实践呢？它与您在20世纪30—40年代及其后的精神分析有很大的不同吗？

温尼科特：你知道吗？早期，也就是在我成为一名分析师之前，病人通常每周做6天分析，而不是5天。我们周六都要去做分析，周一到周五也去。我得说，我觉得这有点耗竭，这种做法逐渐消失了。但弗洛伊德总是在周六工作，因此，他所有的追随者也都在周六工作。对于非常严重的来访者——那些害怕被抛弃的更加边缘或精神病性的患者——周六的分析一定也是必不可少的。但我和爱丽丝住在萨里郡的瑟比顿，我觉得周六再搭火车去伦敦市中心接受分析很麻烦，尤其是我在格林儿童医院没有咨询工作（我有时会有咨询）的时候。

卡　　尔：您去了斯特雷奇先生位于布鲁姆斯伯里（Bloomsbury）中心的家？您知道斯特雷奇与弗吉尼亚·伍尔夫（Virginia Woolf）和约翰·梅纳德·凯恩斯（John Maynard Keynes）等人关系密切吗？

温尼科特：斯特雷奇先生——我一直叫他斯特雷奇先生——你知道，他不是医生，但这无关紧要。他对弗洛伊德的了解几乎超过了英国精神分析学会的任何人。事实上，他可能比琼斯都更了解弗洛伊德。我相信你们都知道詹姆斯·斯特雷奇把弗洛伊德的所有著作都翻译成了英文，如此浩大的工程使他成了一位伟大的弗洛伊德专家。斯特雷奇先生很少谈论他的私生活，但我知道他是利顿·斯特雷奇的兄弟。每个人都知道利顿·斯特雷奇，因为他的书是畅销佳作，比如《维多利亚名人传》（*Eminent Victorians*）。我想利顿·斯特雷奇甚至在他某本书的献词中提到了我的分析师。所以，对于你的问题，我的回答是，是的，我确实知道精神分析和布鲁姆斯伯里团体①的作家之间的特殊关系。我想，我一定在街上多次与弗吉尼亚·伍尔夫擦肩而过，但我却一无所知！我可能见过梅纳德·凯恩斯，他曾与斯特雷奇合租过一段时间，你知道的，经济学家约翰·梅纳德·凯恩斯。我确定记得见过他的妻子，俄罗斯芭蕾舞演员莉迪亚·洛波科娃（Lydia Lopokova），穿着她的芭蕾舞裙。

卡　　尔：斯特雷奇的临床技术怎么样？

----

① 英国20世纪初一个松散的、经常聚会的知识分子群体，该群体中有画家、艺术家、作家、历史学家、经济学家等。——译者注

温尼科特：他使用的技术非常传统、非常经典。他使用躺椅，当然——不用躺椅也难以想象——我会躺下，自由联想。他会做出诠释（interpretation），主要是关于我的俄狄浦斯欲望以及我对承认这些俄狄浦斯欲望的阻抗。确实都非常经典。

卡　　尔：我猜你们也讨论过很多梦吧。

温尼科特：是的，一定的，大量关于梦的分析。我喜欢告诉斯特雷奇先生我的梦……非常有趣……至少对我来说是这样。

卡　　尔：所以您经历了一段非常传统的弗洛伊德式分析。但我想，斯特雷奇先生的技术随着时间也有所改变，对吧？

温尼科特：是的，随着时间的推移，我注意到斯特雷奇越来越专注于移情。一开始，他只谈到我和我的无意识，但在分析的最后，他开始更多地诠释我和他的关系，并证明分析师本人可以成为治疗关系中的一个变化因素。这真正地标志着精神分析领域的一个转变。你看，我们见证了精神分析的转变，精神分析从分析师治疗患者的过程，转变为分析师和患者一起卷入的治疗过程，在这个过程中，双方都对相互作用的动力有影响。

卡　　尔：从一人心理学转向二人心理学？

温尼科特：确实，的确如此。

卡　　尔：您觉得您接受詹姆斯·斯特雷奇的分析有帮助吗？

温尼科特：那时候找不出比他更好的精神分析师了。当然斯特雷奇先生不知道、不理解的东西也很多，但我不能因此指责他，因为当时没有人真正了解人格中更原始的部分。但对于我内心中神经症的部分，斯特雷奇进行了很有帮助的分析。他一直以一种真正绅士的方式和我工作，举止优雅，风度翩翩。他还鼓励我更全面地阅读弗洛伊德的著作，尽管我很少这样做。我并不是一个博学的读书人。但这一切都不重要，因为斯特雷奇为我提供了一个机会，让我可以谈论在其他地方都无法谈论的事情。我不知道他是否能够理解那些更可怕的部分——也就是我后来描述的婴儿对自己会破碎崩溃的恐惧，对永远下坠的恐惧。

卡　　　尔：这是否意味着斯特雷奇先生并没有完全帮助您处理那些内心中更令人恐惧的元素？

温尼科特：嗯，他帮了，也没帮。我认为他没有直接处理这些部分。他忽略了更多前俄狄浦斯的部分。但他在俄狄浦斯期方面做得很好，帮助我理解了与父亲的竞争。在很多方面，他给了我发声的机会，让我能够去挑战权威，并依靠自己成为一个更有力量的人。至少在某些领域，我认为他成功帮助了我。

卡　　　尔：在您的所有著作中，尤其是在 20 世纪 30—40 年代的著作中，您表现出了巨大的勇气，直言不讳地反对您的儿科同行的错误，后来又对器质论精神科医生的施虐倾向提出抗议，因为他们实施电休克治疗和脑白质切除术（leucotomy）——后来更广为人知的名称是前脑叶白质切除术（lobotomy）。

温尼科特：是的，我们也许可以把这些归功于斯特雷奇先生以及分析的积极结果。他让我变得真正坦率直言，而不会担心遭到过分的报复。就像我说的，他真的让我有了发言权……发出我自己的声音。

卡　　　尔：这段经历是否对您后来成了一名电台播音员也有所帮助？

温尼科特：当然有帮助。正如我说的，斯特雷奇先生允许我发声，他让我觉得我说的话很重要。虽然我说话总是轻柔而缓慢的，就像你听到的这样，但我认为我的声音确实很大。

卡　　　尔：既响亮又柔和。

温尼科特：正是如此。

卡　　　尔：在您为斯特雷奇先生写的讣告里——在他去世约 2 年后发表的——您毫不吝惜地赞美了他。我也了解到，直到他 1967 年去世，你们都一直维持着热情友好的通信。但尽管如此，您仍然觉得有必要和琼·里维埃再多做几年分析。

温尼科特：说真的，我这个人就像一本摊开的书。

卡　　尔：嗯，我依然好奇……实际上，我的几个同事也想知道……您是否觉得您和斯特雷奇先生的分析工作有抵达心灵底层，或者说，是否真的触及了您最原始的部分。您知道的，这正是您在自己的临床工作中试图与那些更加退行的病人工作的部分。

温尼科特：这个问题问得好，也很重要。毫无疑问。事实上，我认为我们可以分析得更深入。我们总是可以对任何部分的分析进行深入探究，不是吗？

卡　　尔：噢，那当然。

温尼科特：但可能是斯特雷奇并不知道自己内心更原始的部分。或者，也可能是他不知道我的那些部分。

卡　　尔：也许斯特雷奇先生对时机很敏锐。毕竟，有时我们会感知到病人非常脆弱的一面，但我们必须尊重病人的防御，不要太过侵入。

温尼科特：你或许说得对，过多地侵入对于我们的一些病人可能是湮灭性的。你很可能是对的。那时我是一个非常具有防御性的年轻人。我有大量未分析且坚固的防御。是的，你很可能是对的。

卡　　尔：您在詹姆斯·斯特雷奇那儿接受了一段很长时间的分析？

温尼科特：我和斯特雷奇先生的分析工作持续了10年之久。在我的同辈中，我想不出谁能像我这样做过这么多分析。克利福德·斯科特（Clifford Scott）……你知道克利福德·斯科特吗？

卡　　尔：知道，他从加拿大来英国学习精神分析。

温尼科特：没错。他在克莱因女士那里接受分析训练。他以闪电般的速度进行分析。但斯科特一开始心智就很健全。我觉得他不需要10年的分析。但是我需要。我很享受这个过程，尽管我觉得很痛苦。刚开始的时候，我常常时不时地取消分析。我有时会忘记在支票上签字——典型的神经症阻抗，但我想这是基于对湮灭（annihilation）的更深层次的恐惧。

卡　　尔：所以在整个20世纪20年代早期和中期，您作为一名普通的病人在詹姆斯·斯特雷奇那儿接受分析。但到了1927年，您改变了方向，我记得，您成了一名正式的"受训"病人。

温尼科特：是的，在斯特雷奇先生的同意下，我决定申请成为一名精神分析师，成为一名分析师候选人。从职业的角度来看，我没有必要成为一名精神分析师。事实上，如果我没有成为精神分析师，我会过得容易得多。在当时那个年代，人们眼中的精神分析师并不比胡言乱语的巫医或耍把戏的人好多少。精神分析的名声很糟糕，可怜的欧内斯特·琼斯总会卷进一些性丑闻中，你知道的，他被指控与病人发生不正当的性关系。但我发现精神分析对我的心智健康至关重要，我也开始意识到它对我在医院的工作同样非常必要。

卡　　尔：您那时已经开始将精神分析应用于儿童治疗了吗？

温尼科特：是的，不过是以一种笨拙的方式。

卡　　尔：但这相当具有开创性！

温尼科特：我不敢居功称自己是开创者。早在我那个时代之前，莱昂纳德·格斯里（Leonard Guthrie）——20世纪早期帕丁顿格林儿童医院的重要人物——就已经做了这方面的工作。通过研究儿童情感生活对躯体症状的影响，他写了一本很棒的叫《儿童功能性神经障碍》(*Functional Nervous Disorders in Childhood*)的书，这是一个重要突破。在格林医院，我们都知道那本书，我们也读过。但格斯里除了读过弗洛伊德过往的一两篇论文外，他对精神分析并没有什么个人见解，所以尽管他取得了一些进步，但并没有取得很大进展。你看，我对发展这方面的工作很感兴趣。

卡　　尔：所以您申请了精神分析研究所，也就是英国精神分析学会的培训机构的项目？

温尼科特：是的，爱德华·格洛弗（Edward Glover）考核了我的能力。他是琼斯的得力助手。但出于某种原因，他们收留了我，允许我参加训练。我成了第一批参加正式课程计划的人之一，也是第一批在英国接受精神分析正规训练的人之一。在此之前，老一代的精神分析守卫者只需要时不时和欧内斯特·琼斯聊聊天，就可以成为精神分析师，他就让他们进入组织……我想，他渴望创办一个协会。

卡　　尔：所以您的个人分析也从一个普通病人的分析转变为作为学生的"培训分析（training analysis）"。

温尼科特：的确如此。我从一个病人变成一个候选人，尽管我仍然是一个病人。你瞧，候选者也是病人。

卡　　尔：此时繁重的工作一定让您的身体负荷大大增加了。

温尼科特：是的，那是必然的。我有很多事要忙。在两所医院里，我仍然承担着儿童和他们的家庭的临床工作，在女王医院专攻青少年风湿病，在格林儿童医院负责全科个案。我还在韦茅斯街开私人诊所。我每周要接受6次分析。但那时我晚上也要去城里的格洛斯特广场的精神分析研究所听课。我甚至都没住在伦敦。坐火车花了我很多时间。你可以说，为了受训，我花了大量时间在火车上。

卡　　尔：您介意和我谈谈这段时期您的家庭生活吗？

温尼科特：我住在萨里郡的瑟比顿，我记得我之前说过。鉴于很多事务都需要去伦敦处理，所以我必须到查令十字车站，然后从那里出发。我非常努力地工作。但回想起来，我觉得自己一直肩负着某种使命——我想这是卫斯理宗教义的暗示。我看到精神上的痛苦无处不在。我的儿童病人遭受着非常非常可怕的心理折磨，还有非常非常可怕的身体折磨。我想为此做些什么。我开始意识到，如果把精神分析理解作为治疗手段的一部分，我将有许多其他方法——有力的方法——来缓解儿童的疾病。

卡　　尔：我非常想了解更多关于您的精神分析培训的经历，以及您是如何将精神分析和儿童医学整合起来的，还有这期间是否有人帮助了您。

温尼科特：英国精神分析学会确实有一位儿童医生，大卫·福赛斯（David Forsyth）。他在伊芙琳娜医院（Evelina Hospital）工作，所以我很少和他接触。他是我的前辈，由于某种原因，他没有在精神分析研究所教学，至少在我来的时候没有，因此我和他交流很少。在那个年代，学生是不允许参加英国精神分析学会的科学会议（Scientific Meeting）的。所以我一直惦记着福赛斯。第一次世界大战结束后，他在维也纳接受了弗洛伊德的分析，但我从未和他好好交谈过。虽然我无法告诉你他具体是怎么做的，但他确实对儿童进行了精神分析。我猜，应该和我的方式不同。所以，在很多方面，我觉得我还是得靠自己。

卡　　尔：但您还是挺过来了。

温尼科特：是的，我让自己保持专注，试着把我从琼斯、格洛弗和其他人的课堂中学到的东西，以及我在斯特雷奇先生的躺椅上学到的东西应用到实践中。我将所学的一切应用到我在诊所和孩子的工作中。我开始发现，当小婴儿出现痉挛和抽搐时，并不总意味着大脑出了问题。儿童医生会怀疑这是身体失调。但我了解到，有时婴儿和幼儿只是有杀死他们母亲或父亲的念头，所以他们的整个身体都会因狂怒而颤抖。当我把这些话告诉父母时，婴儿的颤抖和抽搐就会停止。人们认为我疯了才会相信这些。

卡　　尔：但您对此有直接的临床观察经验。

温尼科特：如你所言。但这听起来还是很疯狂，很愚蠢。你知道，在那个时候，没有人会用语言来谈论家庭里的怨恨感受。这违反了基督教和维多利亚时代的所有戒律。"维多利亚时代（Victorianism）"，是这个词吗？我想一定是。但尽管那时一切都很得体，我逐渐意识到，我们所有人都恨自己的家人。这就是精神分析允许我谈论的东西。

卡　　　尔：在很多方面，您帮助开创了心身医学，尤其是儿科心身医学。

温尼科特：你能这么说真是太好了。我想这是事实。无论如何，我尝试这么做。

卡　　　尔：作为您精神分析训练的一部分，您有自己的临床个案——持续接受精神分析治疗的病人吗？

温尼科特：是的，我有，但不是一开始就有。我认为培训委员会（Training Committee）对我持有保留意见。毫无疑问，我是个怪人。别忘了，我从事的是儿童医学，而几乎所有其他医生都从事精神疾病——精神病学——所以尽管我是一名医生，但我并不是他们那种类型的医生。

卡　　　尔：在您的精神分析训练中，谁对您影响最大？

温尼科特：我从琼斯、格洛弗及其他人的精彩授课中受益颇多，比如，受过心理学训练的弗利格尔——约翰·弗利格尔（John Flügel）——他是一个非常博学的人。他们都认识弗洛伊德本人。当然，琼斯最了解弗洛伊德。事实上，他总是在演讲中不停地提到"教授"，或"弗洛伊德教授"。"正如弗洛伊德教授在萨尔茨堡告诉我的那样……""当我听到弗洛伊德教授在维也纳介绍这一观点时……"，你知道，诸如此类的言论。但这让一切都变得很真实。我们都很喜欢。

卡　　　尔：您有能与您讨论受训个案的督导师吗？

温尼科特：当然有，但我们不称呼他们为"督导师（supervisor）"。在那个年代我们不这么说。你知道吗？我们称他们为"控制分析师（control analyst）"。但是，我确实接受了督导，而且它们起到了一定作用。

卡　　　尔：在什么方面呢？

温尼科特：我喜欢我各种各样的控制分析师……有点……但这些人并没有真

正地启发我或者推动我的思想，至少作用不是很大。然而，他们确实在整个过程中都陪着我。夏普女士，塞尔女士，还有其他几个人。

卡　　尔：艾拉·夏普（Ella Sharpe）和尼娜·瑟尔（Nina Searl）？

温尼科特：她们都是大龄未婚女性，就像许多早期精神分析运动中的女性一样。当然西尔维娅·佩恩（Sylvia Payne）不算。她有几个儿子，其中一个后来还成了很棒的运动员……我想，他参加了奥运会划船比赛。许多女性分析师都是大龄未婚女性，有点狂热，有点疯疯癫癫。但她们都是好女人，善良的女人。夏普女士头脑清醒，而塞尔女士则古灵精怪，有一天她消失了。她离开了英国精神分析学会。我想她成了一名巫师，你懂的，困在精神的巫毒世界里。有很多关于她的流言蜚语，也有很多人关心她……并且，当她消失的时候，也让人松了一口气。

卡　　尔：当然，您和梅兰妮·克莱因的交集也很深。

温尼科特：毫不夸张地说，克莱因夫人改变了我的世界。她不仅极大地影响了我对孩子的理解，以及对婴儿期原始部分和攻击性部分的理解，我们的生活也交织在一起——梅兰妮的生活和我的生活。早期她指导我和儿童的工作。我也帮助她。你知道，我在经济上给了她很大帮助，因为我给她送去了病人——很多很多病人——这带给她相当可观的收入。我把病人送到许多精神分析师那里，因为我能进入医院——事实上是两所医院，医院里都是需要帮助的有心理问题的孩子。你知道，这也给了我大量实践的机会。梅兰妮和我在其他方面也有交集。我分析了她的儿子。

卡　　尔：埃里希·克莱因（Erich Klein）？

温尼科特：是的，他把名改成了"埃里克（Eric）"，去掉了最后的字母"h"，把姓改成了"克莱因（Clyne）"，以字母C开头。我想他需要与他的母亲保持距离。

卡　　尔：您和梅兰妮·克莱因还有其他的交集。

温尼科特：是的，除了对埃里克的分析。几年后，我的第二任妻子克莱尔——我想你知道我和爱丽丝离婚，然后再婚了。克莱尔会去克莱因夫人那里接受培训分析。所以我们之间确实有很深的交集。

卡　　尔：如今，受督者永远不会对督导师的孩子——或任何亲属——进行精神分析。我们尽力将这些角色分离开。

温尼科特：当然，这样会更好。但在20世纪30年代，合适的分析师太少了，尤其是针对儿童个案的分析师。我们别无选择。

卡　　尔：是的，我能理解。

温尼科特：所以梅兰妮和我确实有点卷入了彼此的生活。

卡　　尔：我相信是詹姆斯·斯特雷奇最先推荐您去见克莱因夫人的。

温尼科特：的确如此。斯特雷奇先生对我在医院的工作很感兴趣，但他不是医生，而且他不了解儿童工作的所有细节。他很聪明，学东西很快，他能很快掌握临床和医学词汇，我想他甚至在医学院学习了几周。但是，他仍然不与儿童打交道。他没有给孩子做过分析，自己也没有孩子。因此，尽管他努力了，除了从弗洛伊德的文章中读到的东西外，他对儿童知之甚少。这一点他自己也非常清楚。但是他认识克莱因很多年了，你知道，是他帮助克莱因来到英国的。而且斯特雷奇夫人也认识克莱因很久了。我想斯特雷奇夫人在维也纳接受了弗洛伊德的分析之后，又在柏林接受过分析。

卡　　尔：是的，梅兰妮·克莱因和阿利克斯·斯特雷奇都在柏林接受过卡尔·亚伯拉罕（Karl Abraham）的分析，他是德国精神分析运动的发起者。

温尼科特：是的，我想他们的确有过这些经历。你现在一提，我就想起来了。你想再来点茶吗？

卡　　尔：谢谢，那太好了。

**温尼科特**：好在我们能再次呼唤科尔斯夫人。在此之前，让我们伸展四肢活动活动，你觉得呢？

**卡　　尔**：这主意真是太棒了！

# 克莱因夫人及其后继者

卡　　尔：我们已经谈到了克莱因夫人……

温尼科特：要不咱们先把关于梅兰妮的事聊完，可以吗？然后我再去叫科尔斯夫人。

卡　　尔：这样也好。

温尼科特：斯特雷奇先生告诉我，梅兰妮·克莱因从德国来到英国，她在英国精神分析学会引起了不小的轰动，因为她不仅在儿童工作方面取得了巨大进展，而且还敢于挑战弗洛伊德女士的思想。你知道，这样可很容易被当成异端邪说。虽然安娜·弗洛伊德当时还没有来到英国——那会儿是 1938 年，纳粹统治时期——但大家都已经把安娜·弗洛伊德视为儿童分析的鼻祖。在绝大多数人的心目中，她是这个领域的主宰者。她是弗洛伊德教授的女儿。因此，对于克莱因来说，哪怕只是小声表达对安娜·弗洛伊德的异议……唔，你也可以想象那意味着什么。

**卡　　尔：** 但琼斯支持克莱因。斯特雷奇也支持克莱因。考虑到您和这些人的重要关系，您一定……

**温尼科特：** 确实。我只是想见见克莱因夫人。她得到了那么多好评。

**卡　　尔：** 必然的。

**温尼科特：** 我一直弄不明白琼斯对克莱因的支持是否代表了他对克莱因工作的热爱，以及对她才华的认可，还是他只是需要有人照顾他家里的病人。你知道吗？在琼斯的邀请下，梅兰妮分析了琼斯的妻子——他叫她凯蒂（Kitty）——以及他的几个孩子。这些似乎非常重要，因为琼斯不可能让他的家人接受他的英国弟子的分析。他需要一名资深人士——同时又是一个局外人——所以梅兰妮来伦敦主要就是为了这个目的，很明显的用意。

**卡　　尔：** 我想，欧内斯特·琼斯支持克莱因夫人是冒了很大风险的。毕竟，克莱因在维也纳的弗洛伊德派成员中已经成了不受欢迎的人，他们认为安娜·弗洛伊德才是儿童心理分析的"女王"。

**温尼科特：** 我常常对此感到疑惑。也许我是错的——但我不介意犯错——有时我会问自己，琼斯对克莱因——安娜·弗洛伊德的宿敌——的支持是否代表了琼斯对弗洛伊德的分裂式仇恨。琼斯把弗洛伊德理想化了，但理想化总是有它的阴暗面。我经常思考这个问题。因为邀请克莱因来到英国，琼斯便给了一位足以与精神分析主宰者的女儿匹敌的女士巨大的支持！

**卡　　尔：** 您很可能是对的。

**温尼科特**：你看，即使琼斯爱弗洛伊德，他也可能讨厌这种依赖。我们都必须成为自己的主宰，拥有自主的权利。琼斯可能怨恨他对弗洛伊德的屈从。

**卡　　尔**：非常有意思。

**温尼科特**：我也觉得。

**卡　　尔**：所以您去见克莱因夫人了？

**温尼科特**：她的英语说得很蹩脚。即使在英国生活了那么多年，她的写作能力也没有提高。我认为，她的作品充满了负担感——一种沉重的感觉。但是，如果你仔细研究，就会发现它非常精妙。她真正抓住了儿童和成人的那些部分，那些引发不愉快（unpleasant）的部分，也许比任何人做得都好。但她错了。

**卡　　尔**：哦？

**温尼科特**：是的，她的错误之处在于她常常认为人只有引发不愉快的部分。她不太了解创造力，虽然她开创了儿童游戏疗法，但她对游戏知之甚少……尽管，我想，克莱因的追随者不会同意我的看法。你知道，她喜欢音乐，但不会演奏。她热爱文学，却不会写作。她喜欢讲话，但不会演讲……无论如何，她都不算个好的演讲者。她的性格和能力都有局限。但她确实是个天才，我学到了很多。

**卡　　尔**：您接受了她的督导——或者应该说"控制分析"？

**温尼科特**：是的，控制分析。但我也和她讨论了我在医院的工作，她对于孩子惧怕自己的攻击性方面的见解非常非常有帮助。我发现这极其有用，我开始更好地理解如何将这样的观点翻译成心理-医学术语。事实上，孩子可能会攻击自己的身体，例如，强烈的愤怒会转化成高烧！

**卡　　尔**：多么神奇！

**温尼科特**：也有点疯狂，我想，或者至少有点古怪。儿童领域的其他医生也这么认为。但最终，我开始说服儿童医生接受这种想法——至少是一些年轻的医生，比如彼得·蒂泽德（Peter Tizard）、约翰·戴维斯（John Davis）、罗纳德·麦基思（Ronald MacKeith）。

卡　　　尔：我相信克莱因在与您的督导中和您谈过她和孩子的工作。

温尼科特：是的。我经常去找她讨论个案，有时我的脑袋会一片空白。我的脑海里有成百上千个案例，因为我一周要见数百个孩子……好吧，也许没几百个这么夸张，但真的是见很多孩子。但克莱因从未在机构工作过。她每周见两三个孩子，但她每天都要和他们见面，她对他们了如指掌。这给了她时间和空间去思考和回忆这些孩子们。当我记不起我的个案片段，也就是我与所有遭受痛苦的儿童个案的工作时，梅兰妮就会给我讲她的案例。她的分析工作做得非常非常细致。

卡　　　尔：您上了一堂儿童分析大师课。

温尼科特：确实，我上了一堂大师课。

卡　　　尔：我相信您也看了她的书——1932年出版的《儿童精神分析》（*The Psycho-Analysis of Children*），这本书非常令人触动。

温尼科特：有一次，我在假期期间回普利茅斯看望我的家人，随身带了梅兰妮的书。那时这本书肯定是刚刚出版的。我去了达特穆尔高原，那是我最喜欢的自然之地，离普利茅斯不远。我坐在荒野上读了这本书。达特穆尔高原是一个读书的好地方。在那儿没人打扰。那时我发现这本书太了不起了——它令我惊艳——我在荒原上读了两遍！然后我又读了一遍！

卡　　　尔：克莱因的书给您提供了"地图"吗？

温尼科特：你完全可以这么说。地图，对……一张地图。你看，我有所有这些原始的经验，但是没有人——当然除了斯特雷奇先生——可以跟我讨论这些。后来梅兰妮写了她的书，书里讲了很多我想说的话，而且写得非常精彩，尽管梅兰妮的写作风格有点沉重，哥特式风格。

卡　　尔：您说的哥特式风格，是指……？

温尼科特：正如我说过的，克莱因的写作水平很差。她写得非常费劲。这对她来说当然不容易，部分原因是她的母语是德语，后来又说匈牙利语。我从没听她说过匈牙利语，你懂的，但我想她一定学会了一些当地语言，因为她在布达佩斯和桑德尔·费伦齐（Sandor Ferenczi）一起度过了一段时间。但她不太擅长英语。事后看来，我认为这本书受到了克莱因夫人某种强迫性特质的影响——我认为这一点经常被忽视——正是这种强迫性特质让她永远不允许自己犯错。

卡　　尔：当然，克莱因夫人用德语写了她的第一本书，而且斯特雷奇夫人——您分析师的妻子——把它翻译成了英语。

温尼科特：是的，我都忘记这事了。确实如此。那时她还没有信心用英文写一整本书。后来她做到了，但写得也很艰难。

卡　　尔：您和她的关系非常亲密，但到了20世纪40—50年代，你们的关系开始变得越来越紧张。

温尼科特：是，这是真的。我想我们都有被对方背叛的感觉……我背叛她是因为我不允许自己成为她的公开宣称的密友之一，而她背叛我是因为她的某种傲慢，她无法真正了解其他人和他们的工作，也包括我的工作。她有一种教条主义特质，而她最亲近的追随者吸收了她的这种特质，尤其是像汉娜·西格尔（Hanna Segal）和赫伯特·罗森菲尔德（Herbert Rosenfeld）这样的人，有一段时间，还有唐纳德·梅尔策（Donald Meltzer）这样的人。我认为，他们所有人的举止言行在我们英国精神分析学会里都是非常不合群的，因为他们总坚持自己是对的。克莱因夫人培养出了"克莱因学派（Kleinites）"，我们过去是这么称呼他们的，或者"克莱因后继者（sub-Kleinians）"。我讨厌这样。为什么这些人就不能做他们自己呢？

卡　　　尔：您感受到克莱因学派的人太过确信某些事。

温尼科特：不仅如此……要我说就是，傲慢自大。

卡　　　尔：你们的文章经常聚焦于怀疑和不确定性，以及心灵和精神的独立。

温尼科特：是的，我希望是这样。

卡　　　尔：我相信人们经常要求您成立一个温尼科特协会——一个以您为中心的独立的精神分析协会——但您总是拒绝这样做。

温尼科特：是的，我一想到别人是温尼科特学派的，我就脸色大变。让自己保持"没有答案"是非常重要的。有答案的分析师，或者相信其他人已有所有答案的分析师，几乎不需要和病人交谈就能找到答案。你看，精神科医生就知道所有的答案。他们和病人见面5分钟或者3分钟，甚至更少……然后他们就得出结论——这个病人患有精神分裂症。他们知道这意味着这个病人大脑受损，需要电休克治疗，等等。没有人对病人的个人史好奇。

卡　　　尔：您觉得一些克莱因学派的同行已经拥有了所有答案？

温尼科特：哦，是的，确实如此！

卡　　　尔：但汉娜·西格尔和赫伯特·罗森菲尔德开创性地将精神分析应用在精神分裂症的治疗中。威尔弗雷德·比昂（Wilfred Bion）也对这一领域的工作做出了贡献。我猜想他们可能和您一样讨厌电休克治疗。

温尼科特：我对躯体精神病学家的抨击当然不包括他们，绝对不包括。但即便如此，这些克莱因学派的人……你知道我是第一个称梅兰妮的追随者为"克莱因学派"的人吗？

卡　　　尔：我在您的信件里读到过。

温尼科特：这些克莱因学派的人虽然是精神分析师，但他们的工作方式却带有一种精神病学的味道。他们经常在见到病人的几分钟内就对他们做出诠释……有时在几秒内。当他们在英国精神分析学会每两周举办一次的科学会议上发表论文时，我们大家对此都非常清楚了。即刻诠释、快速诠释……这可不是精神分析策略。我认为这是一种精神病学策略。

卡　　　尔：在您发表的文章，以及未发表的信件中，您表达了对这种诠释的各种担忧。

温尼科特：是的，人不能只靠诠释生活。我们应该谨慎而有节制地使用诠释；诠释通常应该很简短……我是说在长度上。我只有在非常非常累的时候才会做冗长的诠释。不像梅兰妮，她的诠释可以持续很久……

卡　　　尔：您曾经写过简短诠释的重要性，我相信您曾经坚信，每次分析只要一次诠释通常就够了。

温尼科特：当然。这个诠释甚至不需要是"正确的"诠释。即使我们给病人一个错误的诠释，病人通常也会感激我们的努力，我们试图去理解的努力。

卡　　　尔：您必定对克莱因的诠释方法持保留意见。

温尼科特：是的，克莱尔——我的第二任妻子——和克莱因夫人有过一次糟糕的分析经历。梅兰妮诠释了克莱尔的一个梦，她没完没了地说个不停，克莱尔觉得梅兰妮好像把她的梦给抢夺了。她回家时真的很生气！接着，她停了一段时间的分析。

卡　　　尔：我相信在您所治疗的病人中，也有曾接受过克莱因学派同行的分析的。

温尼科特：我有很多这样的病人，他们来找我是因为他们曾接受过克莱因学派分析师失败的分析。当然，我也会失败。我们都有失败的时候。你知道，我应该提一下，许多精神分析师都认为仅仅通过他们的诠释就能让病人变得更好。这在一定程度上是正确的，但只是在一定程度上。

卡　　　尔：多年前您提到过，诠释性分析师实际上可能成为抑郁的父母的替代品。

温尼科特：是的,是的。诠释性分析师有可能通过持续关注,帮助病人保持活力,或者允许病人鲜活起来。在我看来最根本的,是分析师和病人之间的联结,而不是诠释本身。

卡　　尔：您可能会有兴趣知道,许多当代精神分析和心理治疗理论都关注临床工作者与病人之间的关系,聚焦于两个参与者之间发展出的依恋关系,认为关系起了绝对关键的作用。

温尼科特：听到你这么说我很高兴。你必须明白,我认可给出诠释的观点。当然,这是必不可少的。但它们只是分析的一部分,我们一定不能忘记这一点。

卡　　尔：我有一种感觉,只要梳理出您和梅兰妮·克莱因的分歧的本质,几乎可以教授一门精神分析现代史的课程了,因为您与她的工作如此有共鸣,却又变得如此疏远。你们的分歧是否代表了所谓的"细微差异的自恋(narcissism)",就像弗洛伊德可能会说的那样,还是说,这些分歧源于个人和人际关系?或者我们可以将它们视为真正实质性的理论和技术差异?

温尼科特：这是一系列至关重要的问题,对于你所有的问题,答案也许都是肯定的。当然,克莱因夫人和我私下争吵过一次,原因是我们彼此复杂的个人感情,尤其是随着我逐渐成熟和成长,我开始找到了自己的声音。当我资历尚浅时,我们相处得很好,我给她介绍了很多儿童病人。但是,当我凭借着自己的能力成为资深人士时,比如当我成为学会主席,当我声名鹊起,作为演讲者和作家受到越来越多听众和读者的欢迎时……嗯……我想这可能引起了一些嫉羡。她在精神分析圈内知名度很高,而我在精神分析圈内和圈外都有很大的名气。她从来没有上过广播节目。

卡　　尔：而且,通过分析她的儿子,您了解了很多她的私人家庭生活。

温尼科特：她通过分析我的妻子,对我的情况也相当了解。

卡　　尔：回想起来,您是否希望您与她在职业和私人生活方面没有如此纠缠？

**温尼科特：** 我确实希望我们的精神分析界有更多各种各样的成员加入，但当时我们可以转介的人很少，所以我们都互相转介，互相治疗，等等。琼斯医生不得不把克莱因从欧洲大陆请过来，是因为他在伦敦找不到可以信赖的人来将他的妻子和孩子托付给他，而他们又非常需要精神分析。但我相信我们已经谈论过这一点了。

**卡　　尔：** 弗洛伊德分析了他自己的女儿。他还敢把她托付给谁呢？

**温尼科特：** 我们一直怀疑这类事情，但在我活着的那段时间，没有人敢说出来。

**卡　　尔：** 是的，在您死后不久，美国精神分析历史学家保罗·罗赞（Paul Roazen）博士——他在1965年采访过您——发表了这个重要的内情。

**温尼科特：** 我记得罗赞。他是一个聪明的年轻人。但我赞同你的观点。早期，我们彼此之间有着非常"乱伦"的关系。每个人都认识彼此，无论是在躺椅上还是在生活中。这对很多事并没有帮助。当然，这使我和梅兰妮之间的矛盾更加复杂了。她曾有意督导我对她儿子埃里克的分析，但我拒绝了！

**卡　　尔：** 但可以肯定的是，当您的第二任妻子克莱尔·温尼科特在20世纪50年代开始接受精神分析师的培训时，她本可以去找梅兰妮·克莱因之外的人的。鉴于您和克莱因的深厚关系，我想知道温尼科特夫人是否会觉得这段分析完全是她自己的，这在我看来是精神分析的重要组成部分。即使温尼科特夫人非常希望克莱因夫人能对她进行分析，克莱因夫人本可以建议她向其他人寻求分析的。

**温尼科特：** 我赞同你说的。但你也得知道，我认识当时所有的分析师，而且我对他们都非常了解。克莱尔也通过我，以及通过我们的晚宴和聚会等认识了他们。我的意思是，我几乎在精神分析研究所和英国精神分析学会的每一个委员会任过职，我还担任了主席，以及诸如此类的职务。当然，我也曾长期担任培训分析师（Training Analyst），我治疗过很多分析师。但是克莱尔确实对找梅兰妮分析抱有强烈的意愿。克莱尔知道，关于她的愤怒，克莱因能帮到她。她确实有某种愤怒。克莱因非常擅长分析愤怒……同时也很擅长激起愤怒！

卡　　尔：我经常在想，您和克莱因代表的流派并不是精神分析的不同理论，而是不同的风格。

温尼科特：梅兰妮和我都属于弗洛伊德学派。我们都拜倒在弗洛伊德脚下。她曾经在欧洲听过一次弗洛伊德本人的现场演讲，她真的就坐在他脚下。我也坐在弗洛伊德脚下，只是以一种更具象征性的方式。我得到了奥斯卡·内蒙（Oscar Nemon）建造的弗洛伊德铜像，然后将其安放在瑞士小屋图书馆外一个高高的基座上。所以有人可能会说，她和我都以不同的方式坐在弗洛伊德脚下。我们都……曾属于……弗洛伊德学派。但是我们彼此又存在分歧，尤其是在理论方面关于嫉羡的问题，以及在技术方面关于诠释的问题——连珠炮似的诠释。但这是否代表了根本上的理论差异？我不知道。但在风格上，确实是的，我们有不同的"质感"和"口音"。

卡　　尔：也许稍后当我们以更整体的方式来思考您的成人精神分析工作时，可以继续探索这些主题。

温尼科特：看得出来你已经为我准备了很多问题。

卡　　尔：是的，这也许是一个独一无二的机会，来向您寻求所有在您逝世后仍未得到解答的问题的答案。

温尼科特：那么，我们必须加满茶。天哪，我想起来很早以前我就想再要些茶了，对吧？但我们确实沉浸在关于梅兰妮的这些事里了。人们很容易就会迷恋上梅兰妮！我这就去要些茶……

[这时，科尔斯夫人再次走进房间，手里端着一壶新沏的茶，还带来了一

些饼干。]

科 尔 斯：你的茶来了，温尼科特医生。

温尼科特：科尔斯夫人，你看透了我的心思。你总是能读懂我的心思，就像你不得不学着读我的手稿一样。

科 尔 斯：是的，温尼科特医生。

温尼科特：我的笔迹很有艺术性，但很难辨认，尤其是当我写快了的时候。有很多圈圈和弯弯曲曲的线条。这一点科尔斯夫人再清楚不过了。

科 尔 斯：是的，温尼科特医生。还有别的事吗？

温尼科特：别的事吗？我想想，没了，科尔斯夫人，虽然我一辈子都辛苦地工作，但这确实是容易令人口渴的事情，所以我想半小时左右再来点茶吧？

科 尔 斯：当然可以，温尼科特医生。我已经把你的手稿草稿打出来了。你想让我把这次采访的第一部分的录音打出来吗？

温尼科特：可以吗，科尔斯夫人？那可真是帮了大忙了。

科 尔 斯：当然可以了，温尼科特医生。

卡　　　尔：您真的愿意这么做吗，科尔斯夫人？

科 尔 斯：当然，1 小时内你就能拿到转录稿和两份复本。

温尼科特：你真是太好了。我想我现在已经不用再付你薪水了，是吧？我是说，我们现在并不需要钱，对吧，科尔斯夫人？

科 尔 斯：不需要了，温尼科特医生。

卡　　　尔：好的，太感谢了。

科 尔 斯：如果你还需要什么，请叫我。

温尼科特：谢谢你。你知道我们会的。

[科尔斯夫人从咨询室离开，手里带着一盒磁带，上面记录了到目前为止所进行的那部分访谈。]

卡　　尔：我的天，如此高效！如此忠心！

温尼科特：乔伊斯是一位非凡的女性。我花了很多年的时间寻找合适的秘书，直到 1948 年夏天，我找到了科尔斯夫人，她也找到了我，一切就从那时开始。你知道吗？她把我写的每一篇论文、每一本书、每一份案例笔记一次又一次地打出来。嗯……一切。事实上，没有科尔斯就没有温尼科特。

卡　　尔：我原本不想麻烦她把这次采访的录音打出来的。

温尼科特：嗯，因为我不再看病人了——至少不是正式的治疗——她没有过去 40 多年里那么多的打字工作了。她确实喜欢打字。她一边打字一边抽烟。我不知道她是怎么做到的——打字的同时抽烟——但她确实有这个习惯。了不起的女人！你想出版这次访谈的内容，是吗？

卡　　尔：嗯，我原本打算我们先讨论一下，然后看看您怎么想。

温尼科特：我发表过演讲，也出版过书，但从来没有人出版过我的这种"茶会闲谈"！我挺喜欢这个主意的。

卡　　尔：您知道由德国人普及开来的一个名为"Tischgespräch"的悠久文学传统吗？

温尼科特：我的德语很差，法语要好得多。

卡　　尔："Tischgespräch"的意思是"桌边谈话"……出版伟大思想家的个人思考。

温尼科特：哦，我不是一个伟大的思想家。

卡　　尔：我想大多数当代同行都认为您是。

温尼科特：噢，我真不敢相信。真的吗？

卡　　尔：是的。对于一部分人来说，您已经成了一位大师。尽管您讨厌信徒这个概念，但还是有人称自己为"温尼科特学派"。

温尼科特：我的天啊。这真让我吃惊。尽管我拒绝创建自己的学派。好吧，被认可也是非常重要的。但与此同时，我确实认为我们每个人都需要做自己，而不是成为别人的追随者。当然，除非他别无选择。这不正是我写作的核心吗？

卡　　尔：我认为您关于"真自体（true self）"和"假自体（false self）"的工作已经成为当代思想的基础，无论是在精神分析圈内还是圈外。

温尼科特：是的，我们可以成为他人的追随者，把他们内化——我们需要这样做一段时间，就像我对弗洛伊德那样，也许对克莱因也有一点——但之后我们必须成为自己。

卡　　尔：克莱恩的追随者没有成为他们自己吗？

温尼科特：好吧，关于这一点，我不知道，但我挺好奇的。

卡　　尔：有没有可能有些自封为温尼科特学派的人并没有成为他们自己？我猜他们中的一些人借用了您的自体。

温尼科特：我可不希望这样。我的大多数病人来找我，是因为他们一直活在别人的自体里，如你所言。

卡　　尔：我们有点偏离访谈的时间主线了。但我想我们也已经了解您是如何经历了非常密集的精神分析训练，然后努力成为您自己的，或许是一个"真自体"精神分析师。

温尼科特：我喜欢你的这种思考方式。你知道，我的老朋友约翰·里克曼（John Rickman）——一位亲切和善的精神分析师，一个真正的好人——他总是告诉想来受训的学生，他会为他们提供培训。但之后他会强调，他们可以利用这些训练做自己喜欢的事情。换句话说，里克曼想让年轻人知道，关于如何成为精神分析师，并不存在一套固定的方案。

卡　　尔：我相信里克曼并不介意，那些接受过精神分析训练的学生是否真的从事临床实践。我曾和里克曼的一名学生交谈过，她告诉我，里克曼允许她将精神分析思想应用于创造性领域，比如组织顾问。

温尼科特：是的，如果一个受过分析训练的人能以一种独创的方式来开展工作，他会非常高兴的。不是每个人都需要整天坐在一个小房间里的沙发后面。一个人如何发展自己的职业生涯是没有任何规则的。当然,我把精神分析引入儿科也没有遵循那些规则。

卡　　尔:有一点一直让我印象深刻,弗洛伊德在他的技术论文中向学生提供的也只是建议,而不是规则。

温尼科特:是的,当然。

卡　　尔:您的第二位精神分析师琼·里维埃翻译了弗洛伊德关于这个主题的论文,她称之为《给从事精神分析的医生的建议》("Recommendations to Physicians Practising Psycho-Analysis")。然后您的第一位分析师詹姆斯·斯特雷奇修订了译文,将其收录在24卷的《西格蒙德·弗洛伊德心理学著作全集标准版》(*The Standard Edition of the Complete Psychological Works of Sigmund Freud*)中。

温尼科特:我知道那篇论文,多年来我必定已经读过多次了,然而我一点也不记得了。但这无关紧要,因为弗洛伊德就在我心里,在我骨子里,我一直这样认为。

卡　　尔:您从未成为研究精神分析文献的学者。但摆脱那种学术型地大量阅读、阅读、再阅读,是否帮助您成为一个更有独创性的思考者?

温尼科特:哦,这我确实不知道。我也读书,但不是以你的那种方式来读书,因为你有那种历史型的思维方式。我看得出来。安娜·弗洛伊德也有这种思维方式,我的学生马苏德·汗也有。他们可以在几分钟内,甚至几秒钟内,就搜索出弗洛伊德的任何语录。我可做不到。他们一行一行地读,我想是以一种极其严谨的方式。但我从来不这么阅读。我想我吸收知识的方式有所不同。

卡　　尔:那您怎么形容自己这种吸收知识的方式呢?

温尼科特:我不知道。我不知道我大脑究竟是怎么运作的。但我们可以尝试思考一下,我想它的工作方式更偏横向思考……我不太确定。说到弗洛伊德的著作，你知道吗？我主持了一场宴会，为了庆祝由斯特雷奇修订的荷盖斯出版社（Hogarth Press）的弗洛伊德著作全集的正式出版。克莱尔在组织这件事上帮了很多忙，乔伊斯也是。那天晚上我过得非常愉快。

卡　　　尔：斯特雷奇先生和弗洛伊德女士都收到了一套完整的红色封面的版本，而其他人收到的是蓝色封面的版本。

温尼科特：你不知道他们看到这个庞大的工程完成有多高兴。斯特雷奇为此牺牲了自己的视力，可怜的家伙。他花了将近 50 年的时间把弗洛伊德的著作从德语翻译成英语。最后他的一只眼睛瞎了，另一只眼睛的视力也很差。他真的为精神分析运动牺牲了自己。

卡　　　尔：斯特雷奇无疑完成了一项英雄般的壮举。

温尼科特：詹姆斯·斯特雷奇是一个非常重要的人。一个真正的榜样。

卡　　　尔：他的确是。

# 跌跌撞撞地走向战争

卡　　尔：或许，我们可以接着按时间顺序聊了？

温尼科特：原谅我又发散了。但我总是这样。

卡　　尔：哦，没关系。是否可以说，由于精神分析研究所的候选人身份，以及与梅兰妮·克莱因等人的接触，您在受训期间吸收了弗洛伊德的理念，但之后您将这些转化为自己的思想？

温尼科特：是这样的。我大约在1933年获得分析师资格。我不太擅长记日期，但我想应该是1933年，虽然我直到1935年才读到自己的正式入会论文。我想这些你都可以核对一下。

卡　　尔：是的，您的确是在 1935 年读到了您的入会论文。

温尼科特：有你提醒真是太有帮助了。我还清楚地记得那天晚上——我给前辈们呈上第一篇论文。和我的老师们比起来，我当时真是太年轻了！我希望他们喜欢我的文章，尤其是斯特雷奇先生、梅兰妮以及琼斯医生。

卡　　尔：您不仅完成了成人精神分析训练，还进一步完成了儿童精神分析训练。

温尼科特：我是同时完成两项训练的第一人，至少在英国是这样。

卡　　尔：告诉您一件您可能会觉得好笑或高兴的事，早在 1937 年，在您获得儿童精神分析学家的资格后，欧内斯特·琼斯就此事给西格蒙德·弗洛伊德写了一封信。所以弗洛伊德在信里一定看到过您的名字。

温尼科特：哦，天哪……这让我很感动……噢我的天！

卡　　尔：是的，确有此事。琼斯告诉弗洛伊德，您已经成了第一位男性儿童精神分析师。您身为男性，人们会觉得您给孩子做分析有些不寻常吗？我的意思是，当人们想到赫尔米内·冯·胡格－赫尔穆特（Hermine von Hug-Hellmuth）、安娜·弗洛伊德、梅兰妮·克莱因、玛丽安娜·克里斯（Marianne Kris）、贝尔塔·伯恩斯坦（Berta Bornstein）、多拉·哈特曼（Dora Hartmann）……这些女性都是儿童精神分析领域的伟大先驱。

温尼科特：是的，我又被曾经的"多元母亲"包围了。这对我成为一名儿童医生是有帮助的。当然，我与婴儿和孩子有一种亲近感，这是其他男性所没有的。我想，我们可以把这称为我的女性或母性认同。但感谢上天，我确实有这一面。事实证明，这对我的工作必不可少，因为我可以像一个母亲一样，与病人的婴儿部分建立联结。而且，我还想把父亲也拉进来。照顾孩子不应仅仅是母亲的事。

婴儿需要母亲，但母亲需要父亲。我知道现代家庭并不总是如此，但这不是问题所在。问题是，婴儿的世界需要男性，我很自豪能帮助男性参与进来。

卡　　尔：所以，您顺利通过了训练？

温尼科特：是的，我做到了，我成了一名成熟的精神分析师。我读到了我关于"躁狂防御（The Manic Defence）"的入会论文。

卡　　尔：在许多方面，您的入会论文读起来是非常谦逊的，也是非常传统的作品。您向您的许多老师和导师致敬，特别是梅兰妮·克莱因，也包括欧内斯特·琼斯、琼·里维埃、梅莉塔·施米德伯格（Melitta Schmideberg）和尼娜·瑟尔。但一些评论人开始把那篇文章看作您真正的独立宣言。

温尼科特：我想表达的是，躁狂症可能并不总是躁狂，至少不是更传统的精神病学意义上的躁狂。我认为躁狂症作为一个概念在临床圈子里一直没有得到足够的关注。他们总说"这个病人是躁狂的"，好像是在贬低病人精力、热情和创造力等方方面面。他们可能会说，"温尼科特是躁狂的"，但事实并非如此。这并不是真的。

卡　　尔：您确实写得很详细，关于躁狂防御的危险，以及关于躁狂作为一种防御是如何被调动起来去否认现实的，特别是否认抑郁情绪的现实。但您也发现了一种方法来表明躁狂防御也许是极其有价值的。

温尼科特：我想你是对的。我已经半个世纪没重读那篇论文了。你有什么想法？

卡　　尔：哦，我特别喜欢您提到的音乐厅。温尼科特医生，如果您还记得，您曾写过，当舞者冲上舞台，充满活力，对自己的身体和才华等充满表现欲的时刻，剧院里会出现一阵狂躁的兴奋……

温尼科特：是的，那是躁狂。甚至是躁狂防御。但它也是有活力的。这就是生命。

卡　　尔：当然。在您的文章中，您甚至用大写字母来写"生命（LIFE）"这个词，我认为这十分明显地强调了您的观点。是的，戏剧可以是躁狂的，但也是充满生命力的。

温尼科特：哦，能回顾这些真是太棒了……1935年似乎是很久以前了。我确实想把这句话偷偷地写进文章里，因为梅兰妮和她的亲信，甚至在很早期的时候，就已经开始把躁狂作为一种防御了。我发现很多同行都非常抑郁——你知道，这些来到伦敦的受到创伤、流离失所、无家可归的犹太难民……许多人都没有配偶，其中也包括梅兰妮。很多人都很抑郁。事实上，当他们在病人身上看到生命的迹象，他们就诠释为躁狂。当然，这可能是躁狂症，也可能是躁狂防御，但也可能是生命。我们一定要小心，不要毁掉病人的愉悦时刻。

卡　　尔：您认为某些精神分析师可能会嫉羡他们的一些病人的生命力吗？

温尼科特：哦，完全有可能！

卡　　尔：您的文章反响如何？

温尼科特：唔，我记不太清了。那是很久以前的事了，自那以后我发表了很多论文。但我想我松了一口气。琼斯当然喜欢这篇文章，从很多方面来说，这是最重要的事情。

卡　　尔：您获得了精神分析师的资格，与此同时，您的生活也发生了很多重大变化。

温尼科特：1933年左右，我停止了与斯特雷奇先生的分析工作，也是在那个时候，我和爱丽丝从萨里郡的瑟比顿搬到了汉普斯特德。我们终于在伦敦定居了，这对我来说似乎很重要。但这并不是我唯一的搬迁举动。你知道的，我还把我的私人诊所从韦茅斯街搬到了安妮皇后街，尽管还是在哈利街附近。我也从斯特雷奇先生的躺椅转移到了里维埃夫人的躺椅上。在临床职业方面，我从皇后医院换到了……好吧，没有换。在皇后医院工作了十多年后，我就离开了那里。我想写作并发展自己的临床实践。

卡　　　尔：显然发生了很多变化。但也有许多没变的事。比如您依然留在帕丁顿格林儿童医院。

温尼科特：哦，是的，那里成了我的另一个家……我的"精神病学快餐厅"。

卡　　　尔：我们都喜欢这个说法……"精神病学快餐厅"。

温尼科特：这是我自己编的词。你知道，我在安妮皇后街有一家很不错的精神分析诊所，专门为私人病人服务——大部分是成人，但也有一些儿童。对于他们中的大多数人，我确实每周要见 5 次。当我开始为我的第一位病人做分析时，每周见病人 6 天的传统已经减少到每周 5 天。分析师需要周末，因为工作能让我们恨我们的病人。因此我们需要做分析，但也需要不做分析。总而言之，我在安妮皇后街有私人病人，但我在格林儿童医院也有其他病人。就像我之前说过的，我有数以千计的儿童精神病病人，我不能给他们所有人都做分析。所以我只好想办法给他们"吃点快餐"。

温尼科特：用快餐代替 5 道菜的正餐。

卡　　　尔：形容得很精确。这就是为什么我开始把格林医院当成我的快餐厅。

卡　　　尔：您发展了游戏疗法，以及大名鼎鼎的涂鸦（squiggle）技术。

温尼科特：是的，你看，面对一些病人，我们必须问："我能够为这个家伙做多少？"但对于另一些病人，尤其是年龄小的孩子，他们很温顺，通常也很有韧性，我会问："我需要做的有多少？"因此，在安妮皇后街，我尽可能多做事，而在格林儿童医院，我则尽可能少做事。事实证明，这两种方法都是非常重要的治疗手段，每一种都有其独特的效果。

卡　　　尔：对于您在帕丁顿格林医院的短程咨询工作，在某些方面您承受了很大的阻力。

温尼科特：弗洛伊德女士——她喜欢我，正如我也喜欢她——虽然从未当我面说过，但她认为这类工作……这些儿童精神病的治疗性咨询工作是一种特别傲慢鲁莽的行径。她坚持需要每周进行 5 次密集的儿童分析，我从其他渠道得知，她担心我可能会淡化儿童分析。但我确实做了严格意义上的儿童分析……还蛮多的……不止十几个。但这非常耗时，不是每个孩子都想要，或需要，或负担得起，或能得到这类分析，或诸如此类。父母也不是总会参与儿童分析。至少帕丁顿的父母不会。如果我告诉他们必须每天把小约翰尼送到医院，他们必定会吓得逃之夭夭。我并不是每天都在医院，即使我在那儿，这种做法也很可能会让小约翰尼误认为自己的病情比实际情况更糟糕。所以我找到了一种解开孩子和他们家庭的症结的方法，有时只需要一两次咨询就能解决。

卡　　尔：我相信，因为您在儿童精神病学方面的声誉日益提高，全英国各地的家长都会带着他们的孩子来看您，因为许多人所在的地区并没有儿童精神科医生。

温尼科特：是的，正如你所言。你肯定知道，当我开始工作时，我们还没有正式的儿童精神病学专业，就像我们没有正式的儿科专业一样。在很多方面，我不得不开创它们——或者更准确地说，是帮助开创它们——特别是在整个儿童精神病学领域。毋庸置疑，我是最早期的那批人之一。在 20 世纪 20 年代，我们没有这样的儿童精神科医生，除了像赫克托·卡梅隆（Hector Cameron）这样的怪人——他是个复杂的人——也是另一个厌恶精神分析的人。

卡　　尔：所以格林儿童医院真的成了您尝试和发展儿童心理健康技术的实验室。

温尼科特：确实如此。我在帕丁顿格林医院有一个很大的访谈室，我可以同时处理好几个个案。我不得不这么做。一个孩子会在屏幕后面脱衣服，等待体检；另一个孩子在画画；还有一个孩子可能坐在母亲的膝盖上，而我正在记录家庭史。我们也有在一旁观察的访客——比如社会工作者，保健随访员，等等。这似乎很混乱，但不知何故，这一切又是连贯一致的，通常我只需要做出一个诠释就可以消除一个孩子的症状。儿童干预是非常强有力的技术。我们不需要几十年又几十年地治疗一个孩子。通常一次会面就能解决当前的症状。

卡　　尔：您在帕丁顿格林儿童医院为整个家庭服务。人们会觉得这不同寻常吗？

温尼科特：梅兰妮必然觉得这很不寻常。但梅兰妮不是医生。她从来没有在医院工作过。她与孩子工作的方式非常单一。安娜·弗洛伊德曾在学校工作。她在维也纳创办了自己的学校，后来又在伦敦创办了幼儿园，所以她对家庭的了解比梅兰妮多一点。但是安娜·弗洛伊德也从来没有在医院工作过，至少据我所知她没有。梅兰妮对真正的家庭一无所知。她拒绝与孩子们的父母见面。必须说，安娜·弗洛伊德比梅兰妮更了解家庭，不过她也不像我那样了解家庭。

卡　　尔：您的同事约翰·鲍尔比经常讲述他和梅兰妮·克莱因的督导经历。您也许也知道这些传言。显然，他刚开始和一个小孩一起工作，这个小孩的母亲最近得了精神病，必须住进精神病院。结果，就没有人带这个孩子去鲍尔比的办公室，所以分析不得不突然停止。然而，克莱因夫人感到困惑，外界居然敢以这种方式打断一个孩子的分析。鲍尔比告诉我，克莱因坚持认为分析应该继续。鲍尔比愤怒地举起双手，向克莱因解释说，孩子不可能来见他。鲍尔比声称，克莱因根本无法理解为什么分析必须停止。

温尼科特：我知道这个故事……是的，确实。这正是我的观点。我们必须让家庭参与进来，否则他们会攻击孩子的分析及相关的一切。是的，我试着和那些家庭合作。父亲很少会来。他们必须工作。在那个年代，西伦敦工人阶级的人如果请假带孩子去看医生，这个人很可能会被解雇。西伦敦的父亲们从事桶匠、花生小贩、体力劳动者之类的工作。他们过着勉强糊口的生活。带孩子去看医生，那是母亲的工作。所以我见到了很多母亲和祖母，甚至是哥哥姐姐，但我也遇到了一些父亲——事实上，算相当多了。随着时间的推移，越来越多。"小猪猪（The Piggle）"……你知道"小猪猪"——在20世纪60年代与我一起工作的小女孩吗？

卡　　尔：我知道。

温尼科特：她的父亲经常陪她来参加治疗。这是个多么好的家庭呀！不过我在这里的切斯特广场看到了他们。但我又跑题了……我说这些是为了说明，我确实把格林儿童医院作为一个场所，在这里我帮助创建了一种新的精神分析取向的儿科和儿童精神病学，为儿童提供了完整且全面的保障。身体症状可以用精神分析角度来诠释，然后治愈。精神症状也可以用这种方法治愈。这样，家庭的平衡就能恢复。

卡　　尔：不同于您绝大多数在私人诊所工作的精神分析同行，他们可能有4个或5个，甚至6个高频病人，每周做5次分析，而您和成千上万的儿童病人一起工作。我认为没有人真正意识到您作为一名临床医生所拥有的丰富且重要的经验，也没有人意识到您拥有一个独一无二的临床数据"宝库"。您既有梅兰妮·克莱因那种高频经验的深度，又有其他人所没有的广度。

温尼科特：当然，人们可以诋毁这些丰富的经验。他们可能会说："温尼科特有躁狂症。"也可能会说："他和一个孩子待了5分钟，然后就跑到另一个孩子那里去了……接着又冲向另一个……"但那不是真的。不，一点也不。你说得对，我确实有很多其他人没有的经验。

卡　　尔：我可以想象，所有这些临床印象萦绕在您脑海中，个案档案堆满了您的办公室，如此等等，您可能会有一种强烈的需要去写关于这项工作的文章，去教授关于这项工作的知识，去处理它，甚至把它从您的脑海中提取出来。

**温尼科特**：随着我在格林儿童医院的工作的进行，我又接受了更多的分析，与里维埃夫人一起工作。我想，我需要一个地方来探讨所有事情，包括我的临床实践。

**卡　　尔**：尽管您和詹姆斯·斯特雷奇工作了10年左右，您还是又开始接受分析了？

**温尼科特**：我又开始接受分析至少有三个原因。首先，我需要消化我所有的专业工作……这是最为确定的。其次，我需要弄清楚我是要成为克莱因学派的一员，还是要做我自己。于是我去找里维埃夫人，因为她是克莱因最亲近的弟子。也许最重要的原因是，我和爱丽丝的婚姻已经开始破裂了。我想，不是从她的角度，而是从我的角度。所以我有很多话要说。

**卡　　尔**：您和里维埃夫人在贝斯沃特的咨询室里待了好几年。您觉得这对您有帮助吗？

**温尼科特**：当然有，但是部分原因是这段经历教会了我如何避免成为里维埃夫人那样的人。

**卡　　尔**：您多年的同行与朋友玛丽昂·米尔纳曾形容里维埃夫人是个霸道的人。就连狂热的克莱因学派成员汉娜·西格尔也告诉我，她发现里维埃夫人是个相当强硬的人。

**温尼科特**：汉娜·西格尔肯定知道，她也十分强硬。你知道我在她成为汉娜·西格尔之前就认识她了吗？她之前叫波兹南斯卡（Poznanska）医生，好像是叫这个……一个波兰名。在接受精神分析培训之前，她曾是我在格林儿童医院的住院医师。不过，我不知道我对她的影响有多大，因为她成了一个和我完全不同类型的实践者。但那又是另一个故事了。

**卡　　尔**：所以您和里维埃夫人工作时挣扎吗？

**温尼科特**：是的，我很挣扎。毫无疑问，部分是我自己的原因。爱丽丝开始受到各种焦虑的折磨。我必须承受这一切。但是里维埃夫人——

她自己是一个非常脆弱的女人，一个非常男性化的女人，有着高度发展的假自体——她会用各种诠释来攻击我……很多诠释……有些是对的，有些是错的——部分是因为时机不对。尽管如此，我还是从分析中学到了很多东西。无论如何，战争打断了我的分析，我也只能继续坚持下去。

卡　　尔：很多问题浮现在我脑海中，关于您接受琼·里维埃的分析，关于您和梅兰妮·克莱因的关系，但我知道这些必定是非常私密的事情，您可能会不情愿……

温尼科特：……哦，你可以问我任何问题。在死后接受这种性质的采访的好处之一是我可以畅所欲言。你也可以随意提问。你想知道什么？

卡　　尔：好的，我想，我们可以探讨您个人生活的很多方面，您的婚姻，您的分析，但我只是想说，有这么多事情要处理，对您来说一定是相当沉重的负担。

温尼科特：嗯……是的，确实如此，不是吗？

卡　　尔：在家里，您有一个非常脆弱的妻子。在工作中，您有数百，甚至数千的病人。您有一个有时强横霸道的分析师。您生活在一个即将开战的国家。而且您已经经历过了第一次世界大战，在那场战争中，您的中学和大学同学几乎都死了。

温尼科特：的确，那是一段令人深感不安的时期……对英国来说，那是一段非常偏执的时期，我们都被卷入其中，陷入了反德国、反犹太人的狂潮……陷入一切。太可怕了。在"假战争（Phoney War）"之后，我们迎来了真正的战争，真正的闪电战。平民开始死亡。整个民族精神变得支离破碎，国家的真自体被压制在假自体之下——以丘吉尔（Churchill）、他的微笑以及他抽着雪茄的胜利手势为特征的假自体，仿佛一切都很好。我们创造了一种团结一致的伟大幻想，在对抗纳粹的同时唱着爱国歌曲而变得强大。我们确实做到了。但我们也支离破碎，每个人都是。

卡　　尔：也许我们可以谈谈您在第二次世界大战期间的特殊经历，因为我知道这对您来说是一个非常重要的过渡时期，无论是在职业生涯上，还是在个人生活上。

温尼科特：从很多方面来说，这都是一个至关重要的时期。战争爆发时，我非常担心。当然，我有自己的担忧，对我和爱丽丝的安全的私人忧虑。她差点被炸弹炸死，太可怕了。但是我更担心孩子们。然后政府做了一个可怕的决定：让孩子们从伦敦和周边地区撤离。

卡　　尔：1939 年，您与约翰·鲍尔比和同为儿童精神科医生的伊曼纽尔·米勒（Emanuel Miller）共同写了一封联名信，并发表在《英国医学杂志》（*British Medical Journal*）上，警告其他医生关于撤离可能造成的毁灭性心理影响。

温尼科特：我们已经谈过一些有关约翰·鲍尔比的事了，对吗？他和我在工作上和个人生活上都有很大的共鸣，尽管我们从未成为亲密的朋友。

卡　　尔：鲍尔比曾告诉我，他认为自己和您"唱着同一首赞美诗"。

温尼科特：一个音乐相关的联结……噢，我喜欢这个说法。是的，他和我对孩子与分离的观点是一致的。我们都知道，分离尽管常常是不可避免的，但会对孩子造成极大的伤害。然后伊曼纽尔·米勒加入了我们。我想人们已经渐渐忘记米勒了。我不知道为什么。他早在我和鲍尔比之前就是一名儿童精神科医生了……唔，至少比我们早一点。他比我大一点。但他是一名全职儿童精神科医生。他从未成为精神分析师。我觉得很可悲的是，精神分析师喜欢忘记那些不是精神分析师的人。米勒就是这些好人中的一个。他做出了巨大的贡献，写了很多书和文章。但他不知怎么就失去了踪迹。无论如何，正如你提到的，我们三人确实给《英国医学杂志》写了这封联名信。因为我们知道会发生什么。

卡　　尔：我想家长和政府官员都担心伦敦遭受大规模空袭的可怕后果。但是，孩子的身体安全难道不应该优先于心理安全吗？

**温尼科特：** 不，我认为不是。因为没有心理安全，孩子就没有身体安全。如果一个孩子没有心理安全，他就会变得疯狂，或者自杀，或者犯罪，孩子的身体就会真的处于危险之中。所以不是的，就像一开始我们不能将母亲和婴儿分开一样，我们也不能轻易地把身体和心理分开。

**卡　　尔：** 您关于撤离对幼童的影响的担忧被证明是有根据的。

**温尼科特：** 战争结束后，我遇到了很多家庭的个案，他们以前在心理上很健康，现在却支离破碎。是真的支离破碎。你知道吗？有些撤离到加拿大或美国的孩子6年都见不到他们的父母。撤离了那么久的孩子往往忘记了他们的父母，再也不能把他们当作好的内在客体。

**卡　　尔：** 我可以告诉您，在我自己的治疗工作中，我见过几位老年人——在20世纪90年代和21世纪初，在第二次世界大战期间还是孩子的他们经历了撤离，他们每个人都带着深深的抑郁来找我。

**温尼科特：** 多么可怕。战争的代价——心理代价——简直不可估量。所以我试着把这件事说出来，尤其还关系到孩子们。

**卡　　尔：** 我们可以更直接地谈谈您在战争期间的工作吗？

**温尼科特：** 可以，当然可以。

**卡　　尔：** 我相信您还留在伦敦。但您的大多数同行都逃到乡村去了，或者加入了皇家陆军医疗队（Royal Army Medical Corps）。

**温尼科特：** 你知道的，我留在了伦敦。我想留下来。我也不得不留下来。我卫斯理宗的根儿又一次显现了。我就是无法抛下一切逃走。我留了下来。我还得工作。但我不能在格林儿童医院工作，因为医院已经关闭了很长一段时间。我几乎没有私人病人了，因为孩子们都被疏散了，大部分成年人也失去踪迹。你一定知道，很多女人都坐飞机逃到苏格兰和其他地方去了。而到了一定年纪的男人都打仗去了。只剩下一群80岁的老人，我无法维持分析工作！所以我找了一份工作，本来只打算 1 周工作 1 天，但实际上却非常耗时。我也在牛津郡及周边地区的政府疏散计划（Government Evacuation Scheme）中担任精神科顾问。

卡　　尔：我相信，这成了您研究青少年犯罪以及其他课题的基础。

温尼科特：作为一名普通的儿童精神科医生，我在伦敦见过很多青少年犯罪。当然了，尤其是在我所处的东伦敦和西伦敦的特殊地理区域。你知道，我把这些孩子称为"反社会者（antisocials）"，或者"AST"孩子——换句话说，就是那些有"反社会倾向"的孩子。

卡　　尔：您在反社会倾向方面的工作得到了广泛的重视。

温尼科特：1939 年的战争造成了一系列心理上的剧变。当然，我们进行了疏散，牛津郡成了疏散青少年的主要接待中心。那些孩子住在兵舍。虽然我毫不怀疑他们承受了分离和搬迁的压力，但无论如何，他们中的大多数人还是挺过来了。但我没有照顾那些普通的孩子。作为一名精神科医生，我有一个特殊的任务，就是与那些在伦敦已经表现出心理困难的儿童打交道，除此之外这些儿童还要忍受撤离到农村的痛苦。因此以很多不同的方式，我遇到了一群孩子——总共有几百个——人们可能会说他们受到了双重诅咒，遭到了双重打击。

卡　　尔：这些孩子住在您负责咨询工作的旅馆里吗？

温尼科特：是的，这些孩子住在散布于牛津郡的旅馆里，有些也住在伯克郡。我专门为 5 家旅馆提供咨询，但也不只这 5 家，还有其他的。

卡　　尔：在 20 世纪 40 年代早期，您提供什么形式的咨询？显然，您没有资源为这些孩子提供完整的儿童精神分析。

温尼科特：是的，没有，我几乎没有做任何正式的心理治疗。我一有机会就去旅馆，有时 1 周 1 次，有时 1 周 2 次，有时不那么频繁，四处都转转。因为汽油限制，这不是一件容易的事。但我们找到了办法。作为一名医生，我有一笔专门的汽油补贴，这帮了我很大的忙。有时我也从帕丁顿站坐火车前往。不管怎样，我会拜访这些旅馆，然后花时间和孩子们在一起，和他们聊天，和他们一起画画，只是与他们待在一起。有时我甚至会和他们一起做饭。这些也给了我第一手知识。但最主要的是，我会指导员工。

卡　　尔：您为其中一些专业的工作人员提供督导，但也有一些工作人员根本没有接受过任何心理培训。

温尼科特：这些儿童接待中心的大多数工作人员都没有正式的从业资质。大多数人只有基本的识字水平，几乎没有接受过基础教育，当然也没有接受过高等教育。这些人做了大部分的工作，有效地充当了宿舍家长的角色。有时是两位大龄单身女性负责，但我更喜欢一对异性恋伴侣来担任父母角色，通常他们也有自己的孩子。所以我们有这些作为宿舍家长的工作人员，也有一些社会工作者。有时，当我能与当局商量安排预算时，我会找来一些同行，为一些特别需要帮助的孩子做专门的精神分析工作。希恩-戴尔女士，你听说过她吗？

卡　　尔：海伦·希恩-戴尔（Helen Sheehan-Dare），一位早期儿童精神分析师。我想她是您学生时期的督导师。

温尼科特：是的，希恩-戴尔女士，她给我做过督导，我知道她很可靠。但在这个时候，在战争期间，她需要钱。每个人都需要钱，所以我让她来给孩子们做一些心理治疗工作。

卡　　尔：还有一位社会工作者对您非常重要。

温尼科特：是的，布里顿女士。多年来我都这么叫她，"布里顿女士"。她叫我"温尼克特医生"……也很多年。但我们很快就变得亲密起来，多年以后，我和爱丽丝离婚后，我娶了布里顿女士……克莱尔。

卡　　尔：目前为止，我们已经多次提到了温尼科特夫人——第二任温尼科特夫人，但还没有展开来聊。

温尼科特：如你所知，我们是在牛津郡相遇的，当时我在这些旅馆为撤离的儿童做咨询。虽然起初我们是同事，但我们相爱了——你知道，这是一件非常艰难的事，因为我还有爱丽丝。事实上，我和爱丽丝即将迎来我们的结婚20周年纪念日。那时候……唔，人们都不会离婚……这是不可想象的……事实上，是非常可耻的。但是，克莱尔有非常特别的品质。她有宗教背景，我也有。她对我的工作极其感兴趣。尽管当时她在很多方面都很胆小，但她头脑清晰。你看，她是有精神内核的。

卡　　　尔：我知道离开第一任妻子的决定让您非常痛苦。

温尼科特：是的，是的，这确实很痛苦。

卡　　　尔：但您和爱丽丝·温尼科特离婚了，然后又第二次结婚。布里顿女士成了新的温尼克特太太，我知道，她最终受训成为一名精神分析师。你们一定在工作上有很多共同话题。

温尼科特：是的，我可以和克莱尔分享我的工作。但她也有自己的工作。我可以自豪地告诉你——但也许你知道——她成了英国内政部（Home Office）一个非常重要的人物，担任着一个非常重要的政府职位。她成了英国内政部儿童部的儿童保育研究（Child Care Studies）主任。

卡　　　尔：您知道在您去世后，女王授予了您妻子勋章吗？她被授予大英帝国最优秀官爵勋章（Officer of the Most Excellent Order of the British Empire，OBE）。

温尼科特：棒极了。这个消息真是棒极了。她全身心地投入英国内政部，为特殊儿童部门工作，帮助促进社会工作者培训和标准，等等。这几乎使她精疲力竭，但她还是做到了。噢，听到克莱尔获得了这样的认可，我感到非常骄傲和开心。我不能和她一起去白金汉宫参加授勋仪式，真是太遗憾了。我猜有这样一个仪式吧？

卡　　　尔：当然有。

温尼科特：可惜我不能去。你知道，白金汉宫就位于切斯特广场这栋房子附近的拐角处。

卡　　　尔：此刻您脸上挂着最灿烂的笑容。

温尼科特：我的妻子在白金汉宫……这感觉太棒了！你知道吗，我一直希望有人能授予我爵士头衔。曾有人为我尝试过，但似乎没有成功。

卡　　　尔：您确实配得上爵士头衔，温尼科特医生。

温尼科特：好吧，也许有一天他们会在我死后追授这些该死的东西。

卡　　　尔：虽然在您的一生中，您没有得到女王的嘉奖，但我希望您知道，您的论文在精神分析电子出版数据库中（Psychoanalytic Electronic Publishing database）一直都排名最高，这可能会让您感到欣慰。

温尼科特：我不知道电子出版是什么，但听到这个消息我很高兴。

卡　　　尔：精神分析电子出版服务站是一个论文档案库——一个名副其实的期刊文章仓库——您的作品仍然非常受欢迎，即使在您去世40多年后。

温尼科特：多么令人开心呀！

卡　　　尔：那么，让我们接着聊第二次世界大战期间牛津郡的旅馆，以及您和那里的工作人员的工作？

温尼科特：噢，好的。我主要为工作人员组织案例讨论小组，并试图帮助他们了解孩子们。许多未经训练的工作人员会认为这些男孩和女孩很淘气……只是淘气而已。但你知道，他们不只是淘气，我试图帮助工作人员理解孩子们的行为或许是有意义的，或许是有目的的，或许在传达什么。

卡　　　尔：所以您鼓励去理解，而不是约束或惩罚？

温尼科特：确实是的。我们必须学会同情，因为这些孩子处于危险之中，他们需要帮助，他们被迫离开自己的家、父母、兄弟姐妹和周围的生活环境……所以失去了方向感。所有这些丧失对他们来说都是毁灭性的打击。当然，他们以一种非常过激的方式见诸行动（act out）。他们会偷窃、打人、放火。其中一个孩子放火烧了一个草垛，造成了很大损失，引发了很多恐惧。他们会逃避责任，你知道的，逃走，而工作人员不得不搜遍牛津郡的乡村才能找到他们。其中的某些孩子真的是小恶魔。

卡　　尔：这些工作人员的咨询有帮助吗？

温尼科特：那你就得问我妻子和其他人了。但在我看来，这些咨询有很大帮助。当然，我们做了很多诊断性工作。我们可以看到哪些孩子在哪种干预下有了改善，诸如此类。我对游戏有了更多的了解。布里顿女士和我得出的结论是，如果孩子能够玩耍，那么……这是未来的健康和可能性的一个有希望的预后指标。我们真的很担心那些没有明显想象力和创造力的孩子。你看，不会玩耍的孩子是病得很重的孩子。

卡　　尔：战争期间这些孩子是怎么来找您的呢？当局是怎么知道把哪些孩子送到你们的特别旅馆的呢？

温尼科特：大多数毛孩子在兵舍里已经闹得底朝天，他们几乎把他们的养父母逼疯了，所以他们不得不和我们一起住。但我要告诉你一个秘密，我亲自挑选了很多孩子。我把我在格林儿童医院相当一部分的个案送到了旅馆里，部分原因是我可以持续照看他们。我认为这帮助很大。

卡　　尔：最终，您和布里顿女士——也就是未来的温尼科特太太——开始写关于这段经历的文章。

温尼科特：可怜的克莱尔那时还不会写作。她并没有写作天赋，对自己的专业能力也没什么信心。但是我们不停地工作、工作，我们一起写草稿，大部分是我写的，她很快就培养出了敏锐的头脑，最后，我认为，她成了一个非常好的作家——当然，她成了一个条理清晰的作家。她需要鼓励才能意识到自己非同凡响。我早知道这一点，但我认为她自己并不知道，就像当时的许多女性一样。但她成长为一名一流的社会工作者和教师。战后，她得到了一个很有影响力的职位，在LSE教书。

卡　　尔：伦敦政治经济学院（London School of Economics and Political Science，LSE）。

温尼科特：是的，她培养下一代社会工作者。我在那里为她讲课。多么有趣呀。

卡　　尔：你们成了一个很好的团队，无论在个人生活中，还是在职业生涯中。

温尼科特：确实如此。你知道，她还让我多活了10年。我总是说，如果不是克莱尔，我早就死了。我死的时候多大岁数？让我想想……

卡　　尔：74岁——快75岁了。

温尼科特：唔，如果没有克莱尔，我想我可能65岁就死了。我对此深信不疑。

卡　　尔：您是如何离开第一任温尼克特夫人的呢？如何离开爱丽丝的？

温尼科特：哦，那是在相当长的时间之后。

卡　　尔：当然。

温尼科特：现在，我似乎迷失在自己的故事中了。我们聊到哪里了？噢，我们还在谈战争时期的事，不是吗？

卡　　尔：是的，我知道在战争时期，除了定期去牛津郡，您还经历了很多其他事情。

温尼科特：我们在英国精神分析学会进行了非常有张力的对话。

卡　　尔：它们被称为"论战（Controversial Discussion）"。

温尼科特：我不确定我是否有足够的精力参与这些，但随着国家陷入战争，我们分析师也卷入战争。在一次又一次的会议中，弗洛伊德学派与克莱因学派针锋相对。每个人都讨厌爱德华·格洛弗。你知道艾德里安·斯蒂芬（Adrian Stephen）——他是弗吉尼亚·伍尔夫的小弟弟——组织了一场政变，把格洛弗赶下台。格洛弗太霸道了，大家对此都很反感。琼斯一直都是主席，所以这些会议有多种作用。清除古老的守旧派，解决发展中的派系之间的紧张关系，并且我猜测，还能试着缓解每天晚上被德国空军轰炸的病态恐惧。那真是一段难以形容的时光。

**卡　　尔**：我相信您在精神分析协会的科学会议上有时会听到空袭警报声？

**温尼科特**：你知道吗？有一次，警报声震耳欲聋。我那时是汉普斯特德的一名防空队员，我知道事态的严重性。我催促大家到地下室避难。但这些老宝贝们却一直在为某个晦涩的理论争论不休，没人注意我。分析师们持续战斗着。如果一枚炸弹投掷到我们在格洛斯特广场的大楼——在我们搬到新卡文迪什街更大的办公场所之前——整个英国的精神分析运动将化为乌有。

**卡　　尔**：您是如何理解战时在精神分析会议中爆发的这些理论争论的？

**温尼科特**：我真的不理解他们，马苏德·汗也会这么告诉你。马苏德是一位伟大的理论家。他懂得理论之间的所有细微差别。他知道本能（instincts）和驱力（drives）之间的区别，超我（superego）和理想自我（ego-ideal）之间的区别，以及所有这些。我无法做到，我不能以细致的方式去区分。我只能大概知道它们之间的区别。所以我可能不是能告诉你发生了什么的最佳人选。但我知道，克莱因学派不喜欢弗洛伊德学派的临床实践方式，反之亦然。至于我们在战争时期的讨论，很多都围绕着无意识幻想的本质。婴儿到底知道多少？当婴儿第一次意识到俄狄浦斯议题的存在时，他多大？等等。我们为此喋喋不休地争论。但最终，我们并没有真正解决任何问题。

**卡　　尔**：英国精神分析学会几乎分割成了不同的专业组织。

**温尼科特**：我们差点就分开了……那时我们很容易就会变成两个不同的组织。但是我们没有。我们成功阻止了分开。但我们分裂了。我们只是分裂了。我们以一种糟糕的方式分裂，协会内部分裂成了不同的派系，克莱因学派的人组成了自己的小集团，弗洛伊德女士在汉普斯特德儿童治疗诊所（Hampstead Child-Therapy Clinic）组成了他们的小集团，经常抵制协会会议，只剩下几个人——我、鲍尔比、里克曼、艾德里安·斯蒂芬、玛乔丽·布赖尔利（Marjorie Brierley）和西尔维娅……西尔维娅·佩恩（Sylvia Payne），她后来成了新主席，我们成了众所周知的"中间学派（Middle Group）"，或"中间派学者（middle groupers）"。没人知道该拿我们怎么办。梅兰妮永远不会原谅我，因为我没有宣布自己是克莱因学派的正式成员。又或者，我觉得此时她不希望我成为她集团的一员，因为我有太多与梅兰妮不同的想法。

卡　　　尔：您以前的受督者之一，珀尔·金（Pearl King）女士……

温尼科特：我真的很喜欢珀尔。你知道吗？在我担任英国精神分析学会主席的第二个任期里，她成了我的副主席。

卡　　　尔：嗯，她已经安排把所有论战的会议记录和笔记都打印出来并出版，全文长达近1000页。因此，即使是意志坚定的精神分析历史学家也会觉得这是一本难以消化的厚重巨著。

温尼科特：你知道的，分析师和病人在一起时花那么多时间保持沉默，他们非常需要说话……换言之，在咨询室之外，他们经常会说很多。

卡　　　尔：我深表同意。

温尼科特：我在牛津郡感受到了战事的紧张，也在格洛斯特广场经过深入分析的精神分析师中感受到了战事的紧张。谢天谢地，新闻界从未听闻我们之间有如此多的争端。不过我想他们也不会太有兴趣，但如果他们知道每个分析师都如此好战，那将给这个行业带来不可挽回的耻辱。

卡　　　尔：说到新闻界，我们必须提到，在战争年代，您拓展了工作的另一个重要方面，即无线电广播，并向公众传播。

温尼科特：我确实做了这些。

卡　　　尔：您是如何成为心理健康广播领域的一位重要人物的呢？

温尼科特：你说的是我吗，重要人物？我喜欢"心理健康广播"这个说法。我想那就是我在做的事，尽管我当时肯定不知道。

卡　　尔：您敢于在公众面前谈论心理健康问题，而当时您的许多精神分析同行既没有能力这么做，也没有勇气这么做。

温尼科特：我想你是在暗示我们喜欢独来独往。

卡　　尔：在某种程度上，这点并不令人惊讶。我想，您会清楚地记得，弗洛伊德学派在20世纪10—20年代不得不忍受的恨意。

温尼科特：噢，是的，人们认为我们是巫医，只谈性的江湖骗子，天知道还有什么。人们觉得精神分析非常讨厌，是变态之类的，再加上我们对性感兴趣。事实上，我们这些分析师对性知之甚少。比人们想象的要少得多。比如，和普通大众一样，我们也发现很难和病人谈论他们的性生活。

卡　　尔：所以，对您来说，温尼科特医生，允许自己以一种更加公开的方式被推到台前，这需要勇气。

温尼科特：我公开发声有两个主要原因。首先是因为我对婴儿心灵的关注，对父母心灵的关注，你知道，我在《孩子和家庭》（*The Child and the Family*）和《孩子和外部世界》（*The Child and the Outside World*）等书中提过这些话题。所有这些都与早年生活及其挑战等有关。我想让人们更多地了解家庭心理学。其次，我对ECT也有担心。

卡　　尔：电休克治疗（Electroconvulsive therapy，ECT）。

温尼科特：是的，还有脑白质切除术……你知道的，切除大脑的一部分。我想向更多人讲述这些残忍的治疗手段。我对这些生理性治疗手段非常愤怒。我认为这是精神病学迈出的可怕的一步——事实上，是被严重误导的一步。

卡　　尔：我很想知道您是如何对这些产生兴趣的。

温尼科特：当然可以，那我们先谈谈母亲和婴儿吧。

卡　　　尔：可以。

温尼科特：在那个年代——20世纪30－40年代——我真的很担心没有人知道如何与父母交谈。医生会对父母说话但不在乎父母的反应，他们从不与父母交流，也从不和父母谈论他们的恐惧和焦虑。你知道吗？当我还是个医学生时，圣巴塞洛缪医院的大多数工作人员根本不允许他们的病人说话！这似乎让人难以置信，但这是真的。医生会给病人做检查，然后告诉病人出了什么问题。他们可没有兴趣向病人学习。除了像托马斯·霍德这样的人——霍德勋爵，事实上，他后来成了霍德男爵（Baron Horder）。他除外。他喜欢坐在病人的床边听他们说话，这些谈话有助于他诊断。所以，你看，当我第一次进入医疗行业的时候，其他医生只会告知父母，告诉他们该怎么做。

卡　　　尔：医生会给父母什么建议呢？

温尼科特：哦，通常是些很蠢的东西。他们可能会告诉母亲给孩子喂蓖麻油，或者建议把孩子送到乡下呼吸点新鲜空气。更糟糕的是，医生经常建议家长应该忽视孩子或惩罚孩子的不良行为。

卡　　　尔：这个领域发生了多么大的变化啊！

温尼科特：我本能地知道，医生对父母说三道四是不对的。我想我试着和父母谈论他们的孩子。不是给建议，而是帮助他们看看孩子的行为是否有意义……看看有没有人能理解孩子。这比让孩子在睡前服用镇静剂可重要得多。

卡　　　尔：您关于亲子关系和医患关系的理念有很强的一致性和连续性。而这种理念，在我看来，也让您在电台上发表了很独到的见解。

温尼科特：你知道，我不太记得我最初是怎么进入BBC的了。也许是有人推荐……我不知道……但到了1939年，我肯定已经开始为BBC做广播了——你知道的，就是在波特兰广场广播大厦的演播室里向人们讲话。这对我来说很有趣，真的，真是个好机会。

卡　　尔：您也在公众中获得了特别的声誉，因为您从不告诉父母该做什么。您与他们交谈，您尊重他们的专业知识。

温尼科特：正是如此。我想，作为一名精神分析师，我知道永远不应该告诉病人该做什么。精神分析师不能建议病人是否应该放弃他们的婚姻或职业。我们不能告诉他们，他们是否应该自杀。我们倾听，然后陪伴，答案可能会自己出现。这种精神分析的存在方式……嗯……我只是把它应用到我和孩子们的工作中，然后我很容易就知道，这就是我必须传播的东西。每个人都想让我给点建议，就像某个女性杂志的江湖骗子专栏作家。"孩子调皮的时候打他""打他屁股三下"诸如此类的事情。但我不相信这会有作用，所以我也不会迎合这种请求。

卡　　尔：您有自己独特的方法，带着精神分析的特色。

温尼科特：一种精神分析的特色。对于我试图做的事情来说，这是一种很好的表达方式。是的，一种特色。这就是我所拥有的。

卡　　尔：您喜欢广播工作吗？您在广播电台做了几十次演讲——都是有讲稿的演讲，尤其是在20世纪40—50年代。

温尼科特：我确实非常喜欢。我发现这是一份辛苦的工作，而且我发现制定时间安排很有挑战性，因为我有这么多病人，你知道的。BBC总是需要我一大早到演播室。所以我总是先做广播，再赶回办公室，看病人，写下一份讲稿，然后处理我为自己安排的许多其他任务。幸运的是，那时我的精力更旺盛。那是在我生前。

卡　　尔：我相信，您通过电台广播，以及在《家庭和学校的新时代》（*The New Era in Home and School*）等流行杂志上发表的文章，影响了数百万人。

温尼科特：你知道吗？比阿特丽斯·恩索尔（Beatrice Ensor）——一个伟大的教育家——让我为她的杂志写文章。许多分析师为《新时代》（*The New Era*）杂志撰稿，比如苏珊·艾萨克斯（Susan Isaacs），她和我一起接受了儿童分析师培训。比阿特丽斯·恩索尔卸任后，佩吉·沃尔科夫（Peggy Volkov）接任，她不仅在杂志上发表了我的许多电台讲稿，还帮我把它们做成了小册子。那些小册子卖了很多很多本。它们的发行量很大。这些小册子成了我 1957 年出版的两本书《孩子和家庭》和《孩子和外部世界》的基础。然后我们把这两本书合并成一本书，由企鹅（Penguin）出版社出版……这是一件很了不起的事，能由企鹅出版社来出版。这就是后来的《孩子、家庭和外部世界》（*The Child, the Family, and the Outside World*）①，一本大合辑，卖出了成千上万本，也许更多。它确实产生了巨大的影响。

卡　　尔：那本书让您家喻户晓。

温尼科特：我想是的，至少有那么一点。我欠佩吉太多了……沃尔科夫夫人。她成了我的拥护者。我必须说，我从来没有想过这些《新时代》的小文章最终会传播得这么远、这么广！

卡　　尔：所以您花了很多时间和精力在广播事业以及在儿童和家庭领域受欢迎的写作事业上，但是，正如您提醒我的，您也公开反对精神病学中的躯体治疗——物理治疗。

温尼科特：20 世纪 10 年代末，我还在巴茨医院工作的时候，精神病人受到了非常恐怖的看护。人们把他们关起来，无视他们，给他们吃泻药。但我们并没有将切除他们的大脑作为一种治疗的选择。我们也没有电击他们的身体。我们对他们的治疗很糟糕，但没有 20 世纪 30－40 年代的精神科医生那么糟糕！当电休克治疗和脑白质切除术的热潮开始席卷精神病学行业时，特别是在 20 世纪 40 年代，我变得越来越愤怒。医生怎么能这样对人？把他们的大脑切开。

---

① 该书中文版《妈妈的心灵课——孩子、家庭和大千世界》由中国轻工业出版社"万千心理"于 2016 年出版。——译者注

真是可耻。当然，这些精神科医生，比如威廉·萨金特（William Sargant），你知道，他们充满信心地说电击和脑部手术是非常有效的治疗方法，是经过验证的治疗方法。但我不同意。我在安妮皇后街见过接受过这些治疗的病人。他们屈从于这些治疗程序、这些折磨，我可以告诉你，这些根本不是有效的治疗方法。病人仍然很痛苦，而且更加痛苦，而不是更少，因为他们一开始就被医生误解了。他们感到受到了惩罚，而不是疗愈。所以，我想，我必须谈论这件事，必须抗议，并且我这样做了，利用了几乎每一个机会。

卡　　　尔：您给当时的主流医学杂志的编辑写了很多信，您还在英国精神分析学会帮助组织了一次关于电休克治疗的研讨会？

温尼科特：我是第一个——也许是唯一一个——探讨关于精神病学的施虐性的人。没人喜欢这样。但真相可能并不总是讨人喜欢。

卡　　　尔：您的直言不讳对当时的精神病学临床执业有影响吗？

温尼科特：没有太大影响，没有。或许一些人会选择去看精神分析师，而不是精神科医生。我收到了很多病人的来信，他们希望进行分析治疗，而不是脑部手术，但我不能见他们所有人，我的同行也无法做到。那时候我们的分析师很少，因此可以接收的病人也很少，特别是在战争时期。确实很难过。非常难过。

卡　　　尔：大约20年后，在20世纪60年代，罗纳德·莱恩（Ronald Laing）医生——R.D. 莱恩——和其他人……

温尼科特：哦，我知道你要说什么。我认识这个莱恩医生。他是我们精神分析研究所的候选人之一，但后来他消失了，成了一名专家。他发起了一场比我所做的更引人注目的反精神病学运动，通过电视、大型会议，所有这些。我想他做得很好。你知道他成名前给我写过信。他让我在他的第一本书出版之前先读一下。

卡　　　尔：《分裂的自我：对健全与疯狂的研究》（*The Divided Self: A Study of*

*Sanity and Madness*）？

温尼科特：是的，《分裂的自我》。我确实读了莱恩博士的书。我花了一段时间才有空读它，但我还是读完了，而且我觉得这本书非常好。于是我写信告诉了他。我倒愿意认为我可能给了他一些有益的鼓励。基本上，我同意莱恩的观点——或者应该说他同意我的观点——疯狂源于环境的失败，通常是指家庭环境。人并非生来就疯狂。他们被逼疯了。我认为这基本上是对的。

卡　　尔：持有这些大胆的立场，这些直言不讳的立场，在广播里，在杂志里，在读者众多的国际知名医学期刊的信件页里，您也变得有点"出名"了。

温尼科特：是的，我想在某种程度上，我确实有一定名气。但不像披头士乐队（The Beatles）那样名声大噪。噢，你是披头士的歌迷吗？我是。我知道他们和我不是同辈人，但我觉得那些男孩很有趣。我想，他们知道要如何玩耍。是的，当登上舞台时，披头士就玩了起来。我不仅仅是指他们在演奏乐器。他们是在玩耍。这就是我们喜欢他们的原因。我们希望能够像他们那样去玩。他们的歌很不错，但他们不是像贝多芬那样的音乐家。但是披头士可以玩起来，这才是最重要的。他们彻底放开了。你知道，我认为如果披头士乐队放不开，他们就不会成为明星。他们代表着压抑的解除，真正卸下心防。

卡　　尔：对披头士乐队多么精彩的"诠释"！谢谢您。我以前从来没有这样想过他们。

温尼科特：我喜欢思考流行文化。我认为分析师往往太老了，我们对年轻人的文化思考得不够。不够，远远不够。

［科尔斯夫人拿着一叠复印件回到房间。］

**温尼科特**：科尔斯夫人，你回来了。

**科 尔 斯**：我已经把访谈的内容打出来了，至少是第一部分。我开始打下一节了，好吗？

**卡　　尔**：太好了，科尔斯夫人，谢谢您。

**科 尔 斯**：温尼科特医生，要我再拿点茶来吗？

**温尼科特**：暂时还不需要，科尔斯夫人。但是谢谢你。我们正沉浸在访谈里。我们从 1896 年开始聊，到现在，我想想，已经聊到了 20 世纪 40 年代末。尽管我们刚刚在聊披头士。

**科 尔 斯**：好的，温尼科特医生。

［科尔斯夫人拿着另一盒磁带走出房间，准备做更多的转录工作。］

**温尼科特**：看看这些文件。她的字打得太漂亮了。科尔斯夫人真了不起。把我们的访谈内容整合在一块儿会给你带来困难吗？我想问题在于是否有人愿意听我说的话。我的讲述不是漫无边际的吧？

**卡　　尔**：哦，一点也不。您说得很清晰，十分引人入胜。

**温尼科特**：你真的这么认为吗？

**卡　　尔**：是的，我真这样觉得，温尼科特医生。

**温尼科特**：好吧，既然这样，那我们就继续吧。我的意思是，你可以随时分享这次访谈的内容——这次"茶会闲谈"——如果人们觉得它有帮助，那就太好了。我喜欢"被使用（be of use）"。

# 7

# 幸存的仇恨

卡　　　尔：所以，战争在1945年结束，在那些年里你们取得了很多成就。
温尼科特：是的，但最重要的是，我幸存了下来。
卡　　　尔：当然。每个人肯定都非常担心纳粹的入侵以及如何生存。
温尼科特：哦，是的，我们都开玩笑说，如果纳粹掌权，他们会怎么对付我们。我肯定会被枪毙，也许在这之前还会被折磨。你知道，精神分析师是非常可疑的人物，我们会是第一批被围捕的人。这一点我很肯定。

卡　　尔：但是您幸存了下来。

温尼科特：我成功幸存了。

卡　　尔：而且，您也已经确立了自己在广播界的重要地位。

温尼科特：是的，当我经历了战争之后，我对反社会行为有了新的认识，把它与剥夺、抛弃、分离等联系起来。

卡　　尔：鲍尔比也对未成年犯罪者进行了类似的研究。

温尼科特：是的。他着眼于早期的丧失。早年失去父亲的犯罪儿童。诸如此类。我也注意到了他的研究。我们有着相似的关注点。但我认为他主要做的是科研工作。在某种程度上，他几乎不再看病人了，停止了在漫长的心理治疗过程中与病人的工作。

卡　　尔：您和鲍尔比医生是否有某种程度上的同胞竞争（sibling rivalry）？

温尼科特：没有，完全没有。我一直很喜欢约翰。你知道，他比我年轻好几岁。当他成为伦敦皇家内科医师学会会员（Fellow of the Royal College of Physicians of London，FRCP）时，我请他喝了酒……或者请他吃了饭，我记不太清了……就是庆祝他成为FRCP——这对医生来说是件大事。我已经是FRCP了，那是在1944年。不，我不认为约翰和我是竞争对手。我也许可以借用你的说辞，鲍尔比和我都用精神分析的方式说话，但带着有点不同的精神分析"口音"？

卡　　尔：我明白了。我想我曾提到过，1986年我采访鲍尔比医生时，他告诉我，尽管您和他唱着同一首"赞美诗"，但他认为自己是科学家，而您是艺术家。

温尼科特：他真的这么说吗？约翰是这么说的吗？唔，这是竞争，还是准确的描述呢？我想我是一个艺术家，某种意义上的艺术家，但我想我也是一个科学家。我指的是，我接受过科学训练。我收集数据，收集了大量的数据，然后我分享了这些数据。在这一点上，我不太确定自己是否同意约翰的观点。

卡　　尔：也许一个人可以同时是艺术家和科学家。

温尼科特：是的，两者兼具。我想我更愿意认为我既是一个艺术家，也是一个科学家，你懂的，在精神分析领域，在婴儿工作领域。

卡　　尔：我完全同意。

温尼科特：我们一直在谈论战争，谈论我在工作中遇到的青少年犯罪的激增，以及鲍尔比也发现了这一点，等等。当然，战争虽然从各方面来说都是可怕的，却给我带来了克莱尔。你知道的，这非常重要。

卡　　尔：您并没有马上和布里顿女士结婚。

温尼科特：嗯，我陷入了困境。我还处在与爱丽丝的婚姻中，而且我们已经结婚20多年了。我想离开爱丽丝，但我担心如果我这么做，她可能会崩溃。所以我没有。

卡　　尔：您和第一任温尼克特夫人没有成为父母。

温尼科特：是的，爱丽丝和我没有孩子。

卡　　尔：但有孩子曾住在您位于汉普斯特德的朝圣者巷的房子里，是吧？

温尼科特：确实有。你可能知道，在我照顾的孩子中，不时会有精神失常的孩子，有时他们无处可去。他们的父母不是潜逃了，就是死了，或者虐待过他们。你知道，当时几乎没有什么好的社会服务——那是在英国国家医疗服务体系建立之前——爱丽丝和我有时会让他们和我们一起住一段时间。不仅是孩子，我们有时也会接收成年精神分裂症患者。

卡　　尔：我能坦率直言吗？温尼科特医生。

温尼科特：我们都一起喝了这么多杯茶，聊了这么久了，但说无妨。

卡　　尔：好的，一些批评您的人，您去世后的一些批评者，对您收留病人的做法深表怀疑。他们非常担心……

温尼科特：好像我失去了理智？

卡　　尔：唔，也许没有到这个程度……

温尼科特：那是我某种程度上见诸行动了？

卡　　尔：嗯，是的。我的意思是，毕竟，精神分析素来以病人和从业者之间的专业界限异常清晰为傲。50分钟时停止治疗，避免进行分析之外的接触，等等。我们的边界和框架为双方都提供了安全感。

温尼科特：哦，确实如此。但我们必须记住，虽然边界非常重要，但病人比边界更重要。这些病人无处可去。没有人关心他们。他们通常没有钱，还经常失控。我们需要把他们从电休克治疗和外科手术中拯救出来。所以当爱丽丝和我把他们带到朝圣者巷的时候，他们是真正的朝圣者，你看，接受慈善救助——真正传统的基督教慈善。在这一点上，我坚持我的做法。

卡　　尔：您认为心理治疗和精神分析的从业者为他们的病人做得不够多吗？我们可能缺乏足够的社会良知吗？我的意思是，我们永远不会为他们买东西，或给他们提供现实意义上的食物，或为他们提供住房。但您做了，至少对您那些更脆弱的病人是这样。

温尼科特：精神分析对神经症来访者来说是一份极好的礼物。非常美好。据我所知没有比这更好的了。但神经症来访者可以使用精神分析。得病的人也可以使用精神分析，但他们也需要精神分析之外的东西——或者，我应该说，除了精神分析，他们还需要其他东西。他们需要管理（management）。他们需要住房。他们需要汤……真正的汤。我给我的病人喂过汤，精神病性病人。不是每次都这样，但有时会喂他们。

卡　　尔：这些与精神病性病人、被剥夺的病人以及受创伤的病人的"实验"引起了很大的争议。例如，克莱因学派的精神分析师同样与精神分裂症患者工作，他们就曾抨击您没有保持涵容（being uncontained）。他们认为，一个人能够，也应该，在精神分析的正式框架中与精神分裂症患者一起工作，每周5次。

温尼科特：好吧，也许这是事实。但根据我的直接经验，其中一些病人也自杀了。在我那个时代，所有主要的克莱因学派分析师——我想到

# 7 幸存的仇恨

的是两位非常著名的梅兰妮追随者——他们的书中都描述过自杀案例。一个人可能在任何治疗设置中失败，也可能在任何治疗设置中成功。我也是……我也有过自杀案例。我写过这方面的文章。你看，我从来没有试图掩盖。经手自杀案例是为治疗那些有自杀倾向的人的代价之一。

卡　　尔：但您认为，让这样的病人住在朝圣者巷对他们是帮助还是阻碍呢？我的意思是，由于您在安妮皇后街和格林儿童医院的繁重工作，您没有在家里花太多时间，所以温尼科特夫人，您说她是一个脆弱的女人，我相信她患有发作性睡病……嗯，她可能怨恨照料这些"住院病人"。

温尼科特：的确，有可能。这是一个实验。但我确实认为我的意图是好的。这个实验也确实挽救了很多人的生命。否则，这些人肯定会死在街上，有些人宁愿在医院自杀也不愿意接受电休克治疗。我很高兴你提出了这个微妙的问题。我也很高兴地说，我坚持我的做法。但我们必须继续研究。的确如此。

卡　　尔：您知道的，如今精神分析工作已经变得如此程序化，我们都很自然、自动地在50分钟的界限内工作。如果病人需要超过每周5次50分钟的治疗，我们会鼓励病人寻求社会服务、医院服务、全科医生服务，等等。通常情况下，这很有效。

温尼科特：是的，这个专业已经变得更加规范了。这很好。一门科学需要正规性。但这也意味着更难进行实验，在临床工作中更难发挥真正的创造力。

卡　　尔：温尼科特医生，您可能还记得，几个世纪以来，比利时的吉尔村几乎完全致力于精神病患者的护理。全村的人不会把病人送进原始的疯人院，而是把"疯子"带到他们的私人家庭中，在那里照顾他们，就像您和第一任温尼科特夫人所做的那样。

温尼科特：我并不知道。这多令人神往啊！

卡　　　尔：您也许知道，也许不知道，在整个 19 世纪的大部分时间里，一直到 20 世纪初，欧洲大陆的精神科医生和精神病院的医生经常在医院里和他们的病人住在一起，一起吃饭。所以您在朝圣者巷的"实验"有着一段悠久的历史背景。

温尼科特：那真的是太有趣了。我以前并不知道这些。

卡　　　尔：好吧，毫无疑问，我们可以就这个话题谈更多，但我只带了四盒磁带，我真的希望您能有机会把您的故事全部讲出来。那么，我们继续按时间顺序往下聊，好吗？

温尼科特：当然可以。我想我们现在聊到了 1946 年或 1947 年左右。

卡　　　尔：我们可以从 1947 年开始接着说，尤其是 1947 年 2 月？

温尼科特：那么具体的呢？

卡　　　尔：1947 年 2 月 5 日，您首次发表了里程碑式的论文《关于恨的一些观察》（"Some Observations on Hate"），2 年后以《反移情中的恨》（"Hate in the Counter-Transference"）为题发表。大多数当代实践者认为这是您最好的论文之一。事实上，有些同行认为这是您最重要的一篇论文。

温尼科特：那是一篇简短的论文。但我费了很大劲才写出来，而且我对写这篇文章有一定程度的恐惧。我认为它很有煽动性。我也觉得它很难消化，尽管它是如此简短，而且我希望，它写得合理且清晰。

卡　　　尔：嗯，您提出了一个相当深刻的论点，即大多数分析师恨他们的病人，特别是他们的重症病人，而且照顾重症病人可能是一种负担。

温尼科特：当然，这是一个合理的结论。但我想解释清楚，当我说分析师恨他们的病人时，我的意思是什么。我们不恨我们的病人。我们爱我们的病人。他们带着痛苦来找我们，我们接受训练就是为了帮助他们感觉好一点。我们爱他们、关心他们，我们希望他们更健康、更整合。但我们也会开始恨那些疾病的部分，那些累赘的部分，那些需要帮助的部分，那些把我们当成厕所的部分，等等。

对于病人虐待我们的方式，我们有恨他们的可能性。他们可以虐待我们，这一点毋庸置疑。

卡　　尔：治疗师有恨病人的可能性，您的这个观点是基于您观察到的母亲和婴儿之间的互动。您认为分析师恨他们的病人，就像母亲恨她们的宝宝一样，或者可以恨她们的宝宝。

温尼科特：是的，母亲爱自己的宝宝。但是她们也恨自己的宝宝。她们恨自己的宝宝的原因有很多。

卡　　尔：在您发表的论文中，您列出了不少于18个母亲恨自己的宝宝的原因。

温尼科特：你数过了？

卡　　尔：嗯，我教学生学习您的论文很多年了。

温尼科特：我从1946年开始写、1947年完成、1949年修订后发表的一篇论文，现在却成了人们教学的内容，想想都觉得奇怪。

卡　　尔：它已经成为经典，闻名世界。

温尼科特：非常奇怪。也非常令人欣慰。

卡　　尔：回到那18个理由……

温尼科特：好的，嗯，你看，人们太容易以多愁善感的视角来看待母亲和婴儿了："母亲爱她们的宝宝。母亲愿意为自己的宝宝献出生命。"等等。这当然是真的。我们都知道，母亲确实是爱孩子的，但我们也需要记住，孩子也给母亲带来了许多伤痛。在怀孕期间婴儿可能给母亲带来很多身体上的不适。婴儿可能会让母亲觉得她的身体在分娩时被撕开。在围产期，婴儿甚至可能危及母亲的生命。婴儿出生后，整晚都会把母亲吵醒。婴儿期待并应该得到绝对的照顾，这很费力，让人精疲力竭。这可以引发恨。

卡　　尔：在您的论文中，您用了一个特别的词"糟粕（scum）"。尽管"糟粕"现在已经成为一个嘲笑人的常用词，但据我所知，在20世纪40年代，还没有其他专业的作者使用过这个词。

温尼科特：我认为，当我提出孩子把母亲当作"糟粕"时，同行确实畏缩了。但这是真的。婴儿常常不把母亲考虑在内。母亲被当作一个用来满足婴儿的需要的客体。这里面有一种无情的特质，你不觉得吗？

卡　　尔：有些女性会说，您对母婴关系的描绘有失偏颇，她们根本不介意在凌晨3点被叫醒去喂奶。这些母亲会声称，她们感受到了被自己的孩子爱着、需要着，她们对孩子有用。这样的父母会坚持说，他们对自己的婴儿一点也不怨恨。

温尼科特：是的，这些都是更健康的母亲。并不是所有母亲都是心理健康的。即使对于这些母亲，我好奇是否可能有一种无意识的恨，一种分裂的恨，这种恨会在某处以某种方式表现出来，尽管母亲否认她的恨。你知道，每个家长都喜欢唱这首摇篮曲，这绝非偶然。"宝宝的摇篮在树梢上"，你一定知道这首摇篮曲。歌曲的最后是摇篮滚落，摔到地上，婴儿很可能丧命。通过这种方式，无意识地，我们都表达了对需要帮助、要求苛刻、繁重累赘的婴儿的恨，同时又能以一种纯洁的方式爱这个美丽的宝宝。

卡　　尔：在许多方面，您都促使我们更加诚实，更加坦率，更加全面地理解我们自己以及我们对婴儿的感情。

温尼科特：更加诚实，是的，当然。有意识地承认恨要比无意识地将其付诸行动好得多。这不仅适用于母亲和婴儿、父亲和婴儿，也适用于分析师和病人。分析师恨他们的病人，就像父母恨他们的宝宝一样。

卡　　尔：我相信您当时有部分重症的病人。

温尼科特：当我写这篇《反移情中的恨》的论文时，我发现自己和一个精神病性患者陷入了深深的挣扎，我从1930年左右开始治疗这个病人，她和我一起做了20年左右的分析——一段很长的时间。确实是一段很长的时间。她想把我逼疯……逼疯我，这样她就不会感觉自己疯了。

卡　　尔：她做了什么？

温尼科特：她总是以自杀相威胁。当然，人们可以认为这是癔症，但她并没有癔症。她是认真的。因此，有一个总是处于自杀状态的病人，对医生来说是一个巨大的负担。

卡　　尔：您为她分析了很长一段时间。鉴于自杀倾向的强烈程度，您考虑过住院治疗吗？

温尼科特：哦，当然。她在精神病院住过很多次院了。但这并没有减少她想死的意愿。她对我说了可怕的施虐性言论。当然，她也挣扎于对我的情欲性移情。事实上，精神分析治疗中可能出现的所有负担在与这个病人的工作中都发生了。最后，她真的自杀了。这对她和我来说都是可怕的打击。在很多方面，我深深地爱着她，就像爱自己的女儿一样……是我最接近于有女儿的时候，真的。但我恨她得了这种病。我恨这种病。我恨她的父母没有给她一个更好的人生开端。

卡　　尔：对您的病人来说，这是多么悲惨的经历；对您来说，这是多么巨大的丧失。

温尼科特：的确，这是一个巨大的丧失。但我必须想办法从中学习。这个病人教给我大量关于人们如何患上精神分裂症的知识。我试着把这些知识传授给专业人士。她教会我，她的精神分裂症是环境失败的结果。这种疾病不来自基因，不来自生物化学，也不来自生理。当然，所有这些都是得病的原因。但就她的情况而言，就许多像她一样的人而言，环境照料和环境供给都是失败的。她的母亲并没有阻止她的孩子——我的病人——一次又一次地感受到坠落。

卡　　尔：那么，您是否支持被美国精神分析学家称为"导致精神分裂的母亲（schizophrenogenic mother）"这个饱受诟病的概念呢？您可能知道，这个关于父母直接导致孩子疯狂的理论在当时就深深激怒了很多人，也使精神分析在许多圈子里声名狼藉，不管这个概念是否合理。

**温尼科特**：这是有道理的。从我个人的角度来看，我不会以那种方式责备母亲。不，这不是我急于使用的术语，但我知道它的意思。我同意这个想法，但我不会那样说。然而，早期养育对后续事态的进展负有巨大的责任。

**卡　　尔**：我明白了。

**温尼科特**：永远不要责怪母亲。她们自己已经够自责了。在某种程度上，这种理念是我的战时电台广播的核心。不要责备，我们必须与母亲共情，认可她的挣扎、她的困难，以及她对自己做得不好的恐惧。与此同时，我们必须考虑到一个事实，有些母亲确实做得很糟糕——通常非常糟糕。

**卡　　尔**：那么，我们该如何处理这些无意识的恨呢？我们如何将其意识化？当心理健康工作者因为病人的难缠，因为病人是负担，因为病人将恨投射到（onto）分析师身上，或者投射进（into）分析师身上，进而对病人产生恨时，他应该怎么做？

**温尼科特**：他必须去讨论这些，但可能不是和病人谈。分析师必须把恨用语言表达出来。也许分析师必须与自己的分析师、同事或督导师谈谈。就像母亲必须向父亲或任何其他人倾诉对孩子的恨一样。不要让孩子背负恨。但这个人必须摆脱恨。但不是对病人，也不是对婴儿。

**卡　　尔**：在1947年，您的同行们对这篇论文的反应如何？

**温尼科特**：唔，我想他们中的大多数人都不太知道如何理解它。弗洛伊德女士从来没有参考过这篇论文，尽管她吸收了我工作的其他方面，并引用了我发表的其他作品。

**卡　　尔**：我记得多年前在汉普斯特德儿童治疗诊所——后来改名为安娜·弗洛伊德中心——共进午餐，弗洛伊德女士的一位年长的同

## 7 幸存的仇恨

事告诉我，弗洛伊德女士坚持认为，反移情绝不应该进入治疗情境。它应该在临床工作者自己的培训分析中进行分析。

**温尼科特**：这正是我的观点。我们都有这种反移情的恨，无论我们做过多少分析。我们应该诚实面对。并且使用它。梅兰妮也有类似的回避反应。她也没有真正参考我的文章。我想她已经在咨询室里找到另一种不同的处理恨的方式了。

**卡　　尔**：不同的方式？

**温尼科特**：好吧，我说这话的时候有些忐忑……一些分析师用他们的诠释攻击病人。他们用冗长的诠释轰炸他们——通常是非常冗长和非常频繁的诠释。这些诠释可能是正确的、准确的，但它们仍然阉割了病人的思想。它们充斥着病人，腐蚀病人思考的能力甚至发展思维的能力。虽然梅兰妮才华横溢，但她也是一个非常易怒的女人，她把一部分这种愤怒发泄在她的病人身上，很多病人自己也变得非常愤怒。当然，没有人会告诉你，但这是事实。

**卡　　尔**：真是强有力的观察。

**温尼科特**：你知道，梅兰妮根本不可能把我那篇关于"恨"的文章读懂，因为它触碰到了她的痛处。你知道，梅兰妮和她自己的孩子——她所有的三个孩子——之间已经产生了那么多恨——好吧，我最好说话小心点，因为我分析了其中一个孩子。但她的一个儿子在一次登山事故中丧生，这可能根本就不是事故。然后梅莉塔……

**卡　　尔**：梅莉塔·施米德伯格，她的女儿。

**温尼科特**：是的，梅莉塔。她也是一名分析师。但她开始恨她的母亲。她在公开场合称她的母亲为"克莱因夫人"。在科学会议等场合，她一有机会就反驳母亲。我本还可以多说些，但还是算了。

**卡　　尔**：任何读过菲利斯·格罗斯库斯（Phyllis Grosskurth）教授写的梅兰妮·克莱因传记——这本传记是在您去世约15年后出版的——的人都知道，施米德伯格在得知母亲去世的消息时，穿着红靴子以示挑衅的庆祝。

**温尼科特**：我不知道。但我并不感到惊讶。红色的靴子……这说明了一切。

**卡　　尔**：但您一定有自己的理由，在这个时候如此觉察到恨。

**温尼科特**：哦，我想是的。我也这么认为。

**卡　　尔**：除了您与自杀的病人痛苦且长期的斗争之外，您能帮助我们理解是什么让您对这个话题如此敏感的吗？

**温尼科特**：当时我们刚从战争中走出来。每个人都充满了恨。我们习惯于认为自己没有恨。我们也不想认为我们喜欢杀死德国人和日本人。我们变得像小学生一样："他们攻击我们。他们想让我们死。所以我们必须杀了他们。"但我们有必要向日本人扔两颗原子弹吗？当我说"我们"时，我指的当然是我们的盟友，美国人。我们英国人……我们帮助美国制造了那些炸弹，之后，我们自己也制造了一些。

**卡　　尔**：因此，第二次世界大战是《反移情中的恨》这篇文章的一个重要背景，尽管这是不言而喻的。

**温尼科特**：我想是的。我也有自己的个人挣扎，但我没有告诉别人。

**卡　　尔**：您和第一任温尼科特夫人爱丽丝的婚姻，是吗？

**温尼科特**：是的，爱丽丝成了我的负担，尽管我爱她。她成了负担，然后……你知道……虽然我并没有这样计划，但我还是爱上了克莱尔。但我不能离开爱丽丝。我认为她没有坚强到让我可以离开她。然而这也成了一种负担。

**卡　　尔**：然后您在1949年1月心脏病发作了？

**温尼科特**：是的。我差点死了。考虑到我心脏承受的压力，也许我早该死了。但我活了下来。

**卡　　尔**：可怕的濒死体验是否让您重新审视了自己的未来？

**温尼科特**：在这种情况下，人们难免会开始反思。然后，当我恢复到可以回去工作的时候——不是马上，而是过了一段时间——我告诉爱丽丝我爱上了另一个人。然后我们离婚了。过了一段时间，我娶了克莱尔。那是一段非常痛苦的时期，但对我来说有一个美好的结局。但是，对爱丽丝而言恐怕不是，这让我非常苦恼。因为她是个好女人。一个值得去爱的女人。但这仍然是一种负担。

卡　　　尔：尽管心脏病发作有很多原因，特别是强迫性吸烟，但我相信您认为自己的冠状动脉栓塞是有其心理根源的。

温尼科特：我不停地抽烟。那时候我们都是如此。所以这可能与抽烟有关……事实上，可能与抽烟有很大关系。但我也有一颗破碎的心，或者，我应该说，一颗濒临破碎的心，我猜测，我的血栓形成是这种冲突的表现——一种症状表达。

卡　　　尔：但您康复了。

温尼科特：我无法告诉你我康复了，因为在接下来的十八年半里，我不断得冠状动脉疾病，但可以说我的病情有所改善。尽管并非没有困难。遗憾的是，爱丽丝……我怎么能这么说呢……不是最好的护士。科尔斯夫人——几个月前她才开始为我工作——为我做了很多事。要不是科尔斯夫人，我可能已经死了。但我恢复得很好，然后我决定我必须离开爱丽丝，于是我就这么做了。整个1950年，我慢慢地、一步一步地离开了她，我离开朝圣巷的时间越来越久。但是，最终，我离开了她——我完全离开了她——最终，我们卖掉了房子，继续生活。爱丽丝独自搬去了伯克郡生活。

卡　　　尔：然后您娶了布里顿女士？

温尼科特：1951年12月，我和克莱尔结婚了，那时我已经离婚了。我们举办了一场美好的婚礼，对于我的决定我从未后悔过。你没有见过克莱尔吗？

卡　　　尔：很遗憾，我没有。早在1984年，我就试图与她取得联系。我甚至打电话到她家找她，希望邀请她在一场会议上发言，但不幸的是，她在那几天前过世了。

**温尼科特：** 所以她活到了 1984 年？我死后她还有 13 年的时间。想到克莱尔离世，也让我很难过。

**卡　　尔：** 您终于有了一个可以和您分享家庭生活以及精神分析工作的妻子。

**温尼科特：** 是的，克莱尔读了我的很多文章。还有我的书。她来听我的演讲。我们确实在一起工作，虽然我们并没有一起写很多东西。我很高兴她有自己的工作。她让社会工作者这一行业在英国站稳了脚跟，这方面她做得比任何人都多。她因此赢得了我最深的敬意。她也受训成了精神分析师。她接待病人。她还在英国内政部工作，致力于提高保育员的培训标准……关于她，我还有很多可以说。是的，我们是真正的搭档。

**卡　　尔：** 然而你们没有孩子。

**温尼科特：** 克莱尔和我都非常想要孩子。但这个愿望没有实现。我已经快 60 岁了，而她也差不多 40 岁了，所以……你懂的。

**卡　　尔：** 确实。

**温尼科特：** 但我有很多学生。很多学生。我还为儿童精神病学家、儿科医生、精神分析师和儿童治疗师举办研讨会。有时我组织他们在我们切斯特广场的新家这边聚会——就在这所房子里。回到这里仍然觉得十分奇特。

**卡　　尔：** 我完全可以想象。

**温尼科特：** 但我和我的学生——这些聪明的年轻人，开了很多非常棒的研讨会。我认为我所承担的所有教学工作有助于我厘清思路。

**卡　　尔：** 20 世纪 50 年代对您来说是非常有创造力的 10 年。除了 1931 年出版的关于儿童医学的教科书和 20 世纪 40 年代出版的两本广播演讲小册子外，直到您 60 岁生日后不久，您才完成了一部完整的精神分析著作。

**温尼科特：** 这仍然是一个巨大的遗憾。我应该写更多书——事实上，写更多更多的书。我一直想这么做。但我不能惩罚自己了。因为我的内疚感已经够多了。我临终时脑子里还有许多来不及写的书，但我的婚姻生活、精神分析研究所的委员会工作、病人、医院工作、信件，等等……总之，感谢佩吉·沃尔科夫。我说过，是她在1957年敦促我写那两本书的。这为我在死前完成的那些书奠定了基础。

卡　　尔：《孩子和家庭：最早的关系》（The Child and the Family: First Relationships）和《孩子和外部世界：发展关系的研究》（The Child and the Outside World: Studies in Developing Relationships）。我相信珍妮特·哈登伯格（Janet Hardenberg）帮您编辑了这些书。

温尼科特：是的。她是个好人。我在格林儿童医院的后辈赫尔曼·哈登伯格（Herman Hardenberg）的妻子，一位非常可靠的儿童精神科医生和分析师。你知道，一旦这些书出版了，一旦我们把它们卖到美国和其他国家……想到这些，我就对正式出版感到非常兴奋。再加上科尔斯夫人和马苏德的温柔催促，嗯……我终于成功地把这些书写出来了。

卡　　尔：当然，马苏德·汗。

温尼科特：是的，马苏德·汗。他在帮助我整理我的许多书方面发挥了巨大的促进作用。

卡　　尔：马苏德·汗在您的晚年生活中扮演了重要角色，或者我应该说您在他的生命中扮演了重要角色。

温尼科特：他来到这个国家后不久我就认识了他。他来自印度——嗯，实际上是巴基斯坦。但在那个时代，在印巴分治之前，它们都属于印度。他来这里受训。一开始夏普女士是他的培训分析师；后来夏普女士去世了，他接着与里克曼工作——我的朋友约翰·里克曼——再接着，可怜的马苏德，他又受到了创伤。里克曼也去世了。所以他经历了所有这些可怕的丧失。他需要更多的分析，所以他来找我。

卡　　　尔：您对接受他作为您的病人有保留意见吗？因为您已经和他有过相当多的接触了。毕竟，据我所知，他已经在帕丁顿格林儿童医院观察过您的儿童精神病工作了，他可能还听过您的讲座，等等。

温尼科特：确实。但在那个年代，我们分析师只是一个很小的群体，每个人都相互认识，我们只能管理好这些多重关系。马苏德和我确实有多重关系。是的，他还是来找我做分析了。

卡　　　尔：我知道他的第一任妻子也和您做过咨询。

温尼科特：关于那件事我最好不要说太多。有时确实会让人有点困惑，但我们成功解决了。

卡　　　尔：您还允许汗先生帮您整理手稿。

温尼科特：他提议的，我真的无法拒绝。他是一位如此杰出的学者。他了解弗洛伊德，以及其他一切。他是那种能把精神分析杂志从头到尾读一遍，并且准确地记住谁说了什么、什么时候、在哪里发表的人。多么厉害啊。多么有天赋啊。我无法做到。我对学术参考资料一窍不通。所以马苏德经常帮我在我的文章里添加参考文献。他坚持这么做。我私下想，如果不需要参考文献就可以发表论文，我会很乐意的。

卡　　　尔：唔，也许我们应该之后再回到马苏德·汗的话题上，因为他对您去世后的名声有很大影响。

温尼科特：哦，天哪，听起来不妙。他失败了吗？我总是担心我死后马苏德会怎么样。

卡　　　尔：唉，我相信他一定非常挣扎，并且造成了很多伤害。

温尼科特：听到这个消息我很难过，但我并不完全感到惊讶。毫无疑问，我们会谈到这些的。

卡　　　尔：同时，我们能回到关于您的书的问题上吗？您的书已经成为一代又一代心理健康专业人士了解您的主要工具。

温尼科特：在塔维斯托克出版社（Tavistock Publications）出版了《孩子和

家庭》和《孩子和外部世界》两本书之后，我与出版商建立了不错的关系，这使我能够把我的论文集——我的专业精神分析论文集——推向世界。嗯，我有很多文章，但马苏德·汗帮我，还有乔伊斯——科尔斯夫人——也帮我收集了最好的文章，然后就有了《论文集：从儿科到精神分析》（Collected Papers: Through Paediatrics to Psycho-Analysis）这本书。书封套内封底的我的照片是马苏德的哥哥塔希尔（Tahir）拍摄的。

卡　　尔：您去世后，那本书重印过几次，出版商最终把书名改短了，去掉了"论文集"几个字，我想，这是因为您后来又出版了几卷论文集。所以，大多数人都以为您1958年的书叫《从儿科到精神分析》（Through Paediatrics to Psycho-Analysis），简称为 TPAP。

温尼科特：我喜欢 TPAP。

卡　　尔：那本论文集已经成为传奇，是一部真正的杰作，收录了您的一些最杰出的贡献，包括您关于反移情恨的开创性文章，我们已经谈过了。

温尼科特：嗯，但也别忘了我的关于"过渡性客体（transitional object）"的文章。我认为这很重要。还有关于"原初情感发展（Primitive Emotional Development）"的文章和其他一些文章。

卡　　尔：我同意。所有这些文章构成了许多精神分析教育的支柱。

温尼科特：多么欣慰呀。你知道，一个人写了又写，但他永远不知道别人会怎么看他的作品。所以，我很高兴得知人们读过这些文章并记住了它们。

卡　　尔：正是如此。

温尼科特：你在 TPAP 里有最喜欢的章节吗？

卡　　尔：我从所有这些精彩绝伦的文章中汲取了灵感，所以很难选出哪一篇是我最喜欢的。

温尼科特：哦，但请一定要告诉我。这样书里的其他文章才能管理好它们的嫉妒!

卡　　　尔：好的,在我的临床生涯开始时,我与被诊断为"精神分裂症"的人工作,我很早就开始阅读您的论文《精神病与儿童照料》("Psychoses and Child Care")。这对我和我的工作产生了巨大的影响。

温尼科特：我记得很清楚。我第一次发表这个观点是在英国皇家医学会（Royal Society of Medicine，RSM）。

卡　　　尔：RSM。

温尼科特：是的。你知道,我和RSM有很深的渊源。作为一名年轻的儿童医生,这里是我初出茅庐的地方,我参加他们的会议,那时我对精神病学还知之甚少。我在20世纪20年代为RSM做过很多工作。在与克莱尔结婚后不久,我就成了英国皇家医学会儿科分会的主席。这非常有趣,但有太多无聊的委员会,还要听放射科医生喋喋不休。最后,我只做了我自己的事,避开了委员会。跟我讲讲《精神病与儿童照料》吧?

卡　　　尔：好的,我认为您写那篇文章展现出了极大的勇气。

温尼科特：勇气?

卡　　　尔：是的。因为在那篇文章中,您非常大胆地指出精神疾病源于环境照料的失败。在20世纪50年代早期,这一定激怒了遗传学家、生物化学家、电休克治疗专家和精神外科医生。

温尼科特：萨金特和其他人从来不看我的文章。

卡　　　尔：您之前简单地提到了威廉·萨金特。

温尼科特：他和我一样,都是老利斯人。

卡　　　尔：老利斯人?

温尼科特：是的,他和我一样上过利斯学校。但我们对精神病学的研究方向完全不同。我倾向于认为我试图引导精神病学走上正确的道路,而他却走上了错误的道路。不,他不会读我的文章。

卡　　　尔：虽然这可能是毫无根据的闲言碎语，但我可以告诉您，早在20世纪60年代，我的一位老师曾与萨金特在哈利街共用一间办公室。他告诉我萨金特经常对他的秘书大喊大叫，真的在霸凌她。

温尼科特：好吧，对此科尔斯夫人可能会有一些想法。我想我也有。你知道，我认为医生对待秘书的方式在很大程度上反映了他可能对待病人的方式。我确实认为萨金特和他的团队——尽管是扬扬自得、受过教育的专业人士——肯定逼迫他们的病人做了这些脑部手术。

卡　　　尔：我不知道在20世纪40—50年代，病人有多少选择。

温尼科特：几乎没有，我认为。不，威廉·萨金特绝不会读《精神病与儿童照料》。但我很高兴你喜欢它。我确实尝试表达，精神病与母亲对待婴儿的方式有关。这不是一个流行的理论。但这是一个必要的理论。

卡　　　尔：我真的认为那篇文章对我们理解疯狂做出了重要贡献。

温尼科特：它经受住时间的考验了吗？

卡　　　尔：近几十年来，精神病学变得非常反对精神分析，许多精神病学工作者对精神分析关于精神分裂症病因学的理论缺乏耐心。他们争辩说，个案材料本身并不能构成任何证据。所以，说实话，您的论文并没有对精神病学产生影响。但在心理治疗上，它毋庸置疑有很大影响！

温尼科特：听到这些我真难过。

卡　　　尔：但我们或许有理由抱有更多的希望，因为经过几十年的原躯体（proto-somatic）理论研究，精神病学终于开始认识到早期家庭内部经历的重要性。当然，我们现在有大量数据表明，大量精神病患者都在童年早期经历过身体虐待和性虐待。

温尼科特：多么令人悲伤。我对此也并不感到惊讶。那将造成巨大的冲击……这是促进成长的环境极其惨烈的失败。

卡　　　尔：是的，我同意。

**温尼科特**：*TPAP* 中还有其他你喜欢的文章吗？我真的很喜欢这个缩写词。*TPAP*——多棒呀！

**卡　　尔**：真的，对我来说要选一篇最喜欢的很不容易……

**温尼科特**：噢，我只是在开玩笑。能遇到喜欢我作品的人真是太好了。

**卡　　尔**：我希望我们有时间依次讨论您所有的文章和所有的书，但我担心这样做会给科尔斯夫人带来太多的打字负担。

**温尼科特**：这没关系。她打字速度很快，而且非常准确。你不知道吗，她可是"手稿女王"。

**卡　　尔**：到了 20 世纪 50 年代，我想我们可以开始在您的作品中看到一些重复——从不同的角度讨论相同的现象——但同时，我们也开始认识到一种完整的人类发展理论的出现，以及由此衍生而来的临床技术。您认为我能说服您吗？我知道这可能是件苦差事……但您觉得我能请您按顺序给我们简要地总结一下您的人类发展理论吗？

**温尼科特**：按顺序？我知道你想说什么。我从来没有把这些理论整齐有序地写出来，不是吗？

**卡　　尔**：也不完全是……

**温尼科特**：那么，我可以试一试吗？

**卡　　尔**：我认为这对希望吸收您作品的年轻学生将是非常有帮助的。毕竟，您的书、论文和信件——也就是出版的那些——差不多有 20 卷。就在我们说话的时候，许多学者正忙着为您的著作编辑新卷。因此，研究您众多的贡献是一项相当艰巨的任务。

**温尼科特**：所以按一定顺序来讲述将很有帮助。

**卡　　尔**：确实是的。虽然我们也不愿意丢失您作品中的所有细微差别和精妙之处。

**温尼科特**：但我明白你的意思。我确实把我给学生的一些讲座的内容写成了书，但我想我还没写完就离世了。

卡　　　尔：嗯，你可能会很乐意知道，1988年这些讲座确实以《人类本性》为题出版了，由温尼科特出版委员会（Winnicott Publications Committee）的成员编辑的。

温尼科特：还有温尼科特出版委员会？

卡　　　尔：嗯，这个小组最近完成了它的使命，所以已经不复存在了。但它成功运作了很多年，在那段时间里，小组成员将您很多未发表的论文编辑出版了。但现在有一个温尼科特信托基金会（Winnicott Trust）负责管理您的文学遗产。还有一个涂鸦基金会（Squiggle Foundation）提供关于温尼科特主题的公开讲座。

温尼科特：多么不可思议啊。涂鸦基金会！

卡　　　尔：是的。

温尼科特：好吧，至少我的思想不会失传。这些人以这种方式照管我的观点，真是令人欣慰。

卡　　　尔：我相信，对受训者来说，《人类本性》是一个很好的起点，但您在精神分析词典中引入了这么多新概念，这么多新名词——比如"过渡性客体""涂鸦""真自体""假自体""足够好的母亲（good-enough mother）"，等等——我想，如果能上一堂"温尼科特学派速成课"将大有助益。

温尼科特：很好，我们来试一试。

# 温尼科特学派速成课

卡　　尔：请您先解释一下您对新生儿如何成长为成年人的看法——婴儿是如何长大的——这对学生来说必不可少，我想对经验丰富的从业者也是如此。

温尼科特：我可以试一试。但我得提醒你，我的思维并不是那么有条理。

卡　　尔：婴儿是如何来到这个世界上的呢？婴儿当时的心理状态是什么？

温尼科特：好吧，也许我们需要先问一个问题：为什么婴儿会来到这个世界上？

卡　　　尔：是的，当然。

温尼科特：多年前，我曾随口提到我称之为"被构想的（conceived of）"的阶段。换句话说，我们每个人的开端，并不只是父母欣喜地看到我们诞生的那一刻。我们始于父母心中的幻想。早在性交发生之前，他们就已经在头脑中孕育了一个婴儿。所以，我想我要说的是，发展和性格形成早在婴儿来到这个世界之前就开始了。

卡　　　尔：我想，您在试图构想一个关于婴儿出生前父母的无意识愿望的概念。

温尼科特：有些父母把孩子带到这个世界上是为了爱孩子。有些人生孩子是为了让自己有人可以恨。而胎儿则是这些有意识或无意识愿望的实现。因此，在许多方面，我们人格的形成，至少部分人格的形成，早在卵子受精之前就完成了。

卡　　　尔：换句话说，原始、无意识的双亲幻想对孩子最终的心灵状态施加了决定性力量吗？

温尼科特：的确如此。孩子会凭直觉知道他的父母是否真的想要孩子。但早期双亲幻想并不是唯一的决定因素。

卡　　　尔：哦，是吗？

温尼科特：在分娩前后，母亲的经历——围产期经历——会对孩子产生进一步的影响。你知道，许多母亲都被嫉羡的助产士折磨过。许多助产士——至少在我那个年代——会把母亲当婴儿看待，羞辱她们，让她们被动且无助地躺在医院的病床上，责备她们母乳喂养不当。这类不幸的互动会让母亲感到悲伤和受迫害，而这也会冲击婴儿。

卡　　　尔：我相信当代助产士对心理学的理解要比20世纪30—40年代的助产士深刻得多。

温尼科特：噢，知道这点真让人开心。

卡　　　尔：所以，接着……从一开始，婴儿的心理状态就在极大程度上依赖于母亲的心理状态。

温尼科特：这看起来很简单、很明显。但我可以告诉你，在我那个年代，几乎没有人——如果有也很少——能认识到这个非常简单的事实。

卡　　尔：您必须为显而易见的事实而斗争。

温尼科特：我必须为显而易见的事实而斗争。你看，母亲会有一种心理状态，在这种状态下，她要么能很好地发挥主要照顾者的功能，要么不能很好地发挥功能。如果母亲功能好，那么孩子就更有可能健康。如果母亲病了……

卡　　尔：这个前概念、前婴儿的时期——由父母的无意识幻想塑造，接着由围产期经历塑造——所有这些都在婴儿最终的性格发展中扮演着非常重要的角色。

温尼科特：是的。早在婴儿出生之前，他们就会非常感激大人营造的早期氛围！

卡　　尔：那真实的分娩本身呢？您是否同意早期精神分析作家，如奥托·兰克（Otto Rank）所说的，分娩本身就可能是创伤性的？

温尼科特：我的藏书里有一本兰克的书。有一次，我甚至把它借给了一个病人。我认为他的工作非常有趣，但我们在精神分析圈内对此讨论得不够多。你看，分娩对母亲和婴儿来说都是极其具有创伤性的。分娩发生得如此迅速。

卡　　尔：但是母亲有一些时间准备……心理准备。

温尼科特：谢天谢地，生物特性给了母亲 9 个月的时间来为孩子的到来做好准备。这样她就有时间在心里迎接宝宝。但婴儿没有这种特权。你知道，当分娩过程开始时，母亲往往可能会经历痛苦，但她知道，再过 6 小时、10 小时、15 小时，这些痛苦就会结束，她将得到一个漂亮的宝宝作为奖励。

卡　　尔：然而胎儿呢？

温尼科特：没有人向胎儿保证分娩将会结束。我经常想，胎儿突然从相对平静和稳定的子宫中被推出来，当分娩开始时，他将经历无法忍受的焦虑——可以这样说,他将被推进一条漫长而黑暗的隧道,没有人向他保证这个过程会停止。我认为分娩对婴儿来说可能是非常可怕的。

**卡　　尔**:这很有道理。如今,我们对子宫内的生活有了更多了解——这些知识是您那个时代无法触及的。

**温尼科特**:多么令人向往啊。请一定要告诉我。

**卡　　尔**:好的,近年来,更安全、更精密的超声扫描方法使产科医生能够准确地看到子宫内的情况,并准确观察胎儿对光线、声音、音乐、运动等的反应。我们现在知道,胎儿不是简单地悬浮在羊水里——相反,他会对外界刺激做出强烈的反应,尤其是在妊娠中期和晚期。因此,如果母亲感到焦虑,她会通过各种方式将这种焦虑传递给胎儿,而胎儿往往会因此感到苦恼。

**温尼科特**:这证实了我一直以来的怀疑。事实上,我已经从自己的临床工作中得知这一点,尽管我没有科学数据来证实。但我凭直觉从对退行病人的高频分析工作中知道了这一点,因为,你看,当与一个在躺椅上的退行病人工作时,这就像一个子宫内的环境。当分析师出乎意料地跷二郎腿或把腿放下,或咳嗽,这些都会冲击病人,就像突然的震动会冲击子宫里的胎儿一样。

**卡　　尔**:这很有道理,温尼科特医生。

**温尼科特**:所以,你看,我们有这样极其敏感的新生儿,以及这样极其敏感的母亲,他们开始建立一种关系,在这种关系中,发生的每件事都会对其产生影响,尤其是对新生儿。婴儿会很警觉。毫无疑问。

**卡　　尔**:确实是。

**温尼科特**:婴儿准确地知道应该发生什么,如果事情真的发生了,他会感到快乐。但如果某些事情没有发生,婴儿也会感到痛苦。换句话说,如果给婴儿喂食,婴儿会知道。如果没有给婴儿喂食,他当然也知道!

卡　　　尔：请告诉我们更多关于产后在母亲和这个极其敏感、极其警觉的婴儿之间发生的事情。

温尼科特：我注意到你问的是母亲和婴儿，而不是父亲。这可能是正确的。当然，也有一些父亲表现得像母亲。

卡　　　尔：现在我们称呼他们为"主要照顾者父亲（primary caretaker fathers）"。

温尼科特：我觉得这是个好称呼。但在大多数情况下，我们谈论的是母亲。至少，在我那个年代是这样。所以，我们有这样一位母亲，她要完成一系列任务，不仅要为她的孩子提供维持生存和茁壮成长所需的身体营养，还要为孩子提供发展心灵所需的心理成分……来保持心理健康。

卡　　　尔：当您说到任务……

温尼科特：我这里说的任务，并不是指像特鲁比·金那样机械的、按规定时间完成的任务。我们之前聊到过特鲁比·金，你知道我对他的刻板观点的看法。也许用"任务（task）"这个词不太合适。更确切地说，我指的是一系列项目（undertaking）——心理项目——没有开始时间，也没有结束时间。它们是为人母亲的基本工作，而且一直在进行。

卡　　　尔：我想，您特别指出了三种功能，或者说任务，或者说项目。

温尼科特：我们当然可以谈谈为人母亲的三个任务。

卡　　　尔：您如何定义母亲的这些主要任务？

温尼科特：首先，母亲必须"抱持（hold）"婴儿。当然，这非常明显，几乎不需要说明，但我也需要强调一下。在这里，我认为"抱持"这个词有两种不同的含义——身体上的和心理上的。最关键的是，母亲必须把婴儿抱在怀里。

卡　　　尔：身体上的。

温尼科特：是的，身体上的。换句话说，她必须为婴儿提供一个包裹的环境，让婴儿感到被包围、被包裹，以及被保护免受外界的伤害。婴儿必须被紧紧地抱住，但不是以一种束缚的方式，也不是以一种窒息的方式，而是以一种让婴儿安全和快乐的平常方式。妈妈也不能像"宝宝的摇篮在树梢上"那首摇篮曲里唱的那样把孩子摔在地上。她必须紧紧地抱着她刚出生的儿子或女儿，稳当地把孩子高举在空中。所有这些都代表了好的抱持的一部分。

卡　　尔：但您也提到了与身体上的抱持相对的心理上的抱持。

温尼科特：是的，抱持有两个层面——第一个是身体层面的抱持，就如我刚刚提到的，第二个是心理层面的抱持，可以描述为一种"心灵中的抱持"。通过想着这个小小的人儿来从心理上抱持他——真正地抱持……

卡　　尔：在心里。

温尼科特：是的，正是这样。这可能很简单，只要首先记住自己确实有一个孩子，这个孩子可能需要喝口水，需要一条毯子，需要一张小床，需要乳房，或者需要其他你拥有的东西。忘记这个宝宝就意味着没有在心中抱持这个孩子，而这会造成疯狂的隐患！

卡　　尔：因此，母亲必须熟练地用左臂和右臂来维持身体上的抱持，并用她的思想、记忆和注意维持心理上的抱持。

温尼科特：完全正确。如果母亲能令人满意地做到这一点——很幸运的是，我们知道大多数健康的母亲都能很自然、自动地做到这一点——婴儿就有很大的希望成长为心智健全、心理健康的人。但如果母亲做不到这一点，要么是因为她从来没有被这样抱持过，要么是因为她出于某种原因恨自己的孩子……甚至由于她自己的创伤状态，她的心中没有婴儿的空间……然后婴儿就将开始遭受原始心理痛苦。

卡　　尔：根据您的经验，大多数母亲确实有能力自然而然地为婴儿和儿童的心理健康奠定基础。这真令人惊奇。

**温尼科特**：是的，这就是为什么我是一个彻头彻尾的达尔文主义者。在学校时我通过阅读达尔文的书，我想我明白了我们不需要研究人类的进化。这一进程会自然而然地展开。同样，我们不需要研究抱持或者练习抱持。健康的母亲会自然而然地这样做，因为她深切地了解宝宝的需求，她几乎可以自动做到这一点。

**卡　　尔**：您提到，除了身体和心理上的"抱持"之外，母亲还有另外两项任务。

**温尼科特**：事实上，她还必须能够示范"爱抚（handling）"婴儿，这与"抱持"并不完全一样。我想我们可能会说，在抱持婴儿的时候，母亲保证了婴儿的安全，既防止婴儿从她的怀里跌落，也防止婴儿从她的心中跌落。我们可以把抱持看作孩子身体和心理的摇篮。

**卡　　尔**：那爱抚呢？

**温尼科特**：在爱抚方面，我们必须更细致地观察母亲是如何触摸孩子的。她是用一种粗暴的方式触摸婴儿的吗？一种平稳的方式？还是一种诱惑的方式？她抚摸宝宝的皮肤然后让宝宝感到舒服，还是让宝宝感到烦躁？你看，所有这些都构成了爱抚。它是发生在母亲和孩子之间的细致入微的、每时每刻的互动。

**卡　　尔**：爱抚的质量是否决定了这段关系的基调？

**温尼科特**：确实如此。没有两个母亲会用同样的方式爱抚自己的孩子。但健康的母亲会做得很好。

**卡　　尔**：那第三个任务呢？

**温尼科特**：我们称之为"客体呈现（object-presenting）"。本质上，这可以定义为母亲尝试向婴儿介绍外在世界。你不能让母亲整天把婴儿抱在怀里，沉浸在共生性精神病（symbiotic psychosis）或二联性精神病（folie à deux）中。母亲最终必须开始与婴儿分享外部世界，并引导婴儿在外部世界中生活。她必须指出客体，并使婴儿习惯于她自己以外的客体。

卡　　　尔：父亲也包含在这些客体中吗？

温尼科特：也许吧。我们确实可以这么想。但这些客体也必须包含公园里的草坪、外面的蓝天、窗台上的小猫。细心的妈妈会引导她的宝宝依次浏览这些客体："看，那是罗孚……他是我们的小狗。"等等。你看，婴儿有一个**重要任务**——接触现实。母亲要帮助婴儿完成这个任务。当她这样做的时候，孩子就会变得心理健康。

卡　　　尔：可以推测，能够抱持、爱抚和客体呈现的母亲为她的宝宝创造了一个非常安全、非常舒适，同时也非常具有刺激性的世界。

温尼科特：绝对的！当所有这些部分和谐地整合在一起时，我们就会发现自己存在于一个稳固的母婴环境中，我们就会发现自己处于健康的状态中——真正的心理健康。

卡　　　尔：我知道，您将这种健康的母亲视为"平凡且奉献的母亲（ordinary devoted mother，ODM）"。您的电台制作人艾沙·本齐（Isa Benzie）——早在20世纪40年代——我相信她很喜欢这个说法。

温尼科特：本齐女士——是的，她是英国广播公司一位业务能力高超的广播制作人，她真的非常了解我的工作。她是真的理解。在我们的一次会面中，当我碰巧提到"平凡且奉献的母亲"这个词时——你懂的，就是随口一说——她抓住了这个词，大声说我们必须做一个关于"平凡且奉献的母亲"的广播系列节目。于是我们就做了。这个节目的内容后来被制作成了一本非常受欢迎的小册子，这让我以一种特别的方式出了名。

卡　　　尔：您有点名气了。

温尼科特：是的，我想我有……有一点。

卡　　　尔：您找到了一种母亲们都能理解的语言。

温尼科特：嗯，是的。我想让母亲们觉得，她们知道如何照顾婴儿，她们知道的和所谓的专家一样多。事实上，我真的很想承认，健康的母亲比专家更了解她的孩子。本齐女士允许我在广播里用这种方式和母亲们交谈。

卡　　尔：我相信您收到过粉丝来信。

温尼科特：堆积成山的母亲来信告诉我，她们真的很想在孩子哭闹的时候抱持孩子、安慰孩子，但医生告诉她们不要这样做。他们认为安慰哭泣的婴儿可能是在纵容或溺爱孩子。

卡　　尔：您对哺乳母亲的支持对许多年轻父母来说一定是神来之助。

温尼科特：他们想相信自己的直觉，但专家经常劝阻他们。结果导致了很多不幸福的父母和孩子。

卡　　尔：因此，平凡且奉献的母亲既能提供安全，也能提供刺激。

温尼科特：是这样的。

卡　　尔：但早在1956年，您就写过一篇关于"原初母性贯注（Primary Maternal Preoccupation，PMP）"现象的论文。"平凡且奉献的母亲"与展现出"原初母性贯注"的母亲有何不同？

温尼科特：有请新语学家温尼科特！请原谅我。从本质上讲，ODM和PMP——你看，我有时会使用这些首字母缩写——它们是一样的。"平凡且奉献的母亲"在婴儿出生的最初几周或几个月里，会全身心地为婴儿奉献，婴儿成了她唯一的目标。你可以想象，母亲会变得十分具有同理心，设身处地为婴儿着想。她把自己完全投入母亲的身份，婴儿能感受到这一点，并且感受到被保护、被爱，等等。因此，要成为一个有奉献精神的母亲，必须是一个原初贯注的母亲。

卡　　尔：一些近代批评您的人指责您把母亲理想化了，或者只强调为人父母的温暖、体贴和爱的方面。那有精神疾病的父母、迫害的父母、有恨意的父母呢？

温尼科特：我们已经讨论过我的那篇关于"反移情中的恨"的文章了，所以如果我告诉你，平凡且奉献的母亲也有恨，你应该不会感到惊讶。一个平凡且奉献的母亲必须允许自己恨她的孩子，因为孩子是如此令人讨厌。但是，平凡且奉献、原初贯注的健康母亲可以通过把孩子交给父亲、保姆或奶奶来处理自己的恨。或者她可以把婴儿放在小床上让孩子小睡一会儿，这样她自己也可以睡一会儿。在她处理了怨恨和扰乱后，她可以继续投入对孩子的照料。相比之下，不健康的母亲——我一生中见过很多——可能会伤害孩子，通常是因为没有人支持她。

卡　　　尔：在您的作品中，您经常使用"冲击（impingement）"这个术语。我发现这是一个非常能引起共鸣的词，它描述了环境中的某人或某物是如何冲击婴儿世界的潜在和平与快乐的。

温尼科特：不健康的母亲也会尝试成为平凡且奉献的母亲。她尝试变得贯注。但她就是做不到。她尖叫，她呐喊，她忽视。所有这些痛苦时刻都构成了冲击。我也把这些时刻描述为环境失败（environmental failure），当这种情况大量发生时，婴儿就有可能患精神病。婴儿疯狂的原始潜能可能会加剧。

卡　　　尔：我们还没有谈到"原始痛苦（primitive agony）"。

温尼科特：听起来像是古代戏剧，不是吗？由西比尔·桑代克女爵士（Dame Sybil Thorndike）主演的《原始痛苦》！噢，我很喜欢。

卡　　　尔：嗯，您所描述的婴儿内心深深的恐惧有几分希腊悲剧的意味。

温尼科特：确实。让我更直接地回答你的问题。一个平凡且奉献的母亲之所以必须全身心地投入，必须抱持和爱抚她的孩子，是因为孩子来到这个世界上，有可能经历一种深刻的、原始的、古老的恐惧。孩子问："我在这里做什么？谁把我高高举起？我会完整无缺吗？我是会一直飘浮在空中，还是会永远坠落下去呢？"哦，天哪，我说得太糟了，不是吗——因为，你看，婴儿甚至连"我"的概念都没有。婴儿只是单纯地害怕崩解（disintegrating）。而母亲帮助宝宝凝聚起来。这是一种更好的表达方式。

卡　　　尔：所以您同意克莱因夫人关于精神病性焦虑在婴儿早期的作用的观

点吗？

**温尼科特**：唔，我倒不是完全同意梅兰妮的观点，而是我在帕丁顿格林儿童医院的诊所里，以及在我治疗处于退行状态的精神分裂症患者时，看到了这些原始痛苦。他们的梦为我提供了我所需要的所有证据——证明这些病人感觉自己正在崩解成碎片——毫不夸张地说，正在崩解成碎片。这就是恐惧。可是梅兰妮知道这一点。我也知道。从这个意义上说，我们达成了一致。

**卡　　尔**：在您的出版作品中，您不仅谈到了婴儿对崩解成碎片的恐惧，还谈到了对永远坠落的恐惧，以及对丧失希望然后死去的恐惧。

**温尼科特**：是的，这些都是原始痛苦，毫无疑问。

**卡　　尔**：因此，在温尼科特的发展心理学中，婴儿期代表一种潜在的可怕体验，但这可以通过健康父母的健康照料来弥补。

**温尼科特**：完全正确。健康的父母——让我们不要把父亲排除在外——健康的父母可以消除很多疯狂。

**卡　　尔**：我想您应该还记得哈里·卡纳克，他是卡纳克图书公司的创始人。

**温尼科特**：哦，亲爱的哈里·卡纳克。他还活着吗？

**卡　　尔**：他于2014年4月去世，享年90多岁。

**温尼科特**：能活这么久真是太好了。你知道是因为我才有卡纳克图书公司的吗？我以前经常去格洛斯特路的哈里的书店，我记得我直截了当地要求他开始储备我的作品。然后我似乎记得我告诉他，心理学——当时的一门新学科——真的很有前途，如果他专门销售心理学图书，他做的事将非常独特。然后他就这样做了。他开始卖心理学图书，除了心理学图书什么都不卖——他是世界上第一个这么做的人！

**卡　　尔**：哈里在格洛斯特路的旧书店已经停业了，但卡纳克图书公司在伦敦北部的芬奇利路上开了一家新店，生意很好。而且卡纳克图书公司不仅卖书，还出版书。事实上，如果您对这次采访的文本——科尔斯夫人已经开始为我们打出来了——满意的话,卡纳克图书公司会将这次采访的内容出版!

**温尼科特:** 哦,那真是太有趣了。如果你认为人们会感兴趣,我很乐意让你出版这次采访的内容。

**卡　　尔:** 几分钟前,当您提到健康的父母会"消除"婴儿的疯狂时,我想到了哈里·卡纳克。

**温尼科特:** 是的。

**卡　　尔:** 嗯,20年前,我为了写您的传记采访过哈里。

**温尼科特:** 我很想读一读你的书。

**卡　　尔:** 我可以给你一本。但我想您已经知道它的大部分内容了!

**温尼科特:** 即使如此,我也很想读。

**卡　　尔:** 哈里告诉我,您曾向他描述过,婴儿的心灵是一张"吸墨纸(blotting-paper)"。如果我们没理解错,您是指婴儿的心灵会吸收一切。

**温尼科特:** 能想起这句话真好。我想我没有在我的作品里提过。

**卡　　尔:** 是的,您没有。

**温尼科特:** 但我同意自己的看法。婴儿的心灵是可渗透的——他们什么都知道。他们吸收一切。因此需要父母来收拾残局。没错。我们可以把母亲描述为婴儿心灵的吸墨纸。我支持这个观点。

**卡　　尔:** 我意识到,我们开始把您关于发展心理学的许多著作的复杂性和丰富性简化为几句精辟的短语。我希望您不会反对。

**温尼科特:** 当然不会,我们必须简洁。我们必须简明扼要。就像你说的,我们不能指望心理学学生读完我所有的书——不可能一次性读完。他们必须按自己的节奏来。这需要时间。我的意思是,毕竟,我花了几十年的时间来写我所有的书,所以学生至少需要花一点时间来读它们。我认为你是在帮助我以一种更加线性的方式将我的发展心理学系统化。因为我不是一个具有线性思维的人,这对我来说很棒。

卡　　尔：所以在温尼科特的世界里,生命最初的几周和几个月的特征可能是婴儿和照顾者之间互动的质量。婴儿在一种潜在的恐惧状态中来到这个世界,害怕被湮灭,害怕永远坠落,充满了无法想象的焦虑。而父母——无论是母亲还是父亲——就成了吸墨纸,通过奉献,通过原初贯注等,让婴儿感到更安全。然后我们就可以拥有健康。

温尼科特：你看,婴儿的健康需要母亲。母亲需要婴儿。爱和需要孩子的母亲就会满足孩子。在这一点上,两者是不能分开的。因此,我相信——我曾在一次会议上站起来宣布——从来没有婴儿这回事。

卡　　尔：是的,这已经成为经常被引用的温尼科特学派的口头禅:"从来没有婴儿这回事。"

温尼科特：这其实很简单。如果你在这个时候——在这个早期的阶段——把婴儿从母亲身边夺走,婴儿就会死去。因为没有母亲,婴儿就无法生存。没有母亲的孩子是无法想象的。两者结合在一起成为一个基本的统一体。

卡　　尔：到目前为止,我们还没有谈到您在婴儿时期对"依赖（dependence）"——对"绝对依赖（absolute dependence）"——的强调。

温尼科特：也许我们应该在这堂"发展心理学小课"的开始就提到这些观点。在某种程度上,可以把我对人类成长和发展的整体思路定义为一种管理依赖的练习。

卡　　尔：请解释一下。

温尼科特：婴儿刚出生时,在没有帮助的情况下他无法做任何事。婴儿不会自己准备晚餐,也不能自己换尿布。婴儿真的完全、彻底地依赖成年人的照顾,通常是母亲。从这个意义上说,婴儿生活在一种"绝对依赖"的状态中。

卡　　尔：在您的文章中，您还将其描述为"双重依赖（double dependence）"，我想在另一个场合，它被称为"极端依赖（extreme dependence）"。

温尼科特：绝对依赖，双重依赖，极端依赖——其实都是一样的。婴儿无法掌握这种依赖，因为婴儿没有运动能力，无法移动，也没有像成年人那样思考的认知能力。婴儿非常无助。因此，ODM——平凡且奉献的母亲——必须尊重婴儿绝对、双重的依赖，必须帮助他，给他食物，给他毯子，或者给他一个微笑，诸如此类。

卡　　尔：当母亲满足了婴儿的需求，绝对依赖就变得不那么可怕了。

温尼科特：没错。这种绝对依赖逐渐转变成一种我认为的"相对依赖（relative dependence）"的状态。婴儿仍有依赖性，但只是相对而言。然后，随着我们每个人在生命周期中的发展，我们会有相当长的时间处于"相对依赖"阶段，因为我们变得能够更好地照顾自己。当我们学会拿叉子，当我们学会系鞋带，当我们学会穿衣服，绝对依赖会越来越少，相对依赖会越来越多。你懂了吗？

卡　　尔：是的，明白了。

温尼科特：相对依赖会变得越来越复杂。因此，在 5 岁的时候，我们需要依靠妈妈或爸爸为我们提供食物。但是在 25 岁的时候，我们变得不那么依赖别人，我们可以挣钱自己买食物。所有的发展都可以被构架为与依赖现象的关系。如果婴儿早期的绝对依赖被满足，婴儿就会成长，变得不那么依赖。

卡　　尔：然而我们中有人能达到独立（independence）吗？

温尼科特：不。我们也不应该。没有人应该是完全独立的。我们都需要人，而且一生都需要。但当然，我们可以"走向独立（towards independence）"。因此，我始终坚持不把这一发展的最后阶段描述为"独立"，而是"走向独立"阶段。我认为，这是一种更诚实的描述我们所看到的情况的方式。

卡　　尔：在很多方面，依赖可以被认为是温尼克特发展体系中最重要的品质，这样说是否正确呢？

卡　　尔：是的，它是成就标志。它也是一种诊断标志。我们需要知道婴儿是否已经从绝对依赖发展到相对依赖。同样，成年人是否已经从相对依赖发展到走向独立。

卡　　尔：我认为这很有帮助。正如您所知，弗洛伊德对性心理发展阶段有一个清晰的概念，新生儿从口唇期（oral stage）发展到肛门期（anal stage），再到性器期（phallic stage），等等。当然，克莱因概述了从偏执–分裂（paranoid-schizoid）的关联模式到更加抑郁（depressive）的关联模式的发展过程。

温尼科特：不要忘记埃里克森和马勒。

卡　　尔：是的。埃里克·埃里克森（Erik Erikson）和玛格丽特·马勒（Margaret Mahler）都有清晰的线性发展模型。

温尼科特：我曾花了大量的时间研究埃里克森的工作——或者，我应该说，我依旧花很多时间来研究埃里克森的工作，因为我对他的评价依然很高。遗憾的是，我的英国同行从未真正接受过他的作品。

卡　　尔：如果把温尼科特的阶段理解为，首先是绝对依赖，然后是相对依赖，最后是您所说的"走向独立"，会不会太过简洁？

温尼科特：一点也不。这正是我想对你说的。

卡　　尔：还有您那个非常著名的过渡性客体的概念，以及相关的过渡性现象（transitional phenomena）的概念呢？这些是如何融入理论的呢？

温尼科特：你知道吗？我曾经偶然看到过美国剧作家阿瑟·米勒（Arthur Miller）写的一本书。这本特别的书——注意，是儿童读物——叫作《简的小毯子》（*Jane's Blanket*）。我相信，米勒的这本书是写给他女儿的，这本书的内容全都是关于一条毯子的。和书名非常相符。

卡　　尔：一个过渡性客体？

**温尼科特：** 没错,这的确是一个过渡性客体。阿瑟·米勒是一位伟大的剧作家和作家。我想他一定很了解精神分析。毕竟,他娶了玛丽莲·梦露(Marilyn Monroe),而她曾接受过精神分析,她的分析师先是玛丽安娜·克里斯,然后是拉尔夫·格林森(Ralph Greenson)——都是我的同行。我认识玛丽安娜·克里斯,她本人与弗洛伊德关系密切。大约在1938年,她和她的丈夫恩斯特(Ernst)为了逃离纳粹,作为难民来到伦敦。然后他们去了美国。我在国际精神分析大会上认识了拉尔夫·格林森——一个非常有创造力的人,非常讨人喜欢。总之,米勒通过玛丽莲接触了这两个人。但我也想知道米勒是否曾经直接读过我的文章。

**卡　　尔：** 因为他写了《简的小毯子》这本书?

**温尼科特：** 没错。你看,早期,通过我在帕丁顿格林儿童医院与婴儿的工作,我了解到,在生命很早期的阶段——最初的几天和几周——婴儿需要紧紧依附于母亲,以求得生理上的生存,以及心理上的生存。但到了某个时候,婴儿也开始注意到世界的其他部分,开始需要一点单独的空间。有时母亲会引导婴儿接触世界。但有时婴儿会自己发现世界的其他部分。一开始,婴儿可能会开始吮吸一小块毯子,或者小床上床单的一角。婴儿甚至可能开始发出咯咯的声音,甚至轻微的音乐声。所有这些零零碎碎的东西都代表着我认为的"非我(not-me)"。事实上,这些就是我所说的"过渡性现象"——毫不夸张地说,不同类型的过渡性现象帮助小婴儿从母亲的乳房过渡到自主独立。

**卡　　尔：** 确实,这很有道理。但令我震惊的是,之前没有精神分析学家或发展心理学家对此进行过研究。这种从母亲的乳房到外部世界的过渡……嗯,这是非常基础的。

**温尼科特：** 我同意。这是关系的基石。

**卡　　尔：** 所以过渡性现象帮助婴儿与母亲或父亲以外的事物建立联系。

**温尼科特**：是的，这种现象提供了一个得以让某些事情发生的潜在空间（potential space）。

**卡　　尔**：那么过渡性客体，与过渡性现象不同？

**温尼科特**：过渡性客体是一种非常特殊的过渡性体验。它是一个客体，你知道的，一个真实的客体，是婴儿自己找到的。它可能是孩子的毯子，但同样，它可能是一个泰迪熊玩偶或其他布绒玩具。一般来说，这些物品能帮助孩子变得更平静。它们有抗焦虑的功能，也许是在睡觉的时候。母亲知道这个特殊的客体很特别。这就是《简的小毯子》。

**卡　　尔**：我知道了。

**温尼科特**：毯子、洋娃娃、泰迪熊玩偶，等等——所有这些客体都帮助婴儿从母亲的乳房过渡到任何非母亲乳房的客体……过渡到外部世界。所以我认为毯子是过渡性客体的原型。它通常是柔软和可爱的东西，就像乳房一样，但它属于婴儿，而不是母亲。尽管它可能有母亲和她的乳房的成分。事实上，过渡性客体是以母亲的乳房为基础的。

**卡　　尔**：是的，请继续。

**温尼科特**：你知道有些婴儿喜欢在他们的泰迪熊身上沾一点妈妈的乳汁吗？这样，他们就可以拥有一个过渡性客体，这个过渡性客体一部分是妈妈，一部分不是妈妈，等等。你明白了吗？并且，这个客体必须是可靠的过渡性客体。它不能改变。如果孩子选择了一个泰迪熊玩偶作为过渡性客体，那么他必须能够一直拥有同一个泰迪熊玩偶。妈妈不能给它洗澡、弄脏它的皮毛或改变它的气味。只有孩子有权使用此客体……同时，也有权毁掉它。

**卡　　尔**：所以这个过渡性客体帮助婴儿从绝对依赖过渡到相对依赖？

**温尼科特**：是的。

**卡　　尔**：正如您在您的《孩子、家庭和外部世界》这本书的书名中指出的那样，孩子必须找到一种方式融入家庭，但同时也要与家庭之外的世界接触。

**温尼科特：** 是的，就是这样。过渡性客体在这个过程中帮助我们。它也给婴儿温暖。它有许多功能，但我认为最重要的是，它有助于过渡到下一个发展阶段。所有这些都发生在孩子大约 4 ~ 12 个月大的时候。但我们一定不能将其固定化。

**卡　　尔：** 过渡性客体将被年幼的孩子使用——以一种创造性的方式——以促进成长和发展。事实上，如果我充分理解了您的作品，可以说婴儿与过渡性客体的接触成了游戏（play）的基础。

**温尼科特：** 游戏是至关重要的，游戏是从婴儿玩床单的一角、婴儿口中发出声音等体验中发展而来。随着婴儿的成长，这些游戏体验变得越来越复杂，孩子开始与其他孩子共同游戏，然后与其他成年人一起游戏。例如，在剧院上演的戏剧就是一种游戏的表达，因为，毫不夸张地说，在戏剧中人们与其他成年人一起游戏。

**卡　　尔：** 所以，文化经验——共同的文化经验——源自婴儿期体验。

**温尼科特：** 是的，我认为这一切都源于婴儿对客体的使用。婴儿用哪一个客体并不重要。更重要的是婴儿使用一个客体。

**卡　　尔：** 我觉得这很有帮助。这种您所说的"潜在空间"的使用……

**温尼科特：** 潜在空间，嗯，就是当婴儿学会信任环境时所创造的空间。当婴儿能够相信环境不会湮灭时，他就可以开始学着游戏了。游戏发生在潜在空间中。

**卡　　尔：** 谢谢您。这真的很有意义。

**温尼科特：** 你知道，我所创造的所有这些杂乱的理论，确实是可以整合在一起的。以这种方式谈论这些理论确实让我意识到它们是连贯的。它们实际上是一个整体。这真让我松了一口气。你知道，我已经好多年没谈过这些了。但它们还是有意义的。我很欣慰，我还记得我写的一些东西！

卡　　尔：我觉得您的解释非常清楚，也非常深刻。

温尼科特：那我写的作品呢？

卡　　尔：人们常常觉得您的作品非常清晰，但有时也非常神秘、含糊、拐弯抹角。

温尼科特：这真有意思。

卡　　尔：我想到您的书《游戏与现实》（*Playing and Reality*）……

温尼科特：我死前写的……或者应该说是在我死前才完成的，因为事实上，我在 20 世纪 50 年代就写了一部分！

卡　　尔：是的，特别是《游戏与现实》——在这本书中，您最充分阐明了过渡性的概念以及游戏的概念——嗯，许多学生和许多经验丰富的实践者也觉得这本书相当具有挑战性。

温尼科特：哦，好的。我很高兴它具有挑战性。这无疑是对我的挑战。你要再来点茶吗？

卡　　尔：不了，谢谢。

温尼科特：当我们在一个足够好的母亲的保护下长大，分离就会变得很困难。我是说，如果母亲是好的，或足够好的，我们为什么要离开呢？但我们必须离开，我们必须分离。最终，对于母亲来说，我们已经长大了，所以小女孩或小男孩需要找一条走向独立的道路。因此，依附于一个实际、具体的真实客体——这个过渡性客体——有助于分化过程的进行。这也是一个双向的过程。

卡　　尔：母亲可以帮忙。

温尼科特：母亲的确可以提供帮助。拿母亲的声音来举个例子，即使母亲在隔壁房间喊出声，孩子也能依附于母亲的声音。孩子知道母亲在那里，然而同时又不在那里，从而得到安慰。但是母亲的声音有助于从乳房到分离的过渡。你明白了吗？

卡　　尔：是的，我明白了。您确实细致地思考过，仔细地观察过，幼儿是如何确切地成为一个更加个体化（Individuated）的人的。

温尼科特：此处"个体化"是一个很好的术语。我知道荣格学派也使用"个体化"这个词，不过我不完全确定，我是否和他们以完全相同的方式来使用"个体化"这个词。我从来不擅长对概念进行精确的定义。但我认为这就是他们的意思。你知道吗？我是第一个邀请荣格学派分析师在英国精神分析学会演讲的人。

卡　　尔：我猜是福特汉姆吧？

温尼科特：是的，迈克尔·福特汉姆（Michael Fordham）。他是一个非常可靠的人，一个真正的好人。他和我都有儿童精神病学方面的背景，在第二次世界大战期间，我们成了亲密的同事。我邀请他来做讲座，但我认为我的同事们对荣格学派不太感兴趣，这令人遗憾。人们可能会害怕新的想法或新的"口音"。但是，我还是邀请了福特汉姆。

卡　　尔：为什么那么多精神分析师难以接受同行的新想法？

温尼科特：哦，原因很简单。我们整天都泡在分析里，在我看来，这正如咨询室的"白热化（white heat）"，我们必须处理如此多的混乱。所以，当我们晚上聚在一起开会时，我们的先入之见和偏见会加深。我们真的没有太多的时间或空间去探索新鲜事物。这些被认为太具有威胁性了。

卡　　尔：这很有道理，但让我感到难过的是，那些接受过如此开放的训练的人，也会如此封闭狭隘。

温尼科特：是的，这也让我很难过。

卡　　尔：那么，我们是否可以回到婴儿的发展轨迹的话题……

温尼科特：当然……

卡　　尔：我想您已经以一种非常清晰、非常简明的方式阐述了您的观点，关于母亲在奉献且贯注的状态下如何抱持婴儿，以及这种抱持如何让婴儿从绝对依赖成长为走向独立。

温尼科特：是的，我们最终做到了。

卡　　　尔：如果母亲提供了这样的环境，我们就认为她是一个"足够好的母亲"，她给了孩子一个"抱持性环境"以及一个"促进性环境"。

温尼科特：正是如此。天啊，天啊，我发明了这么多术语。如果可以，还有一个术语……

卡　　　尔：当然。

温尼科特："持续存在（going-on-being）"。这是一个非常重要的观点。

卡　　　尔：是的。

温尼科特：如果母亲足够好，如果环境足够好，那么所有这些都有助于持续的成长和发展，并且先是婴儿，然后是儿童，再是青少年，都将成功地长大成人。我认为这就是"持续存在"。母亲的照顾使孩子相信存在可以持续。

卡　　　尔：提供一种生存感……

温尼科特：生存感。是的，客体必须生存。

卡　　　尔：在我们结束这部分谈话之前……

温尼科特：我们必须再喝一杯，或者吃点零食，你觉得呢？

卡　　　尔：哦，好的。我只是想问，如果一个孩子有幸有一个足够好的母亲，在一个促进性环境中成长，他会如何体现出健康呢？

温尼科特：嗯，我一直认为这样的人是心理健康（mentally healthy）的。我说的心理健康不是指"心智健全（sane）"。心智健全是好的，但与此同时，这是一个相当局限的概念。我认识的一些最无聊和最受限的人都是心智健全的。如果我们只是心智健全的，那我们就确实是贫乏的。

卡　　　尔：您在您的文章中提到过这个概念。

温尼科特：我想是的。

卡　　　尔：心智健全可能并不总是健康的最终标准，然而这一观念已经受到了很多人的认可。

温尼科特：是的，心智健全是重要的，但这不是全部。健康的人有独处（be

alone）的能力，有关切他人的能力，有游戏的能力，这些都能显示出他是健康的。

卡　　尔：这些概念都值得专门写论文或书来详细阐述，谢天谢地，您已经为我们写了这些内容。但简而言之……

温尼科特：简而言之，我们通常认为孤独是一种糟糕的精神状态，常常与孤立和抑郁有关。但当孩子的内心已经内化了一个好的、滋养的母亲，孩子就可以独自游戏，但仍然处于母亲临在（presence）的状态中。我们把这种体验带到了成年……变成在母亲的临在中独处。

卡　　尔：多么优美的措辞……在他人的临在中独处。

温尼科特：嗯，在那种情况下，独处不一定是孤独的；相反，这可能是一个发挥个人创造力的好机会。就像我熬夜到凌晨画画一样——我是在独处，但我有非常好的内在资源。

卡　　尔：许多作者引用了您关于独处，以及在母亲的临在中独处的深刻观察。但我相信，您也扩展了这个概念，在您对能够隐藏（hide）的重要性的观察中——不仅是独处，而是真正地隐藏。

温尼科特：哦，是的，在分析中，从发展上和临床上来说这都非常重要。我想你指的一定是我的那句话："隐藏是一种快乐，但不被找到是一种灾难。"

卡　　尔：正是。

温尼科特：这对我来说是一个非常关键的概念。你看，孩子必须感觉到他有躲着母亲的权利。一个从不允许分离的母亲，一个从不允许孩子有潜在空间去游戏的母亲，嗯……那是一个侵入性的母亲。但同样的道理，抛弃孩子的母亲也会失去孩子。你必须允许孩子藏起来，但你也必须知道去哪里找到孩子。但如果孩子需要消失一段时间，你就要允许孩子让自己消失一段时间，之后才能去找到孩子。

卡　　尔：您的说明让我想起了您极其重要的"不愿被打扰的（incommunicado）"

的观点，为了心智健康，这部分心灵必须保持不受侵犯，免受他人入侵。

**温尼科特**：噢，我记得我写过"不愿被打扰的"。我想，我更愿意这样想：我们也许都需要感觉到，我们可以保留自己的一些想法，不为外人所知。事实上，我觉得我们每个人都必须有保守自己心灵的权利，这很重要。具有冲击性并且需要知道孩子心里的一切的母亲是残忍的。

**卡　尔**：分析师也同样可以是冲击性的。

**温尼科特**：是的。事实上，在病人准备好之前，分析师坚持要知道每一个想法和幻想，这也是残忍的。如果坚持要闯入病人的心灵，那么……这是一名具有侵入性、冲击性的分析师的特征。

**卡　尔**：多年前，作为一名学生，我参加了一个培训研讨会，会上一位十分年迈的精神分析师痛斥您所谓的"不愿被打扰"的概念。我不得不说，这个人认为您相当愚蠢，好像您对精神分析一无所知似的。他说过，任何允许病人保守秘密，或让病人拥有"不愿被打扰的"心灵部分的分析师，都没有做好工作。

**温尼科特**：谢谢你告诉我这些。我为这个人感到难过，更为他的病人感到难过。当然，在精神分析中，秘密可能是危险的；但是，以不请自来的方式入侵秘密会导致分析瓦解。

**卡　尔**：所以，健康的独处能力对您来说似乎非常重要。

**温尼科特**：当然，确实非常重要。

**卡　尔**：您认为能够独处是健康人格的一大成就。如果可以，现在请您给我们讲讲关切（concern）的能力。

**温尼科特**：你看，这也源于足够好的母亲养育。获得关切的能力意味着一个人战胜了自恋——一种病理性的自恋，一个人可以共情他人，关切他人。在很多方面，如果我们不关切他人，不知道他人会关切我们，我们就不可能拥有文明。你知道，罪犯是不会关切的。因为超我的缺陷或贫乏，罪犯没有关切的能力，不像你我那样。这很快就把我们引到游戏的能力上。

卡　　尔：您去世后，有一本关于温尼科特和游戏的书出版了。

温尼科特：这是一个非常重要的概念，重要到无法一概而论。这对心理健康非常必要。我说的游戏，并不只是玩牌或踢足球。游戏可以有多种形式。它可以是对话的游戏，想法的游戏……任何东西的游戏，真的。它必定会重新激活我们童年早期的一些乐趣，而且它必定不是工作。我想，热爱和工作一定是分开的。这很难定义，我临终前才收到我写的最后一本书《游戏与现实》的样书，这绝非偶然。我花了这么长时间才完成这本该死的书，尽管它是我写的最短的书之一。但我很高兴我的人生以游戏结束……这对于人类太重要了。

卡　　尔：《游戏与现实》已成为国际精神分析领域的经典作品。

温尼科特：我认为，正如我们已经说过的，这不是一本容易的书，但它也不会成为一本容易的书。我认为它的内容是非常细致入微的。

卡　　尔：是的，我同意。它包含许多微妙和深刻之处。但它确实以一种非常仔细、非常大胆的方式强调了游戏的概念……以一种前所未有的方式。约翰·鲍尔比的侄女朱丽叶·霍普金斯（Juliet Hopkins）曾对我说，她认为弗洛伊德是因为强调爱和工作是心理健康的关键因素而被人们记住，而温尼科特是因为强调游戏的作用而被人们记住。

温尼科特：我非常喜欢她。她来找我讨论她的一个儿童个案。她是塔维斯托克诊所的一名聪明的年轻学生，正在接受儿童心理治疗师的培训。

卡　　尔：是的，她以和您的那次讨论为基础，为一本关于温尼科特取向的婴幼儿心理健康的书写了一章——这是我为了表达对您的敬意而编的一本书。

温尼科特：如果我早知道人们会写下同我的督导工作并出版，我就会尽量更

## 8 温尼科特学派速成课

敏锐些!

卡　　尔：我想知道您是否需要休息一下，温尼科特医生？讨论了这么多复杂的理论问题，我恐怕已经给您添了很多麻烦了。

温尼科特：我们按铃叫科尔斯夫人，好吗？

[科尔斯夫人拿着更多打好的访谈转录稿回到房间。]

科　尔　斯：你想再来点茶吗，温尼科特医生？
温尼科特：现在不能再喝茶了，科尔斯夫人，但我想这位绅士和我也许想要点三明治。你想吃吗？
卡　　尔：噢，好的，谢谢。
科　尔　斯：我可以给你做烟熏三文鱼，温尼科特医生。你一直很喜欢烟熏三文鱼。
温尼科特：好的，那太好了。我们还有一些工作要处理，这工作让人又渴又饿，科尔斯夫人。或许我们可以喝杯雪利酒，而不是茶？
卡　　尔：好的，如果您坚持……
科　尔　斯：非常好，烟熏三文鱼三明治和雪利酒。
温尼科特：这是一个奇怪的组合吗？我想是的，但我喜欢。我以前跟我的老出版商开会时，他会给我备上烟熏三文鱼。而且，嗯……我认为这有助于我们更好地工作。
科　尔　斯：这里还有一些你们的访谈记录，有两份复本。
温尼科特：你真是太好了，我们稍后再看。
科　尔　斯：好的，温尼科特医生。

[科尔斯夫人走出房间。]

卡　　尔：在游戏这个主题上，我一直把您当成如何游戏的一个巨大灵感来源。

温尼科特：我们不能模仿别人的游戏。那不是在游戏。我们必须自己找到它。

卡　　尔：唔，我确实从您的作品中了解到了这些。我想，我想表达的是……

温尼科特：你是想说我知道怎么游戏吗？

卡　　尔：是的。

温尼科特：是的，你知道的。我可以嬉笑滑稽。我可以是一个孩子。但我也知道怎么工作。但我也会游戏。

卡　　尔：在为写您的传记收集资料时，我采访了很多人，他们告诉我您是一个典型的游戏专家，他们和我说了很多可爱的故事。

温尼科特：你听到了什么？

卡　　尔：我永远不会忘记您的教女，伊丽莎白·斯旺（Elisabeth Swan）——以前叫伊丽莎白·埃德（Elisabeth Ede）——告诉我，您在医院待了一天后，晚上回到朝圣者巷的家，您经常会假装自己是迪士尼的卡通人物"唐老鸭（Donald Duck）"，您会像鸭子一样嘎嘎叫！我猜可能因为你们的名字都是"唐纳德（Donald）"吧。

温尼科特：是的，她和她妹妹玛丽在我家待了很长时间。她们以前叫我唐老鸭叔叔，或者类似的名字，如果我没记错的话。那是很久以前的事了。但是，是的，这很有趣。我们可以一起游戏，那些女孩和我。她们都是健康的女孩，所以，她们会游戏。我一直认为，如果一个孩子会游戏，我们就可以认为这个孩子基本上是一个健康的人。不能游戏的孩子是生病的孩子。

卡　　尔：一些诋毁您的人可能会认为您很愚蠢……一个像鸭子一样嘎嘎叫的成年人。您如何区分游戏和犯傻（silliness）？

温尼科特：我喜欢这个问题。我们对犯傻的思考还不够多，是吧？犯傻也没关系。但是游戏并非犯傻。它是非常严肃认真的。当我假装是唐老鸭叔叔的时候，我是非常认真的。这件事我还得再考虑考虑。

**8** 温尼科特学派速成课  159

这是一个非常有趣的领域。

［科尔斯夫人端着食物和饮品走进房间。］

温尼科特：科尔斯夫人，我们正试着思考好玩的时刻。你还记得我好玩的时候吗？

科 尔 斯：你经常玩得很开心，温尼科特医生。

温尼科特：噢，谢谢你的烟熏三文鱼三明治——它们看起来美味极了——但告诉我，科尔斯夫人，你一定有一些联想，一些关于我的游戏的特别记忆。

科 尔 斯：温尼科特医生，你还记得你写了一首关于我的车的歌吗？配上《窈窕淑女》（*My Fair Lady*）的曲调？

温尼科特：天啊，我记得，科尔斯夫人。我曾经写过词、编过曲，写过各种各样的小诗、俏皮话，甚至画过画。是的，这些不是伟大的艺术作品，但它们很好玩。在这些时刻，一个人可以让无意识跳出来，不用害怕指责，也不需要修改编辑。我想这是游戏的一个重要部分。

卡　　尔：我明白了。

科 尔 斯：温尼科特医生，还需要别的什么吗？

温尼科特：不了，科尔斯夫人，你自己也吃个三明治吧。

科 尔 斯：我晚点再吃，谢谢，温尼科特医生。

［科尔斯夫人再次离开。］

温尼科特：这烟熏三文鱼很好吃。即使死人也会胃口大开。

卡　　尔：知道这个真让人欣慰！

# 9

# 咨询室的白热化

**温尼科特**：看看，我一直在漫无边际地闲扯。即便如此，我觉得我们已经谈了很多了。这些是你想从我这里了解到的吗？因为我真的很希望能帮上忙，真的。

**卡　　尔**：这一切都非常有帮助。感谢您！我希望学生们可以把我们的谈话当作"地图"，以此引导他们穿过不断扩大的温尼科特学派"丛林"。

**温尼科特**：哦，很好。但你看，我们还剩一些磁带，我看得出来。让这些磁带发挥恰当的用途吧。你觉得人们还想知道什么呢?

卡　　尔:这时候我几乎不敢冒昧地询问您关于您的技术的理论,以及心理治疗和精神分析实践的理论的问题。这将把我们带入一个非常深刻的领域,我认为这是无法用简短的谈话来概括的。但也许……

温尼科特:关于它的一些总体思路?

卡　　尔:是的,一些总体思路也将让我们非常受用。

温尼科特:乐意效劳。

卡　　尔:您已经说过,临床相遇具有产生"白热化"的能力。想必心理治疗师和患者都有可能变得非常焦虑,非常卷入,非常亲密,非常困惑……

温尼科特:是的,没错。这就是我们做的事情。我们创造了一个空间,在这个空间里可以释放大量强有力的情感。因此,我们需要一种技术。弗洛伊德知道这一点。我们需要一种技术,能给我们提供一个抱持性环境、一个框架和一张路线图。

卡　　尔:是的,如果更多地了解您的地图,我们都会受益匪浅。

温尼科特:现在,让我们考虑一下技术。首先要说的是,尤其是现在我已经去世了,但作为精神分析师或心理治疗师一定不能死。我不是在开玩笑,你懂的。我也不是在闹着玩。我是认真的。如果我们能保持警觉、清醒、活着——而不是死去——我们就已经为病人做了一件非常重要的事情。如果我在某些病人那里死去,将不会产生任何帮助,这也会让我非常痛苦。

卡　　尔:我们的很多病人都经历过依恋的破碎、痛苦的抛弃、丧亲之痛、失调……

温尼科特:是的,我们的很多病人每天都会经历小的死亡,甚至大的死亡。我们必须向自己保证我们不会死。通过不死……嗯……分析师的幸存行为本身就具有治疗作用。所以,首先,我们不应该死去。

卡　　尔:心理治疗师什么时候应该停止工作以降低他在病人那里死亡的可

能性？

**温尼科特**：你知道吗？我 72 岁左右的时候——是的，一定是 72 岁左右——一位来自精神分析研究所的出色的年轻分析师来看我。我想她可能是负责审查候选人的培训委员会的成员，她听说——你明白，她说得很对——我向一个潜在受训者提供了一个分析的名额。她和委员会的其他成员认为，我年纪太大了，不能在这个时候开始对候选人进行新的、可能非常长期的分析，尤其是不久前我在纽约突发了严重的心脏病。当然，她是对的。委员会成员是对的。这确实是我全能感的部分——我认为我可以开始一段可能长达 10 年的分析。因此我们为受训者做了另外的安排。

**卡　　尔**：我从拜访您的那位女士那儿听说过这个故事——伊莎贝尔·孟席斯·莱思（Isabel Menzies Lyth）。您去世后，她成了牛津著名的精神分析学家和作家。

**温尼科特**：伊莎贝尔·孟席斯。我记得她。虽然我认识她的时候她还没结婚。但重点是……我们必须记住我们会死这件事。所以，在回答你关于分析师应该何时停止工作的问题时，我承认我不知道答案。当然，许多临床医生会工作到七八十岁，但也许他们不应该在这个年龄开启任何新的分析。

**卡　　尔**：我认识一些上了年纪的同事，他们利用七八十岁的时间来提供督导和咨询、有时限的治疗，并且为多年前开始的长期分析收尾。这听起来是一种合理的方式吗？

**温尼科特**：哦，非常合理。我们一定要设法在死前退休。哎，但我没能做到。还有几个人在接受我的治疗——不是很多——我想我只有一个真正长程的病人，但是，我想，这个人可以处理好我的死亡。

**卡　　尔**：那么临床工作者还必须做什么，或者临床工作者在咨询室里应该怎么做？

**温尼科特**：嗯，我记得我在什么地方写过不死亡、不入睡以及诸如此类的重要性。这与我的观点有关,那就是可靠性(reliability)的关键作用。最重要的是,一个人必须可靠。你看,可靠性能降低我所说的"冲击"的影响。

卡　　尔:如果我没记错的话,您曾经把心理治疗的本质定义为可靠性与依赖性的结合。

温尼科特:这绝对是它的核心,可靠性与依赖性的结合。

卡　　尔:我认为通过这种方式,您强调了婴儿期的新生儿和接受心理治疗的来访者或病人的一个重要的相似之处。

温尼科特:哦,那你确实是有仔细思考的。你看,婴儿一开始是双重依赖的。但病人和被分析者也是如此。"来访者"这个词在我们那个年代并不常用,但我明白你的意思。总之,这些人——我们的这些病人——是非常依赖的。他们觉得,没有我们他们就无法行使功能。他们被梦、幻想和焦虑所折磨。尽管他们肯定不是婴儿——至少从具体的时间意义上来说不是——但他们确实有婴儿般的焦虑,这使他们依赖于我们。因此,这就是一个很好的理由——为什么我们必须通过提供可靠的照顾来满足需求。

卡　　尔:您所说的在某种程度上可能是相当明显的,但这也是真正的基础。

温尼科特:如果医生说病人需要氧气才能生存,那就显得太愚蠢了。这是人人都知道的事情。但是,这又是完全正确的。所以我们需要从最基本的开始:不要死,要可靠。这些都是基础,不仅是好的临床工作的基础,而且是好的父母养育的基础,随你怎么说。

卡　　尔:那么,根据您的发展性概念"原初母性贯注"推断,您是否同意心理治疗师或精神分析师需要为患者提供"原初分析性贯注(Primary Analytical Preoccupation)"呢?

温尼科特:我完全同意。对于一个新病人,我们真的全身心地投入治疗过程。我们花很多时间去思考这个人,回顾治疗笔记,回忆家族史,等等。我们照顾病人就像母亲照顾新生儿一样。经过长时间的工作

# 9 咨询室的白热化

后，我们就不再需要以这样的方式去思考病人。病人已经变得更独立，不那么双重依赖。也许病人可以在没有我们帮助的情况下分析自己的梦。但新病人通常无法做到这一点，所以他们需要我们的持续关注。原初分析性贯注……我很喜欢这种说法。

卡　　尔：是的，这是您的原话，温尼科特医生。

温尼科特：是的，是的。请再吃一个烟熏三文鱼三明治。我就知道我只吃一个是不够的。

卡　　尔：所以，我们在病人面前作为一个不太可能会死或睡着，同时很可靠的临床工作者，然后呢？

温尼科特：然后需要一个设置——非常可靠、可供依赖的设置。精神分析不能在圣詹姆斯公园进行，尽管我们在炎炎夏日都忍不住想在户外工作！但治疗必须在安静的私人办公室里进行，而且必须以专业的方式进行。你知道我总是穿西装去上班，不管什么天气。我绝不会只穿衬衣或者不打领带去和病人见面。

卡　　尔：我的穿着和您一模一样。

温尼科特：在我那个年代，任何专业人士随意着装这种事情是无法想象的，无论是心理健康专业人士还是开店的商人。但是自从披头士乐队之后，好吧……一切都变了，世界变得更加不拘一格。但作为临床从业者，我们不能随随便便。这并不意味着我们要墨守成规。我们是亲密的对话者，所以我们不能墨守成规。但我们还是可以保持专业。我们必须同时既正式又亲密——我认为这是一种非常特殊的艺术形式。

卡　　尔：除了西装和领带，还有其他专业设置特征吗？

温尼科特：我喜欢用躺椅。不总是用，你知道的……但经常用。我认为躺椅带给了我们一些非常惊人的东西，一些甚至连弗洛伊德都没有意识到的东西。它允许病人躺下、休息、说话，而且同时不被注视。它当然给了我们所有这些。这点我们是知道的。但躺椅也是母亲的身体。躺椅一端的靠枕，嗯，那是乳头。通过躺椅，我们提供了一种象征性母乳喂养体验的非常原始的满足。这是我从一些最为退行的病人那里了解到的。

卡　　　尔：有了这种设置，就可以提供传统的心理治疗或精神分析。

温尼科特：在大多数情况下，这是对的。你知道，我接受的是传统训练。我的两位分析师，斯特雷奇先生和里维埃夫人，都曾是弗洛伊德的病人。所以我的技术是非常经典的弗洛伊德式的——我的灵魂也是非常经典的弗洛伊德式的——尽管我的一些同行可能不相信。但这是真的。

卡　　　尔：哦，我相信您。我和您以前的很多病人交流过，他们中有不少人笃定地告诉我您践行的是经典精神分析。一位女士告诉我，您总是准时开门，让她在躺椅上自由联想，您还时不时对她的材料进行诠释。她把您描绘成一名非常非常经典的精神分析师。

温尼科特：我是，或者说，我曾经是。但这是为更健康、更神经症性的病人所做的。他们可以忍受每周1次50分钟，甚至每周5次的经典安排。但是更严重的病人无法做到这一点。他们在完全经典的工作框架下会发疯，或者他们可能会发疯。

卡　　　尔：我想我们已经谈到了，您最狂热的批判者认为关于您的技术最具争议的话题，也就是您对更加退行的病人的治疗。您能告诉我们，您在治疗心理更加脆弱的病人时做了哪些改进吗？

温尼科特：它是根据病人的需要发展起来的。他们想要什么，他们需要什么。在很长一段时间里。你看，我们必须记住我是一个医院的医生，我治疗过成千上万的病人。我的精神分析同行告诉我，一个人需要的只是一张躺椅和移情诠释等，这一切都很好。我有一些病人一连几周拒绝进食，濒临死亡；有些病人想要和小孩发生性关系；有些病人得了精神分裂症，每天都威胁说要自杀，等等……你明白我的意思吗？他们中的一些人能适应弗洛伊德式的结构，但他们中的很多人不能。有时他们会爆发如此强烈的愤怒，以至于无法在50分钟内保持井然有序。

卡　　尔：所以您开创了其他与病人工作的方式。您能告诉我们您做了什么吗？

温尼科特：好的，我对这些人进行精神分析，但不是以古板的方式进行。我给你讲个故事。我有一个病人——一位女士——她有着强健的体魄。事实上，我最好不要说太多，但我简单地说一下，她所从事的职业使她可以完全控制自己的身体，以一种专业运动员的方式。她能用自己的身体做我们做不到的事。总之，有一天在分析中，当这位女士躺在躺椅上时，她翻了个跟头。信不信由你，她真的从躺椅上向后翻了个跟头，然后落在了我的腿上，因为我就坐在她身后的椅子上。

卡　　尔：真是难以置信。无法想象有谁能如此敏捷，或如此渴望去做这样的事情。

温尼科特：我也不敢相信，但这就是我想说的。如果你见的病人很多，就会遇到一些不符合常规的人。

卡　　尔：然后您做了什么呢？

温尼科特：我就以精神分析师的方式去应对。我知道，如果她一直坐在我的腿上，她可能会担心我有生理反应，尽管这并不是一个性欲化的情景。所以我向她解释说，我要站起来。然后我慢慢地站了起来，结果她轻轻地顺着我的腿滑到了地板上。

卡　　尔：天哪。

温尼科特：然后我叫她站起来，因为很显然，她不会再回到躺椅上了。然后她开始在房间里来回踱步，我也跟着踱步。我把手放在她的肩膀上，因为我感觉到她想要和我有一些接触，但我已经将她从我的腿上弄了下来。所以，我把手放在她的肩膀上——嗯，我觉得这是一种很好的方式，既能保持身体上的连接，又不会让它变成一种性欲化的连接，也不会因为她的象征性身体接触的愿望被拒绝，而让她感到羞愧。于是我们在咨询室里踱来踱去，我请她做自由联想，告诉我在翻跟头之前她在想什么。

卡　　尔：真是太有意思了。

温尼科特：所以通过这种方式，我们可以试着去理解症状的意义，以及试着去理解行为。

卡　　尔：这是一种不太常发生的情况。

温尼科特：嗯，迈克尔·巴林特（Michael Balint）……你认识巴林特，对吧？

卡　　尔：我从未当面见过他。当然，我知道他的作品。但我有幸采访了他的第三任妻子，伊妮德·巴林特（Enid Balint）。

温尼科特：她是我的一位同行……也是我的病人。

卡　　尔：是的，这件事广为人知。

温尼科特：总之，迈克尔·巴林特的一个病人在房间里翻了个侧手翻。

卡　　尔：我记得那个故事。但我曾听到批评人士说，思想越独立的分析师——像您和巴林特这样的人——必定会以某种方式做一些无意识的具有煽动性的事——你们"未涵容"的部分——正是你们起初就诱发了这种看似不寻常的行为。

温尼科特：这是一种可能性。一个有点疯狂的分析师当然也能让病人有点疯狂。但是，想到这种情况可能发生在一个有点理智的分析师身上，可能会更令人恐惧。你必须明白，我们在这里面对的很可能是病人的退行、病人安全的感觉，这让她可以向我们展示她的疯狂。非常僵硬、非常理智的分析师实际上会让病人感到害怕，因此病人不能做一个"真自体"病人。

卡　　尔：我知道您治疗过很多很多已经做过分析的人。

温尼科特：我一直是人们来求助的最后一位分析师，尤其是在20世纪50—60年代。人们在做了2段、3段甚至4段分析之后来找我，而且通常是与我的英国精神分析学会的同行们所做的失败的分析。但这些病人没有感觉到被看到,或被理解,诸如此类。他们必须假装自己神志清醒。他们并没有得到满意的体验,尽管他们的分析师认为他们得到了满意的体验。只有在和我一起工作的时候,这些病人才感觉到他们可以真正地展现真实的自体。

卡　　尔：我知道您和一个病人坐在咨询室的地毯上,然后一起听广播。真的是这样吗?您还喂病人喝汤?大多数分析师和治疗师面对这样的想法恐怕只会畏缩不前。

温尼科特：为什么呢?他们为什么畏缩呢?当然,我们的边界很重要;当然,我们必须坚持我们的专业任务,坚持我们典型的工作方式。但一想到和病人一起听广播就畏缩的分析师,很可能在医院的工作时间不长。梅兰妮·克莱因从来没有在医院工作过,我们必须记住这一点。从来没有。大多数病人只要从他们的全科医生那里得到处方就行了,这是一种非常有条理、非常专业的业务。但如果病人中了枪,血流不止,内脏破裂,那么简单的一张处方绝对是不够的。医生必须使用其他手段。医生的双手可能沾满鲜血。你明白我在说什么吗?

卡　　尔：是的,温尼科特医生。您提出了一个非常令人信服的论点,不同的病人有不同程度的需求,无论是生理上的还是心理上的。

温尼科特：或者两者都有。

卡　　尔：一些心理治疗师和精神分析学家认为,病人随时随地都可以听广播,但这50分钟的时间需要被用于非常特殊的目的:倾听、谈话和理解。

温尼科特：是的,但那些分析师没见过我的特别的病人。那个病人——和我一起听广播的那个病人——需要我坐下来,保持安静,并提供一种一起听广播的普通体验——这是那个病人在成长过程中从未有过的体验。

卡　　尔：那么,用弗洛伊德的弟子弗朗茨·亚历山大(Franz Alexander)

的话来说，精神分析是一种"矫正性情感体验（corrective emotional experience）"吗？

**温尼科特：** 当然。精神分析和养育不一样。但在很多方面，它很像养育。

**卡　　尔：** 我知道，在多个场合，您把自己描述为一位"研究型"分析师，涉及精神分裂症案例和其他严重的心理脆弱的表现。您能不能……

**温尼科特：** 解释一下吗？好的，当然可以。你看，我们对神经症患者了解很多，但对精神病患者了解甚少。因此，我们必须做研究。我们必须在临床实践中进行初步研究，以找出如何治疗这些患者、如何构建设置，以及所有这些的方法。因为，事实上，我们根本不了解。不像我们对神经症患者那样有把握。如果我们不做研究，我们就永远不会知道。

**卡　　尔：** 那么，您会把您的技术实验——长时间的治疗小节、喂汤、听广播等——视为临床研究的一部分吗？

**温尼科特：** 我的一些同行认为精神分析始于 1895 年，终于 1939 年弗洛伊德的逝世。有了躺椅，有了自由联想，有了诠释，我们就有了我们需要了解的一切。但医学会止步于希波克拉底（Hippocrates）吗？科学会结束于艾萨克·牛顿爵士（Sir Isaac Newton）吗？我不这么认为。我们必须继续探索，持续研究。有时，对更普通的神经症患者，我们可以进行标准的分析，但对于更严重的病人，我们必须成为研究型分析师，弄清楚什么有效，什么无效。

**卡　　尔：** 是的。我猜想，自 1971 年您去世后，您作为一名分析师——作为一名研究型分析师——的声誉受到了很大的影响，尤其是因为您曾经的病人马苏德·汗的遭遇，您和他有一段有点非传统的关系。您觉得我们可以讨论一下吗？

**温尼科特：** 马苏德怎么了？

**卡　　尔：** 在您去世后，汗先生的病情严重恶化——在 20 世纪 70 年代相当严重，在20世纪80年代更是如此。他变得极度抑郁，严重酗酒，经常在公共场合和女友打架，也和同事打架。有传言说他与一名病人有婚外情——实际上是精神分析研究所的一名受训者的配偶——还有很多很多。他的病人发现他处于各种失代偿状态，一名被分析者去做分析时，甚至发现汗先生趴在地板上，痛苦地打滚，因为他的妻子——芭蕾舞演员斯维拉特娜·贝丽索娃（Svetlana Beriosova）刚刚袭击了他。

**温尼科特：** 这让我心碎……真的。

**卡　　尔：** 也许最令人担忧的是，就在他去世之前，他出版了一本书，这本书立刻变得声名狼藉，在书中他发表了一长串令人震惊的反犹太言论。

**温尼科特：** 他接受任何治疗了吗？或者任何帮助？

**卡　　尔：** 我知道安娜·弗洛伊德试图帮助他，他的私人医生也试图帮助他，还有他的一些朋友。但似乎没有人能阻止病情恶化——致命的癌症加剧了病情恶化，最终在1989年夺去了他的生命。当然，因为马苏德·汗经常说您是他的分析师，经常写关于您的文章，还编辑了您的许多书，等等，所以人人都把您和汗联系在一起。所有人都知道您督导过他，接着您也分析过他。而且，每个人都知道在分析期间——当然也包括分析之后——您和他合作了很多出版项目。换句话说，您和他有一种分析之外的关系，因此，你们的关系模糊不清，有些人可能会怀疑你们关系的目的性。所有这些都引起了私下谣言和公开断言说您对他的分析失败了。

**温尼科特：** 我了解了。我不能说太多，因为马苏德·汗是我的病人。但是，我想我之前提到过，他的第一位分析师夏普女士在治疗过程中去世了，几年后，他的第二位分析师里克曼医生也在治疗过程中去世了，在这之后他才来找我做分析。这两位培训分析师在几年之内相继在与马苏德工作的中途死去，这对他来说是毁灭性的打击。

所以，我告诉他，我不能在与他的工作中死去，这很重要。我做到了。我们顺利结束了我们的工作，那时我还没有死。他变好了很多，而且非常有创造力。

卡　　尔：我有幸读过汗未出版的著作——他的日记——在其中一篇日记中，他写到，您和他的工作帮助他克服了灾难性的客体丧失感。

温尼科特：我也这么想。

卡　　尔：但在您去世后，他的病情逐渐恶化。至于这种恶化在多大程度上可归因于您的死亡，这仍然是一个历史传记和临床猜想的问题，尽管那时您早就结束了和他的分析。人们担心他已经病态地依赖您，任何积极的改变都没有内化。

温尼科特：我承认这是个悲剧。如果我还活着，我会做点什么来阻止这一切，我知道，马苏德也会来找我，试着去阻止这一切。但听到他晚年的遭遇，我深感遗憾。真是浪费了一个伟大的头脑。他有一个真正伟大的头脑。他比任何人都更了解弗洛伊德，也许除了弗洛伊德女士，他在论文中创造性地运用了弗洛伊德的观点。他写了一些非常非常敏锐的论文。

卡　　尔：这是一个可怕的悖论。他是如此才华横溢……又是如此具有破坏性……毫无疑问，他也非常痛苦。

温尼科特：确实。

卡　　尔：当然，汗先生的行为让他毕生都在从事精神分析的同行们在很长一段时间内陷入了这样的困境：他们不断听到关于他的不专业行为的故事，但他们也知道，他为了英国精神分析学会而孜孜不倦地工作。珀尔·金曾告诉我，如果不是马苏德·汗的失眠症，英国精神分析学会的行政基础设施早就崩溃了，因为马苏德·汗很多晚上都熬夜，做那么多的文书工作、图书馆工作、委员会工作，等等。但最终——尤其是在他的反犹太的书出版后，他在书中以令人震惊的残忍方式攻击病人——道德委员会将他从会员名册中

9 咨询室的白热化  173

除名。而且，虽然这么说我也很难受，不少资深精神分析师认为您应该对此负责，并利用马苏德·汗的丑闻抹黑您的全部著作。

**温尼科特：** 哦，天呐。好吧，把这些事说出来总比保密好。我非常喜欢马苏德。我们是同事，也是朋友，我们密切地共事过。是的，他曾是我的病人。他来找我的时候已经是一个合格的精神分析师了，可以说他想要的是一种进修分析——一个补充——在此之前他已经做过 2 段分析了。我们一起完成了很好的分析工作。我想，如果我们假设精神分析能自动让一个人在以后的生活中都免于崩溃，那我们就陷入全能感了。分析做不到这一点，也不会做到。分析可以帮助降低崩溃的可能性——在很大程度上，但它无法控制一个人生活的方方面面，无论分析师有多优秀。

**卡　　尔：** 当然，即使一个人有过一段成功的分析经历，他在以后的生活中仍然可能会经历创伤，如果创伤足够严重，就会压倒自我结构。

**温尼科特：** 我认为这是完全正确的。但幸运的是，至少在我的经验中，大多数人通过深度内化的方式确实成长了。

**卡　　尔：** 当然，我记得在您 50 年的行医生涯中，诊治过大约 2 万名病人，以及数万名儿童病人的父母……

**温尼科特：** 实际上刚过 50 年。

**卡　　尔：** 当然。您治疗过的大多数病人都好转了，通常都好多了……并且维持得很好！我知道这一点，是因为我见过大约 100 位您以前的病人，几乎所有人都对您的临床能力赞不绝口。

**温尼科特：** 很高兴知道这一点。

**卡　　尔：** 在您去世后，您的妻子温尼科特夫人收到了许多病人的来信，他们对您赞不绝口，说没有人能像您那样理解他们、帮助他们。

**温尼科特：** 很欣慰能知道这些。

**卡　　尔：** 所以马苏德·汗的丑闻让一些人非常警惕。有件事也许需要让您知道，自从您去世后，有不少精神分析界的人写文章指责您和汗的崩溃有关，指责您参与了掩饰——或者，至少是睁一只眼闭一只眼。在过去的几十年里，心理健康行业的道德标准变得非常非常严格，现在人们确实非常非常认真地对待这些问题。如果病人遭受了任何形式的虐待，他们都有非常明确的方法来投诉临床从业者。

温尼科特：我明白了。但是，有关马苏德到底发生了什么，我无法给出一个完整的解释。部分原因是我确实不知道。如果一个病人在成功化疗 10 年后患了癌症，我们能让之前的肿瘤医生承担责任吗？这是一个医学伦理问题。但我要说的是：我从来没有睁一只眼闭一只眼。我知道马苏德的困难——至少那些在我有生之年出现的困难！我一直和他见面，试图解决这些困难。如果他不做分析，他的情况可能会更糟，你知道吗？

卡　　尔：嗯，当某些精神分析师听到汗先生的遭遇后，他们随后开始审视您其他背离——或发展——经典精神分析技术的做法，这让很多人感到不安……事实上，非常不安。

温尼科特：我从来没有妄称这些对精神分析技术的背离或发展应该成为黄金标准。

卡　　尔：我明白。但许多人都抓住这样一个事实不放：对于一些极度脆弱的人，您经常会与他们进行 2 小时的会谈，而不是 50 分钟。这一认识让某些同行感到焦虑，因为每节会谈 50 分钟的规矩已经变得神圣不可侵犯。

温尼科特：但如果一位外科医生开始做心脏手术，他不会在 50 分钟后就停止手术。"哦，很抱歉，史密斯先生，但我们的时间到了，我们必须等到明天，下一节治疗再进行缝合。"不会这样。只有手术完成了，外科医生才会停下来。我发现，当我过快结束治疗时，我的病人会变得难以忍受地发狂。但我只为非常失控的病人延长会谈时间。有时，我也会为远道而来的心智健全的同行这样做。

卡　　尔：嗯，我研究了您从 1949 年到 1971 年的预约记录，我可以确定您确实是按照传统的精神分析会谈时长与大多数病人工作的，而且在大多数情况下，您都是整点开始会谈的。但我确实看到了一些记录，您（或科尔斯夫人）会留出 2 小时的时间——经常是在周末，以便见那些更脆弱的病人。

温尼科特：没错。完全正确。但我知道这可能非常复杂，也很容易被误解。

卡　　尔：我希望有一天，有人能经过仔细研究后写一本关于您的真实临床实践的书，因为我认为仔细审视您真正做了什么，人们谣传您做了什么，等等，将非常有启发性，我们都可以从中学到很多东西。

温尼科特：真是个好主意。你会这么做吗？

卡　　尔：嗯，我还在努力为您写一本更全面的传记。如您所知，我写了一本关于您的简短传记，作为 1996 年庆祝您百年诞辰的一部分，但我还在撰写一本长得多的传记。在即将出版的这本书中，我会尝试讨论其中的一些问题。

温尼科特：哦，好。我认为我们需要对马苏德的情况进行更全面的背景分析。但我真希望能见到他，我们能和他谈谈。因为我怀疑他身上发生了很多我们不知道的事，或许这些事能为他生命的最后篇章提供线索。

卡　　尔：在您去世后不久，一位非常聪明、非常有思想的人——克里斯托弗·波拉斯（Christopher Bollas）博士来到伦敦接受精神分析师培训，在很长一段时间里，他一直充满热情地学习和研究您的著作。他甚至帮助温尼科特夫人编辑了您的一些作品准备出版。总之，波拉斯博士最近与人合著了一本名为《在坠落之前接住他们：关于崩溃的精神分析》（*Catch Them Before They Fall: The Psychoanalysis of Breakdown*）的书，在书中他描述了他如何——极其偶然地——为极度痛苦的脆弱患者提供密集的、长达数小时的治疗。在漫长的职业生涯中，他一直等到自己年事已高、受人敬仰时才开始写这方面的文章，因为他担心会偏离——或者我应该说扩展——经典技术。

**温尼科特**：我想读读那本书。

**卡　　尔**：我认为，不管出于什么原因，很多人仍然对超出经典的弗洛伊德参数感到恐惧或焦虑。我知道我会。我每次只工作 50 分钟，这能给双方都带来极大的安慰——对来访者和临床工作者而言都是。

**温尼科特**：是的，当我们进入无意识的浑浊水域时，弗洛伊德给了我们慰藉。他为我们提供了路标，否则我们会在海上迷路。每节会谈 50 分钟的绝妙之处在于，它可以在波涛汹涌的海面上充当浮标。我是以前皇家海军的身份这样说的，你懂的！

**卡　　尔**：还有您的技术发展，温尼科特医生……您对经典技术的扩展——无论是"按需"治疗，还是长时会谈，等等——所有这些创新都在临床从业者心中激起了钦佩，也激起了恐惧，还激发了真正的研究好奇心。

**温尼科特**：我非常理解。还要来点茶吗？

**卡　　尔**：谢谢，不过不用了。

**温尼科特**：在这最后的讨论中，我们当然需要烟熏三文鱼三明治来为我们提神醒脑。我们的绅士茶会成了爽快直言的谈话。

**卡　　尔**：我希望您不要……

**温尼科特**：介意？

**卡　　尔**：是的。

**温尼科特**：当然不会，你有必要将这些问题提出来。显然，1971 年以来发生了很多事，我需要了解这一切。现代读者也需要知道，这样他们才能决定是否要为我费心。人们可能会认为有一座弗洛伊德学派的英灵殿，我们都位列其中，坐看一切的发生，但我可以告诉你，不是这样的！发生的这一切都令我喜出望外。

**卡　　尔**：我明白了。温尼科特医生，一言以蔽之，尽管发生了马苏德·汗的"丑闻"——如果我可以用这个词的话——在精神分析电子出版数据库中,您的论文在所有精神分析学家中仍然是引用率最高的——甚至超过了弗洛伊德的论文。您关于过渡性客体的文章获得了比其他任何精神分析出版物都要高的"点击量",而且在过去几年里一直如此。

温尼科特：什么是"点击量"？

卡　　尔：嗯,自从您去世后,大多数人都用电脑写作——那是一种非常奇特的打字机……

温尼科特：也许科尔斯夫人会想要一台电脑。

卡　　尔：从这些访谈记录稿和复印件来看,我觉得她似乎更喜欢用打字机。

温尼科特：也许是这样。但听着,我不想因占用这里太久而不受欢迎。我们还有什么要谈的吗,还是就此打住？

卡　　尔：唔,我们按照严谨的时间顺序开启了访谈,尝试勾勒出您的生活史。但之后我们就沉浸在您的理论之中了。

温尼科特：我们是在哪里偏离了轨道？

卡　　尔：我注意到,在20世纪50年代期间,您出版了大量的书和文章,并且开始为发展心理学的一个非常重要的理论奠定基础。

温尼科特：然后我们就偏离了轨道。好吧,也许没有偏离。我们可能走得更深了。

卡　　尔：嗯,那我们可以接着聊那个时期的正式传记吗？20世纪50年代。

温尼科特：噢,好的,让我们接着谈。还要喝点什么吗？哦,对了,你说了"不"。我的记忆有时会有点模糊。我想我们都喝够了茶。但如果我们需要的话,还有。

# 10

# 一位精神分析大师

卡　　尔：那么，也许您可以接着讲您在20世纪50年代左右的故事了。
温尼科特：当然。1950年，我做了一个痛苦的决定：离开我的第一任妻子，并迎娶克莱尔。你知道，1949年1月，我第一次心脏病发作，后来又发作了几次。在这段时间里，我和爱丽丝越来越疏远。她觉得照顾我很困难。我之前一直是医生，而现在，你看，我变成了一个病人。更复杂的是，克莱尔爱我，我也爱她。战争年代，我在牛津工作，她也在牛津工作，我们对彼此越来越了解。所以我告诉爱丽丝,我们的婚姻必须结束。我直接告诉了她。

**卡　　尔:** 多么痛苦啊。

**温尼科特:** 确实非常痛苦,因为我仍然爱着爱丽丝。但我爱克莱尔的方式不同。所以我和爱丽丝离婚了——或者确切地说,我认为是她和我离婚了。但我们的婚姻结束了,这是最重要的,尽管直到最后我都和她保持着联系。我们互相写信,你懂的。我认为她在我们结婚后过着非常悲伤、非常孤独的生活。但如果我继续和她维持婚姻,我想我会死的。

**卡　　尔:** 您娶了克莱尔·布里顿,并搬进了新家。

**温尼科特:** 从经济角度来说,这是一个相当草率的决定,但我认为就快乐而言,它带来了巨大的回报。我在贝尔格莱维亚租了一栋大房子……事实上,就是我们现在所在的房子!你能意识到这真的不是精神分析师会住的那种地方。那时候,我是唯一一个住在伦敦这一带的精神分析师。但我想和克莱尔有一个全新的开始,所以我们就住进了这所坐落在大广场上的大房子里,离女王和白金汉宫不远。我们在这所房子里过着非常幸福的生活。我想我已经厌倦了在一个地方居住,又在另一个地方工作,厌倦了每天从汉普斯特德到伦敦西区的通勤。于是——不是一开始,而是最后——我把我的咨询室搬到了切斯特广场的这栋房子里,并一直住在这里。克莱尔和我的婚姻很美满。我们一起游戏。我们一起跳舞。这真的是一段美好的经历。

**卡　　尔:** 我真为你们俩高兴。新婚的幸福对您的工作有什么影响吗?

**温尼科特:** 哦,各方面都有影响。它让我成为游戏、创造力和健康的理论家,而不仅是疯狂、崩溃和痛苦的理论家。

**卡　　尔:** 多么深刻的洞见啊。

**温尼科特:** 是的,克莱尔带给我这一切……甚至更多。

**卡　　尔:** 您在专业领域变得越来越积极,不仅只享受了临床实践的严酷……

**温尼科特**：是的，我在这里私人执业——事实上，就在这个房间里。

**卡　　尔**：您也继续在帕丁顿格林儿童医院工作。

**温尼科特**：确实。

**卡　　尔**：而且您还承担了重要的领导角色。

**温尼科特**：确实如此。我担任了英国心理学会医学分会的主席，我们在周三晚开会，你知道，我们可以让医生和心理学家、弗洛伊德学派和荣格学派，所有人，都聚在一个房间里。医学分会最终解散了——我不知道为什么——但它确实是英国心理健康圈子中唯一一个人人都有发言权的地方。它不会假装成一个排外的社团。我常常认为我们的精神分析研究所——虽然我很喜欢它——是一个排外的社团，我们不太善于与外界交流。相比之下，英国心理学会医学分会允许所有人参与，这是非常特别的。

**卡　　尔**：您还深度参与了英国皇家医学会的工作。

**温尼科特**：是啊，这让我很吃惊。我和克莱尔结婚并搬到贝尔格莱维亚后不久，我就成了英国皇家医学会儿科分会的主席。这是一件很奇怪的事情，因为事实上，那时我在儿科领域处于一个尴尬的位置。我是一名儿科医生，但不是身体方面的儿科医生。我没有给感染的孩子开过药，也没有做过扁桃体切除术。不，我这个儿科医生实际上是心理学家，我处理的是心身问题，是精神崩溃，都是诸如此类的问题。但从本质上讲，从背景上讲，我是一名儿科医生，有些人认为让我当主席是个好主意。

**卡　　尔**：您主持了关于高新技术儿科问题的会议。

**温尼科特**：是的，虽然我钦佩和尊重它，但我并不总是了解它。然而我认为，对于英国儿科来说，有一位精神分析师处于如此显眼的位置上是非常重要的。这让儿科医生更认真地对待心理学，即使我对儿科医学方面最前沿的知识并不了解。

卡　　　尔：您确实在英国皇家医学会的儿科讨论中引入了一些重要的心理学话题。

温尼科特：我很高兴我安排了约翰·鲍尔比和詹姆斯·罗伯逊（James Robertson），还有他的妻子乔伊斯（Joyce），放映他们关于住院儿童的电影……我做了这些，你知道。

卡　　　尔：多么具有里程碑意义的电影啊！

温尼科特：想必你看过了。

卡　　　尔：是的，半个多世纪后，我们仍然在教学中使用那部电影！

温尼科特：听到这个消息我很高兴。你知道吗，在我那个年代，大多数医院都禁止家长探视。当然不是格林儿童医院，我们非常注重心理因素，我们允许家长探视。但是在20世纪20—30年代，在大多数地方……这很残酷，孩子们很痛苦。父母会被拒之门外，不允许见他们的孩子。鲍尔比的同事罗伯逊夫妇——我想詹姆斯·罗伯逊接受过社会工作者或类似领域的培训，我不确定——嗯，他们拿了一台相机，拍下了父母和住院的孩子告别的那一刻……以及……你知道发生了什么。孩子们都崩溃了。失去与父母的联结让他们深感痛苦。很深、很深的忧郁。你知道，孩子可能会有非常严重的忧郁症（melancholia）。罗伯逊夫妇将这些搬上荧幕。通过在英国皇家医学会放映这部电影，嗯……证据是无可争议的……从那一刻起，英国的儿科实践开始改变，医生让父母有更多的探视时间，甚至开始鼓励探视！

卡　　　尔：能参与其中您一定很自豪。

温尼科特：非常自豪。别忘了，1939年，鲍尔比、伊曼纽尔·米勒和我共同写了那封信，警告人们让儿童撤离会带来的心理风险。我们知道分离会摧毁灵魂，但没有人真正理解这一点。所以，早在罗伯逊夫妇拍摄那部电影之前，鲍尔比和我就已经开始重视这一点了。但这部电影让这一切变得更引人注目，更容易被看到，尽管许多人觉得观看这部电影很痛苦。

卡　　尔：所以，您曾在英国心理学会和英国皇家医学会担任重要职务。您还当过两届英国精神分析学会主席？

温尼科特：是的，第一届是从1956年到1959年，和约翰共事——约翰·鲍尔比在那段时间是副主席。第二届是从1965年到1968年。那是非常快乐的时光。如果没有乔伊斯，我不可能做到，尤其是大部分工作都涉及写信！她帮我写了所有的信，字都打得很漂亮，因此我可以和各种各样的人保持联系。你知道，当分析师去世时，主席必须给他的家人写封信，写讣告，等等。这确实涉及很多文书工作，很多会议的主持工作，我又不太擅长行政事务。但不知何故，结果还算不错。

卡　　尔：您在两届主席任期内完成了哪些事呢？

温尼科特：唔，这很难说，但有件事让我无比自豪，那就是我促使人们给弗洛伊德雕像镀上了青铜。奥斯卡·内蒙建造的弗洛伊德雕像。它一直放在他的工作室里，但我说服了所有分析师为我们捐款集资，这样我们就可以把它镀上青铜——事实证明，这是一项非常昂贵的工程——然后我们设法把它放在了一个底座上。我们在北伦敦瑞士小屋的图书馆旁为雕像举行了盛大的揭幕仪式。我为此感到非常自豪，我们终于可以真正坐在弗洛伊德的脚下了。我希望，仅凭这一点就能证明我对弗洛伊德的忠诚。

卡　　尔：尽管近年来它在贝尔斯奇公园的塔维斯托克中心外找到了新家，但这座雕像仍然骄傲地矗立在北伦敦。

温尼科特：只要它还能被使用，还能被喜爱。

卡　　尔：它非常受欢迎。

温尼科特：是的，20世纪50—60年代。发生了这么多事，我实在无法总结我的生活。很多病人，很多书，很多论文，很多会议，很多晚上和同事们在一起，很多晚上和克莱尔在一起。

卡　　　尔：在20世纪50—60年代，您成了一位真正多产的作家。

温尼科特：是的。你知道，我一直想写无数的书和论文，但我从来没能写像我想写的那么多。在某个时刻，我下了一个新年决心，我承诺我要更全身心地投入写作。我确实这样做了，但还是没有我希望的那么多。

卡　　　尔：但您出版了一本儿科教科书、两本小册子、三卷广播和其他面向公众的作品、两卷高水平的专业精神分析论文集、一卷面向普通心理健康专业人士的文章集，以及无数的章节、随笔、文章、综述，等等，这些都是在您还在世的时候出版的，在您1971年去世后不久又出版了两本书。

温尼科特：天啊，这太不可思议了！

卡　　　尔：在您去世后的20世纪70—90年代，这期间又有更多的书得到出版。

温尼科特：科尔斯夫人一定做了大量的打字工作，对吗？

卡　　　尔：是的，但您还有很多话想说。

温尼科特：我确实还有很多话要说，现在我还想说。所以很高兴有这个机会和你交流。一个人死了，并不意味着他的话就说完了！

卡　　　尔：对16世纪处决苏格兰女王（Queen of Scots）玛丽（Mary）的同时代记载称，在她被斩首后，她的嘴唇持续颤抖了整整1刻钟。

温尼科特：是的，太神奇了。恐怕我无法解释这一切的解剖学和生理学原理，但我知道，死人仍然需要说话。

卡　　　尔：您通过广播发声，声音响亮却又轻柔。您不仅成功地通过印刷物传播您的工作和思想，而且在职业生涯的大部分时间里，您还是一名广播员。

温尼科特：我知道，我们已经聊了一些我的广播工作。但你知道吗？我是最早出现在电视上的心理学家之一，可能也是第一个上电视的英国精神分析师！我不知道，但我想我很可能是！

卡　　　尔：您会觉得这令人害怕吗？

温尼科特：在很多方面都令人害怕，但在别的方面却很自然。以前几乎从来没有人这样做过。

卡　　尔：所以在这方面，您也是先驱。

温尼科特：我的一些同行确实对我投来了奇怪的目光，但那时，我已经成为一个资深前辈，他们会原谅我。而且我老了。人们不嫉妒老人，你知道，因为他们知道我们时日不多了！

卡　　尔：但人们会好奇，您在电视上露面会在同行中引发什么样的焦虑。多年来，精神分析一直是一个备受诋毁的领域，只有极少数人从事这一行。有人会认为，同行会感激您为此付出的努力——成为一名在心理议题上令人印象深刻的发言人。

温尼科特：是的，把精神分析带出格洛斯特广场，之后又带出新卡文迪什街，带入普通民众的家庭和心里，在这方面我的确做得比大多数人，也许比我的任何同行都要多。对此，我感到自豪。至于我的同行，我真的不知道他们对公众关系的焦虑的根源是什么。除非是出于原始的嫉羡，或者变得贪婪的愿望……你知道，精神分析师需要把精神分析憋在心里，就像那些胖乎乎的小孩将所有的糖果都藏起来一样！

卡　　尔：您是英国第一个真正意义上的媒体心理学家，因此是心理学思想的形象大使。

温尼科特：现在再在我们的谈话中假装谦虚已经太晚了。但你是对的。我确实是开拓者。我为此感到高兴。随着我们讨论的深入，我确实认为其他人是嫉羡的，他们用指责我淡化了精神分析来掩饰他们的嫉羡。

卡　　尔：我想我们都知道那些指责不是真的。毕竟，是谁的作品经受住了时间的考验？

温尼科特：我是第一个同意接受这种逝世后采访的精神分析师吗？

卡　　尔：是的，您是，温尼科特医生。

**温尼科特**：所以你还没让那些更保守、更向内的人复活，是吗？你邀请我来谈话，我很高兴。

**卡　　尔**：所以，这就是您，和病人一起工作，领导主要的全国性组织，广播……

**温尼科特**：还有教学。不要忘记我的教学事业。你知道，我曾经是最有激情的老师。我喜欢和学生一起工作。

**卡　　尔**：您在很多地方从教。

**温尼科特**：是的，在整个20世纪50—60年代，我有两项固定任务，在伦敦大学的教育学院教儿童发展的学生。自从苏珊·艾萨克斯在20世纪30年代邀请我加入以来，我就一直在做这件事。我还在伦敦政治经济学院教学，它过去是，我想现在仍然是伦敦大学的一部分。克莱尔也在那里教书。她在很长时间内都负责社会工作者培训。教育学院和伦敦政治经济学院每周都为我提供了定期的机会，来磨炼我的发展理论和技术。

**卡　　尔**：您在儿童发展和社会工作者领域的教学工作比精神分析领域的多。

**温尼科特**：是的，的确如此。我在教育学院和伦敦政治经济学院教学的次数远远多于在精神分析学院教学的次数。你知道，尽管我是英国精神分析学会的主席，他们却很少让我当老师——事实上，非常少。他们把教学传播得太广了，而且并不总是在最优秀的人中间。多年来，我只讲过一两次课，通常就不再讲了……

**卡　　尔**：这可能会让人感到意外，尤其是您是一位著名的精神分析师。人们会认为您会为未来的精神分析师做很多教学工作。

**温尼科特**：实际上，我做得很少，而且从来没有持续性的教学工作。但我有大量的受督者，因此我有相当大的影响力。所有的分析师都听我的广播，读我的论文。至少我是这么认为的。但无论如何，我说的话肯定是传开了。

**卡　　尔**：您有没有想过，如果您完全遵循每周5次的经典精神分析设置来工作,您的英国精神分析学会的同事们可能会在教学课程中更充分、更热情地"使用"您吗?

**温尼科特**:哦,毫无疑问,很多人都希望我像他们一样——你知道,治疗一个受训病人,接着治疗另一个受训病人,再接着治疗另一个受训病人;也许每隔1年在科学会议上做1次或2次演讲。当然,他们讨厌我四处走动、在广播上发声、给助产士讲课,以及做短程咨询。我的"按需"工作无疑在安娜·弗洛伊德和她的儿童分析小组中引起了一些质疑。

**卡　　尔**:因为您有时会给无法轻易参加每周5次的精神分析的孩子做咨询,比如住在伦敦郊外的"小猪猪"。

**温尼科特**:无法参加,也不需要参加一周5次的分析。你看,有些人觉得这种观念令人震惊,他们断言我的工作称不上真正的分析。

**卡　　尔**:在20世纪40—50年代,甚至到20世纪60年代,您的一些同行变得如此"一本正经"、如此严苛,这令人震惊。

**温尼科特**:是的。

**卡　　尔**:从历史的角度来看,"按需"治疗的观点,即根据孩子的需要提供心理工作,这似乎并不令人震惊。毕竟,弗洛伊德谈论过"部分分析(fractional analysis)"[有时被译为"断裂分析(fractured analysis)"],他当然也实践过。

**温尼科特**:我记得这个词,"部分分析"。

**卡　　尔**:当然,这指的是分析的一小部分,而不是标准的整体。

**温尼科特**:是的,欧内斯特·琼斯和我有时会讨论"部分分析"。如果弗洛伊德能提供每周少于6次的治疗,也许我也可以这样做。有时部分比总体之和重要,你觉得呢?

**卡　　尔**:当然,在发展和实践您的工作时,您得到了温尼科特夫人和科尔斯夫人的大力支持。

**温尼科特**:是的——我的两位夫人,如果你不介意我这样说的话。克莱尔照料我的身体和灵魂，乔伊斯照料我的工作。我想乔伊斯会说她也照料过我的身体。确实如此，当我生病，而克莱尔不得不在英国内政部工作时，乔伊斯会为我做饭。所以我很幸运能得到这两位非常忠诚、非常杰出的女性的照顾。确实非常幸运。

卡　　尔：但是在1968年，您的健康受到了很大影响。

温尼科特：我差点死了。事实上，我想我已经死了，或者我以为我已经死了。是的，我病得很重。

卡　　尔：您去了纽约。

温尼科特：没错。我收到了纽约精神分析协会（New York Psychoanalytic Society）的邀请，这是美国历史最悠久的精神分析团体。我也收到了其他组织的邀请，比如纽约的威廉姆·阿兰森·怀特（William Alanson White）研究所。他们也是分析师团体，但成立时间更为近代。总之，克莱尔和我在1968年11月初飞往纽约，我们都得了流感，病得非常重。那是一种相当致命的流感，和1918年的流感没什么不同，那时我还是一名医学生。我知道我们都可能会死。

卡　　尔：但您坚持了下来，把您的论文提交给了纽约精神分析协会，是吗？

温尼科特：哦，是的，那是一场盛会，所有男士都必须穿晚礼服，我觉得这有点不协调，因为当时所有的美国男孩都在越南打仗。这似乎很脱节。他们脱离了联结——与他们自己勇士般的部分的联结。他们非常冷淡地接待了我。尽管他们的举止像在绅士俱乐部一样，但他们却非常不绅士地接待了我。

卡　　尔：但他们邀请了您——英国精神分析学会的两届主席。他们想听您讲话。您在国际会议上认识了他们中的许多人，您很喜欢他们。他们也喜欢您。

温尼科特：嗯，那天晚上发生了三件事……1968年11月12日。你看，我记得那个日期。首先，我的演讲很糟糕——我觉得有点含糊，有点犹豫——因为我身体不舒服。我真的一点都不舒服。其次，我认为尽管他们中的许多人认识我、喜欢我，但相当多的人认为我听起来像一个英国克莱因学派的人——他们被教导要恨克莱因学派，因为他们与安娜·弗洛伊德学派对立。当然，安娜·弗洛伊德在纽约的分析师群体中占有一席之地。

卡　　尔：那第三件事呢？

温尼科特：嗯，我提交了一篇很新的论文，题为"客体的使用（The Use of an Object）"，我想这是我另一篇有争议的论文，虽然对我来说没有争议。

卡　　尔：您认为病人需要被允许将精神分析师作为一个用来满足需求等，以及在心理上存活下来的客体来使用。

温尼科特：这就是它的要点。病人使用精神分析师。病人释放了情感，也传达了一些关于他内心世界的非常深刻的东西，等等。但我觉得我把它说得太复杂、太神秘了。他们就是不明白。或者也许他们确实理解了，但是不喜欢它。毕竟，如果你是一名分析师，穿着一件晚礼服（或者像美国人所说的"无尾礼服"），那你就不能握着退行病人的手，或陪退行病人坐在地板上，这些病人想要使用你，甚至愤怒地想要把你撕成碎片……向你扔东西……诸如此类。

卡　　尔：我能感觉到潜在的混乱。

温尼科特：你一定记得，当时的美国精神分析非常忠于传统精神病学和传统医学。大多数分析师必须有医学博士学位，而在英国从来没有这样的要求。根据我的经验，美国人对他们的医师－分析师的身份非常自豪，因此，我认为他们不会喜欢被我描述为被"使用"的人。

卡　　尔：所以他们攻击了您？

温尼科特：他们鼓掌了，但只有零星的掌声。是的，他们做了一些理论上的评论，本质上是批评。后来，我转向听众中一位年轻的心理学家，低声说我现在明白美国人为什么要去越南了。

卡　　尔：您感觉遭到了轰炸。

温尼科特：我确实有这种感觉。我回到酒店房间，没过多久，我心脏病发作，差点死了。

卡　　尔：这是多么可怕的经历啊。而且离切斯特广场那么遥远。

温尼科特：克莱尔和我不得不在纽约待了 6 周左右。因为美国高昂的医药费，我们差点破产。他们没有国家医疗服务体系，你懂的。说真的，我几乎失去了一切，花费了很多很多钱。

卡　　尔：您一定想把账单寄给纽约精神分析协会。

温尼科特：我确实有过这样的想法。纽约精神分析协会的一些成员来看望了我——其中一些是认识我多年的保守派。他们是非常善良的人，非常亲近的人。其他人写信问候我。他们中的一人给我带来了一本书，让我躺在病床上读。但总的来说，还是挺可怕的。

卡　　尔：所以您是以一种非常虚弱的状态回到伦敦的。

温尼科特：是的，而且我很长一段时间都无法恢复工作。我是一点一点地重新开始工作的，但几个月后才恢复到全速前进的状态。我必须非常小心，原因很明显。但渐渐地，我又开始看病人、写作、教学。我以较慢的速度工作，把工作量减少了一点，但也只是少了一点点。1969 年和 1970 年是非常忙碌的 2 年，一切都筹备妥当之后，就迎来了 1970 年 10 月弗洛伊德雕像的揭幕。我知道我必须为此活下去。但在揭幕典礼上，我病得很厉害——在瑞士小屋举行的户外典礼，那天非常非常冷——我那时想我也许会死在那里。

卡　　尔：但您又活了三个半月。

温尼科特：是的，我死于 1971 年 1 月——我想是 1 月 25 日。即使在最好的状态下我也不擅长记日子，但对于死亡的那一天，我真的没有预料。

卡　　　尔：温尼克特太太告诉她的密友，比如科尔斯夫人，您死于1月25日，周一凌晨4点左右。

温尼科特：克莱尔知道。是她找到我的吗？

卡　　　尔：是的，她睡着了，很显然，当她半夜醒来时，她发现了您。

温尼科特：我很抱歉是她发现的我。但她是一个坚强的女人，她知道这是肯定会发生的。她不是傻子，我的死也不会让人感到意外。我们讨论过我即将到来的死亡……很多次。但我为她感到难过，因为，你看，我们之间有深厚的爱。如此伟大的爱。

卡　　　尔：您的盛大的葬礼在北伦敦戈尔德斯格林的火葬场举行，挤满了您的家人、朋友和同行，还有病人。人们谈论着您对世界的卓越贡献。我想您一定会喜欢的。

温尼科特：你出席了吗？

卡　　　尔：没有，我那时候还是个孩子。

温尼科特：哦，确实。

卡　　　尔：但我采访过很多很多参加过您的葬礼的人，他们都说那是对一个真正杰出的人的伟大致敬。

温尼科特：听你这么说真高兴。能有机会在这几小时里活过来，真是太美妙了。告诉我，葬礼上的音乐怎么样？

卡　　　尔：一位音乐会钢琴家弹了钢琴——一架专门为了这场葬礼而搬运到火葬场的大钢琴。

温尼科特：我们还没怎么聊过关于我在音乐方面的事。

卡　　　尔：在某种程度上，我一直认为音乐是您生活中最重要的方面之一——事实上，也是您工作中最重要的方面之一。

温尼科特：是的，但这可以作为我们改天再谈的话题。也许你可以再邀请我？

卡　　　尔：好呀，那真是太好了。

温尼科特：你对我的音乐方面了解多少？

卡　　　尔：我知道您钢琴弹得得心应手，而且您喜欢为别人演奏，经常在研讨会上表演，等等。

温尼科特：这些都没错。

卡　　　尔：我还知道您说话像个音乐家。您有音乐节奏。您说话有停顿，有休止，有韵律，有质感。您会调节您声音的力度变化。

温尼科特：我一直认为，我嗓音里的乐感对病人有一种治愈特性——就像母亲的声音可能成为婴儿的治愈客体一样。这种声音让婴儿知道妈妈就在那里，她还活着，注意着。我以这种方式来用我的声音对病人说话。

卡　　　尔：但也是为了自己的游戏，自己的快乐。

温尼科特：这是最重要的，是的，我是这么认为的。

卡　　　尔：和我说说吉尔伯特（Gilbert）与沙利文（Sullivan）吧。

温尼科特：你知道我喜欢吉尔伯特与沙利文吗？

卡　　　尔：是玛丽昂·米尔纳最先提醒我您对他们感兴趣的。

温尼科特：当然，人们没有意识到这一点，但吉尔伯特与沙利文是他们那个时代的披头士。他们非常受欢迎。好吧，这样说有点轻描淡写了。他们是时髦、文化、邪恶和聪明的缩影——实际上是一切的缩影。

卡　　　尔：今天，吉尔伯特与沙利文引起了人们极大的质疑。许多人觉得他们"矫情""做作"，甚至愚蠢。当然，许多人认为他们过时了。

温尼科特：多么可笑。他们是辛辣的社会评论家。他们有出色的临床观察力。我怀疑他们可能会成为非常优秀的分析师。他们极其聪明。

卡　　　尔：也许在我们的下次谈话中，我们可以多聊聊吉尔伯特与沙利文。

温尼科特：太好了，我很期待下次谈话，因为我觉得如果你不了解吉尔伯特与沙利文，就无法真正了解温尼科特。

卡　　　尔：您最后还有什么想说的吗，温尼科特医生？

温尼科特：我的人生始于卫斯理循道宗的传统——献身于服务事业。这种理念使我真正成为温尼科特家族的一员。我们都成了被使用的客体。

# 10 一位精神分析大师

这就是我们在家庭中所做的。不必说,我们并不完全是这样想的。但我们确实是被使用的客体。

**卡　　尔：** 而这种理念使您成为一名医生和一名精神分析师?

**温尼科特：** 并不是使我成为医生和分析师。而是坚持要我成为医生和分析师。所以我就这样做了。

**卡　　尔：** 您奉献了半个世纪——实际上,超过半个世纪——来照顾病人。

**温尼科特：** 你知道,我记得有一次我对一个病人说——这个病人的生活中充满了悲剧——我说,"我很抱歉你的生活必须如此艰难",或者类似的话。我无法带走所有的痛苦,但我能承认它是真实的。她没有指望我带走所有的痛苦。它就在那里,她知道。但她哭了,我想,她深受感动,因为我确认了痛苦是真实存在的。

**卡　　尔：** 我想,现在我们会说心理治疗师为来访者的经历提供确认(validation)或见证(witness)。

**温尼科特：** 正是如此。我确认了这位女士。我也深受触动。对我来说,治疗工作的艺术就是让两个人相遇,在一个房间里,在私下,并且被触动。以不同的方式被触动。分析师的体验与病人不同。但一定会发生一些打动人心的事。我试图研究让这一切发生的最佳方式。是的,我很抱歉有些人不得不过着如此痛苦的生活。

**卡　　尔：** 您为帮助人们做了那么多,陪伴他们走过充满痛苦的旅程。

**温尼科特：** 我想,我们并不是想要煽情。我认为我们都是坦诚的。我们提供服务,我们努力减少痛苦,或者至少让人们不再孤独地痛苦。这是与病人工作的本质。如果我们成功了——如果痛苦消失了——我们就有机会享受游戏和快乐。

**卡　　尔：** 在外界人士看来,我们的工作似乎很简单。两个人坐在一个小房间里,讨论,闲聊,倾听,点头。但它本质上是一种相遇,为了探索意义,为了理解,为了快乐,为了从痛苦中解脱。

**温尼科特：** 是的。确实如此。

卡　　　尔：在我受训期间，我有幸得到了一个可爱的人的督导——一个十分特别的人，他叫伯纳德·巴奈特（Bernard Barnett）博士。

温尼科特：哦，是的，他确实如此。

卡　　　尔：您去世的时候他还是一位很年轻的心理学家，后来他受训成为精神分析师。早在20世纪60年代初，他就听过您在一次会议上的演讲。他对您赞誉有加。

温尼科特：很遗憾，我没能活得久一点，来更好地了解他。

卡　　　尔：他说过一句很有趣的话。他将心理治疗描述为一种非常特殊的"重症监护（intensive care）"。

温尼科特：哦，我真的很喜欢这个表达。这完全符合我的想法。不过他形容得更好。"重症监护"。是的，这是原初母性贯注……用你的话来说，这是原初分析性灌注。分析师或治疗师将自己奉献给病人。这是一种密集型的特别照料。当我们日复一日、年复一年地陪着病人时，我们给予了他们密集的照料。无论我们是否治愈他们，我们都为他们提供着密集的照料。非常迷人的说法。

卡　　　尔：我们有段时间没见到科尔斯夫人了。

温尼科特：她一定还在忙着打字。她十分努力地为我工作。

卡　　　尔：感谢她今天出色的工作。也感谢她多年来所做的打字、编辑工作，以及对您的照顾。

温尼科特：没有乔伊斯·科尔斯，就没有唐纳德·温尼科特。

卡　　　尔：我该如何表达我对您的感谢呢？

温尼科特：不用，应该是我感谢你。也许我们还会再见面的。

卡　　　尔：我真心如此希望。再次感谢您，温尼科特医生。

温尼科特：我想这些录音会变成一本书吧？

卡　　　尔：您会同意吗？

温尼科特：我非常乐意再出版一本书，尽管我已经死了。那这本书叫什么名字呢？

卡　　　尔：我一直在想，不如叫"与温尼科特的茶会闲谈"。
温尼科特：我很喜欢这个名字。但现在，我不得不赶回去了，因为我还要见一个病人。
卡　　　尔：病人？
温尼科特：是的，死后依然有很多工作等着精神分析师和心理治疗师。
卡　　　尔：看来完全退休是不可能的呀。
温尼科特：绝无可能。好了，我现在必须和你握握手，然后面带微笑，离开你和亲爱的老切斯特广场了。死后仍然能活着是多么令人欣慰啊！

# 结　语

## 我是如何与温尼科特相识的

遗憾的是，我从未有机会与唐纳德·温尼科特医生本人相见。然而，我有幸在30多年的时间里极其细致地研究了他的生活和工作；我也因此从他的著作和教导中收益颇丰。

1996年，我写的第一本温尼科特传记出版了，这本书是基于对他的文集和私人信件的研究，以及对他的家人、朋友、同事和以前的病人的采访。自从完成了此书——很短的一本书，不到200页——我更广范地开展了研究工作，不仅多次阅读了温尼科特所有已发表的作品，而且阅读了他的手稿和打字稿等许多留存下来的草稿，其中包含他本人的手写注释。此外，在温尼科特信托基金会的许可下，我有幸研究了他的大量信件，包括成千上万页的印刷品。事实上，我可能是唯一一个痴迷于通读温尼科特未发表的全部信件的人——这些信件存放在大西洋两岸的档案库中——我不止1次，而是2次，有时甚至3次地反复精读。为了准备1996年出版的他的传记，我采访了大约200位与温尼科特相识的人；在那本书出版后，我又进一步采访了700多位与他相识的人。

尽管再下功夫的学术研究都无法取代直接与温尼科特相识的经历，但我相信，我已经对他的生活和工作有了足够丰富，希望也是准确的理解。当然，在研究了温尼科特全部未发表的信件——一部分在伦敦，一部分在纽约，一部分在世界各地的其他档案馆和私人收藏中——我想我已经吸收了温尼科特

与温尼科特的茶会闲谈：一场跨越时空的对话

的乐感，我指的是他本人讲话的韵律、节奏和措辞。我在温尼科特的世界里沉浸了几十年，就是为了在这次访谈中让他"复活"。

本书中的大部分对话都来自我在温尼科特未公开的私人信件中反复读到的真实段落或表达方式。另外一些段落来自我的采访材料。让我惊讶的是，许多受访者都能准确地引用他们多年前与温尼科特的谈话。当然，在考虑这些口述历史材料时，我们必须预估到随着时间的推移，当事人对这些事情进行详细阐述的可能性。但即便如此，温尼科特显然给他的同事和病人带来了巨大的影响，以至于他们中的许多人都可以随时回忆起与温尼科特进行的大量难以忘怀的对话，也就是说这些对话在他们的脑海中留存了几十年。一位受访者惊呼："我永远不会忘记唐纳德在那个场合对我说的那句恰如其分的话。他说……"

此外，我由衷地感到开心，能够在现实生活中认识乔伊斯·科尔斯夫人。在20世纪90年代初，我勇敢地尝试寻找科尔斯夫人，许多人都提到过她，因为我知道她是了解她的长期雇主的一个不可或缺的信息来源。但很多与温尼科特关系密切的人都认为科尔斯夫人已经过世了，因为他们已经有25年未与她联系过了。然而尽管有她去世的传闻，我却找不到科尔斯夫人的讣告，因此我抱有她可能还活着的希望。

碰巧的是，曾与唐纳德·温尼科特和安娜·弗洛伊德密切合作过的一位年纪很大的精神分析师伊尔米·埃尔肯女士告诉我，几年前，她和科尔斯夫人在同一次徒步旅行中偶遇了。埃尔肯女士想起她可能有科尔斯夫人的旧地址，于是她慷慨地翻出一本破旧的手写地址簿，果然找到了一个科尔斯夫人的电话号码。埃尔肯女士解释说，她已经有20多年没有拨过那个号码了，并提醒我这个号码也许不再使用了。我毫不犹豫地拨打了电话，电话那头传来一个微弱的声音。我尝试询问这是不是乔伊斯·科尔斯夫人的家，电话里的老妇人告诉我她就是我要找的那个女人。据说，她那时才经历了一场可怕的车祸，差点丧命；就在那天，她刚刚回到她在西伦敦的公寓！如果我在1周前或1个月前打电话，就不会有人接了，因为科尔斯夫人一个人住，也没有答录机。如果我得不到回复，我很可能会以为她已经死了，就像许多人告诉我的那样。

然而，尽管科尔斯夫人还很虚弱，她还是邀请我和她见面。当然，我提议推迟会面，因为我不想在她的康复期去打扰她。但她坚持要我在方便的时候尽早去。就在那个周末，一个周日的早晨，我去拜访了她，我本打算只待一会儿，和她简短地聊几句。但事实上，科尔斯夫人非常充分、非常细致地讲述了她和温尼科特在一起的时光，以至于我们聊了一整天的时间。此后，我又去拜访了她很多次。在此期间，乔伊斯给我讲述了她与温尼科特之间（从1948年9月到1971年1月）大量未公开的故事和逸事，以及她与克莱尔·温尼科特的关系，这种关系一直持续到1984年克莱尔去世。

随着我和科尔斯夫人的友谊逐渐加深，她委托我保管一份丰富且珍贵的档案，包括温尼科特的信件、论文、明信片、临床记录、病例报告索引卡、纪念品和其他材料，甚至还有温尼科特送给她的一整套手绘圣诞贺卡，我将其中一张用作我1996年出版的温尼科特传记的封面图片。

迄今为止，还没有其他学者有机会接触到这个温尼科特相关材料的宝库，我从乔伊斯和她收集的论文中学到的很多东西，都对《与温尼科特的茶会闲谈》这本书的内容和风格助益颇多。乔伊斯让温尼科特"重返人间"，而无论如何刻苦地钻研温尼科特的著述，也无法实现这一点。

鉴于我在科尔斯夫人生命的最后几年里与她的亲密关系，我情不自禁地想把她作为这个逝世后采访中的一个人物。她在温尼科特的生活中扮演了一个安静、端庄、谦逊又至关重要的角色，这掩盖了她性格中丰富多彩的活力。如果没有科尔斯夫人持续不断的保护和帮助——多次为温尼科特的每一篇文章和每一本书打字，接听几乎每一个电话，准备每一个病人的账单，等等——温尼科特可能就无法享受那种独特的促进性环境，这种环境使他能够充分发展他的发展心理学成果。

当然，我与温尼科特的"茶会闲谈"依然保留着我自己的构思，这份构思源于我数千小时对温尼科特的生活以及——我希望能触及——他的本质的研究。

那么,我为什么要邀请温尼科特参与这个逝世后的茶会闲谈呢?我想我这样做有两个特别的缘由。第一,我现在已经撰写或编辑了三本关于温尼科特生活和工作的各个方面的书,这些年来,我收到了许多出版商的邀请,要我写一本温尼科特的简短"学习指南"。迄今为止,我一直没有这样做,部分原因是相当多同行已经写过了。因此,我觉得再写一本"唐纳德·温尼科特于1896年出生在普利茅斯,他和孩子们相处得很好"之类的小书可能相当枯燥乏味。本着温尼科特主义的精神,我非常希望找到一种创造性的方式,以一种更有趣、更富有想象力的方式让温尼科特"复活"。真实的唐纳德·温尼科特热爱戏剧表演,他一生中经常观看戏剧、音乐剧、轻歌剧和音乐会。我希望,通过以一种简易剧本的形式来刻画这个采访,我能捕捉到温尼科特对戏剧性的热爱。我还认为,学生可能会喜欢对温尼科特的更"闲聊式"的介绍,而不是冗长乏味的阐述。很多温尼科特的入门读物都把他的工作放在首位,而忽略了温尼科特本人,这种令人遗憾的去语境化和去历史化使学生更难全面了解温尼科特。因为温尼科特写了如此多的书、专著、小册子、章节、随笔、文章、评论、讣告、短篇通讯和信件,所以需要花费非常长的时间才能理解他的全部贡献及经历。因此,我希望这本简短的"茶会闲谈"可以帮助学习者找到一个舒适的切入点,开启对温尼科特的研究。

我开始写这本书,不仅是为了帮助新手心理健康专业人士驾驭唐纳德·温尼科特的复杂性,还有第二个原因。自从1996年我的《唐纳德·伍兹·温尼科特:传记肖像》出版以来,我进行了更深入的研究,准备创作一部涉猎更广的温尼科特传记。可以想象,要掌握数量如此庞大的已出版作品、未发表信件、未发表档案材料和口述历史采访材料,需要大量的综合和组织工作。通过写这本《与温尼科特的茶会闲谈》,我向自己发起了一个挑战,看看我能否以一种令人满意的方式把温尼科特——无论是他本人还是他的作品——生动鲜活地呈现出来。因此,我写这部采访稿,在某种程度上是为了创作出温尼科特的生平发展轨迹,也想看看自己能否成功地找到温尼科特的

"声音"。本书中包含的温尼科特故事中未公开的宝藏只占未公开材料的不到百分之一,我希望这些未公开的材料将出现在我目前正在筹备的温尼科特最终传记里。我必须对读者表示感谢,感谢允许我利用这次奇特的采访来帮助我组织自己的想法,我相信,这些想法将在我以后的出版物中继续结出硕果。

我创作这本《与温尼科特的茶会闲谈》,主要不是为了已经执业的同行——尽管一些心理健康专业人士可能会发现这本书很有价值——而是为了学习者。如今,接触精神分析被证明是一个雷区,因为新手发现自己会淹没在弗洛伊德、荣格、克莱因、温尼科特、鲍尔比、比昂、马勒、埃里克森、拉康、米切尔等人的理念中。越来越多的精神分析理论——无论是经典精神分析、人际精神分析、关系精神分析、基于依恋的精神分析、当代精神分析、神经精神分析,等等——往往变得令人困惑,最终难以区分。学习者经常在理论的泥沼中挣扎,因为他们无法以一种更亲近的方式与我们这个领域的先辈接触。

希望《与温尼科特的茶会闲谈》这本书能为学习者提供一片小小的绿洲,帮助他们描绘出一幅足够清晰的唐纳德·温尼科特的画像——这幅画像本身就很有用,也可能激发进一步的研究。感谢读者愿意阅读这本书,以更有趣、更具戏剧性的方式,了解温尼科特和他的世界。

# 人物小传

为了方便那些对历史更感兴趣的读者,我对在本书的采访部分和结语中提及的所有人物都做了简要介绍。

**卡尔·亚伯拉罕(Karl Abraham,1877—1925)** 卡尔·亚伯拉罕是西格蒙德·弗洛伊德教授最亲近的弟子之一,德国精神分析运动的发起者。他那些引人入胜的临床论文,以及对理论领域的诸多贡献,尤其是他对性心理发展阶段及子阶段的详细论述,至今仍是许多当代心理学实践者的灵感来源。由于亚伯拉罕在年仅48岁时英年早逝,温尼科特从未见过他,但温尼科特可能认识亚伯拉罕的家庭成员,因为他们最终都移居伦敦。此外,温尼科特通过他的督导师梅兰妮·克莱因夫人汲取了亚伯拉罕的许多思想,克莱因夫人是亚伯拉罕从前的病人之一。

**玛丽·亚当斯(Mary Adams,生于1924年)** 玛丽·亚当斯是哈罗德·斯坦利·埃德(温尼科特多年的亲密挚友)的女儿,玛丽·埃德(后改名为玛丽·亚当斯)童年时与唐纳德·温尼科特和爱丽丝·温尼科特共度了很多时光。她经常住在温尼科特位于北伦敦汉普斯特德的家中,距离埃德家只有几步之遥。最终,埃德一家搬到了摩洛哥的丹吉尔;温尼科特夫妇都去那里拜访过他们。玛丽·埃德和她的姐姐伊丽莎白·埃德都成了温尼科特的名誉女儿。

**弗朗茨·亚历山大(Franz Alexander,1891—1964)** 弗朗茨·亚历山大出

生于匈牙利布达佩斯，是首位正式从精神分析培训机构毕业的人，并很快成为西格蒙德·弗洛伊德备受尊敬的弟子。作为精神分析师中的"文艺复兴之人"，亚历山大在众多领域都做出了重要贡献，发表了关于性格病理学、心身医学、精神分析犯罪学、精神病学和精神分析史等方面的研究。作为一位卓越的科学家，亚历山大在20世纪30年代获得了洛克菲勒基金会（Rockefeller Foundation）可观的资金，用于研究各种疾病（如支气管哮喘和胃溃疡）的无意识心身起源。我们无从得知温尼科特和亚历山大是否见过面，但他们很可能在国际精神分析大会上有过交集。当然，亚历山大将精神分析情境描述为"矫正性情感体验"的理论在许多方面与温尼科特的理论相吻合。

**克里斯托弗·安德鲁斯（Christopher Andrewes，1896—1988）** 克里斯托弗·安德鲁斯是伦敦圣巴塞洛缪医院著名病理学家弗雷德里克·安德鲁斯（Frederick Andrewes）医生（后来的弗雷德里克·安德鲁斯爵士）的儿子，他继承了父亲的衣钵，也成了巴茨医院的一员。他和温尼科特是同一个时代的人。这两位男士共同参与了《圣巴塞洛缪医院杂志》（*St. Bartholomew's Hospital Journal*）的工作，还为他们的患者演唱吉尔伯特与沙利文的歌。安德鲁斯成了温尼科特一生的挚友。他后来成为一位杰出的病毒学家，研究流感病因，并最终因其对医学和卫生保健事业的贡献而被授予爵士爵位。

**安东尼·阿姆斯特朗-琼斯（Anthony Armstrong-Jones，生于1930年）** 安东尼是温尼科特在伦敦圣巴塞洛缪医院的第一位"精神疾病"老师罗伯特·阿姆斯特朗-琼斯爵士的孙子。安东尼·阿姆斯特朗-琼斯与乔治六世国王的女儿玛格丽特公主结婚，并成为一位著名的摄影师。伊丽莎白二世女王陛下授予他贵族爵位，在1961年他获得了斯诺登伯爵（The Earl of Snowdon）的头衔。并没有任何关于斯诺登伯爵与温尼科特医生有联系的记录。

**罗伯特·阿姆斯特朗-琼斯（Robert Armstrong-Jones，1857—1943）** 罗伯特·阿姆斯特朗-琼斯出生在一个普通的威尔士家庭，原名为罗伯特·琼斯，他在19世纪末和20世纪初成了英国最著名的精神病学家之一。1892年，他成为位于埃塞克斯伍德福德桥的克莱伯里疗养院（Claybury Asylum）的首任医务主任。在那里，阿姆斯特朗-琼斯向他的病人推荐了园艺和土耳其浴作为治疗活动。他还担任过皇家医学心理学协会（Royal Medico-Psychological Association）的主席。他不仅因其在精神病学方面的贡献被授予爵士爵位，还担任了大法官辖下的精神病院探访专员（Lord Chancellor's Visitor in Lunacy）。作为精神分析的坚定的批评者，时任伦敦圣巴塞洛缪医院医学院"精神疾病"讲师的罗伯特·阿姆斯特朗-琼斯爵士教授了温尼科特精神病学的基础知识。

**伊妮德·巴林特（Enid Balint，1903—1994）** 出生时名为伊妮德·弗洛拉·阿尔布（Enid Flora Albu），后来嫁给语言学家罗伯特·艾希霍尔兹（Robert Eichholz），并以伊妮德·艾希霍尔兹（Enid Eichholz）夫人之名在专业领域为人所知。1948年，她帮助创立了家庭研讨局（Family Discussion Bureau），该机构最终成为塔维斯托克医学心理学研究所（Tavistock Institute of Medical Psychology）的一部分，即婚姻研究所（Institute of Marital Studies），后来成为塔维斯托克伴侣关系中心（Tavistock Centre for Couple Relationships），至今它仍是英国伴侣精神分析和伴侣心理治疗的著名机构。伊妮德·艾希霍尔兹接受了约翰·里克曼的精神分析治疗，在里克曼去世后，她又接受了温尼科特的治疗，最终获得了精神分析师的资格。她与温尼科特建立了长达多年的深厚且愉快的关系。1953年，她与同为精神分析师的迈克尔·巴林特结婚，两人携手合作，极具创造力地将精神分析理念引入医疗环境。

**迈克尔·巴林特（Michael Balint，1896—1970）** 迈克尔·巴林特原名米哈伊·伯格斯曼（Mihály Bergsmann），出生于匈牙利布达佩斯，他接受了西格蒙德·弗洛伊德的弟子汉斯·萨克斯（Hanns Sachs）和桑德尔·费伦齐（Sándor Ferenczi）的精神分析训练，然后移民到英国。作为一位以其众多创造性贡献而闻名的热忱的精神分析实践者，巴林特专注于退行患者的工作及心理学思维在医疗实践中的应用。他结过三次婚，每一任妻子都是精神分析师！他的第三任妻子，伊妮德·弗洛拉·阿尔布·艾希霍尔兹·巴林特夫人，曾接受过温尼科特的精神分析治疗。迈克尔·巴林特与温尼科特维持了长达30多年的深厚同事关系，两人都高度尊重对方的临床贡献。

**伯纳德·巴奈特（Bernard Barnett，生于1933年）** 伯纳德·巴奈特是一位英国儿童心理学家，后来接受了精神分析师的培训。在伦敦塔维斯托克诊所附属的儿童指导培训中心（Child Guidance Training Centre）工作多年后，他成为精神分析研究所的培训分析师。作为一位受欢迎的教师、作家和临床督导师，巴奈特在温尼科特职业生涯早期就与他相识。他还担任过涂鸦基金会的主任，该英国的全国性组织致力于进一步研究温尼科特的工作。

**披头士乐队（The Beatles）**：乔治·哈里森（George Harrison，1943—2001）、约翰·列侬（John Lennon，1940—1980）、保罗·麦卡特尼（Paul McCartney，生于1942年）和林戈·斯塔尔（Ringo Starr，生于1940年）披头士乐队是娱乐史上四位最具魅力的表演者，他们定义了20世纪60年代，并在全球范围内掀起了一场音乐革命。虽然当时温尼科特年事已高，但永远活泼的温尼科特非常喜欢他们的音乐，并且有足够的开放思想来接受约翰·列侬和保罗·麦卡特尼创作的充满活力的歌曲。温尼科特的一位同事甚至称他为精神分析界的披头士——这是当时最高的赞誉！

**艾沙·本齐（Isa Benzie，1902—1988）** 艾沙·本齐是一位著名的广播制作人，职业生涯的大部分时间都在英国广播公司工作。艾沙·本齐——也以她婚后的姓名罗伊斯顿·莫利（Royston Morley）夫人而闻名——在20世纪40年代及之后，委托温尼科特制作了许多开创性的广播节目。温尼科特称赞本齐注意到了他随口提到的关于母亲以平凡的方式投身于婴儿照料的话语，这可能成为一些重要的广播谈话的基础；因此，她确实值得为帮助普及"平凡且奉献的母亲"这个词而得到赞扬。

**维拉特娜·贝丽索娃（Svetlana Beriosova，1932—1998）** 维拉特娜·贝丽索娃是一位出生于立陶宛的舞者，后来成为伦敦皇家芭蕾舞团（Royal Ballet）的首席芭蕾舞演员。贝丽索娃嫁给了温尼科特的病人马苏德·汗，并结识了几乎所有第二次世界大战后的著名精神分析师。关于贝丽索娃与温尼科特的关系，各种信息来源说法不一，有些人认为她接受了温尼科特的分析，另一些人则认为她只是为了帮助解决她的婚姻问题和酗酒问题而与温尼科特进行了心理咨询。温尼科特和他的第二任妻子克莱尔·温尼科特在多个场合与马苏德·汗和维拉特娜·贝丽索娃交往频繁，温尼科特还有幸在考文特花园的皇家歌剧院（Royal Opera House）观看她的舞蹈表演。

**威尔弗雷德·比昂（Wilfred Bion，1897—1979）** 威尔弗雷德·比昂出生于英国殖民时期印度的英国殖民者家庭，他在第一次世界大战期间担任坦克指挥官，并因其英勇行为获得杰出服务勋章（Distinguished Service Order）。复员后，比昂在牛津大学学习历史，然后被伦敦大学学院录取，开始了医学研究。在伦敦塔维斯托克诊所工作多年后，他开始接受精神分析训练，并成为梅兰妮·克莱因夫人忠实的追随者。威尔弗雷德·比昂因其对群体行为研究的贡献，以及帮助发展了群体分析理论而被人们铭记。同样，他还因在精神病患者方面的工作而广为人知，尤其是他关于思维的理论,以及原始精神焦虑和机制如何经常影响思维过程的理论。温尼科特和比昂之间保持着一种尚可的同事关系,但这种关系夹杂着相互猜疑,甚至可能还有竞争。他们未公开的信件透露出一种微妙的冷淡感。

**克里斯托弗·波拉斯(Christopher Bollas,生于 1944 年)** 克里斯托弗·波拉斯是美国文学学者,他在 20 世纪 70 年代来到英国并接受了精神分析师的训练。从那时起,波拉斯成了精神分析独立学派中最具创造性的学者之一,并因其关于性格学、保密性和"按需"治疗等多种主题的许多书而赢得了全球赞誉。除了临床贡献,波拉斯还写了许多引人入胜的戏剧和小说作品。作为温尼科特作品的狂热拥趸,博拉斯多年来一直是温尼科特出版委员会的一员,并帮助筹备了数卷温尼科特著作的出版工作。

**贝尔塔·伯恩斯坦(Berta Bornstein,1899—1971)** 贝尔塔·伯恩斯坦女士出生于波兰,与残疾儿童一起工作。她在德国柏林接受了儿童心理分析师的培训,并成为安娜·弗洛伊德的密友。像那个时期的许多欧洲大陆的犹太精神分析师一样,伯恩斯坦逃离了纳粹肆虐的欧洲,移居到纽约;最终,她成为纽约精神分析协会为数不多的没有接受过医学训练的特别成员之一,并因其有些强势的教学和督导而声名鹊起。她与温尼科特几乎没有直接接触,但可能在国际精神分析大会上见过他。温尼科特在他的《儿童分析》("Child Analysis")的论文中简要引用了伯恩斯坦的作品,后来该论文改名为《潜伏期儿童分析》("Child Analysis in the Latency Period")。

**杰弗里·伯恩(Geoffrey Bourne,1893—1970)** 杰弗里·伯恩是温尼科特在伦敦圣巴塞洛缪医院的同辈,他后来成为英国最著名的心脏病专家之一。他对儿童心脏病产生了强烈的开拓性兴趣,并积极推动该领域的发展，最终使其成为儿科心脏病学。在 20 世纪 40 年代，伯恩和温尼科特的私人办公室在同一栋大楼里，当温尼科特在 1949 年突发严重的心脏病时，伯恩及时的干预很可能挽救了温尼科特的生命。

**安东尼·鲍尔比（Anthony Bowlby，1855—1929）** 作为 20 世纪最杰出的外科医生之一，安东尼·鲍尔比爵士在伦敦圣巴塞洛缪医院任教多年，有包括温尼科特在内的许多学生。安东尼·鲍尔比爵士在创伤外科实践方面做出了重要贡献，这基于他在布尔战争和第一次世界大战期间的经验。此外，他还担任爱德华七世国王（King Edward Ⅶ）和乔治五世国王的皇室外科医生。他的儿子约翰·鲍尔比继承了父亲的衣钵，从事医学事业。

**约翰·鲍尔比（John Bowlby，1907—1990）** 约翰·鲍尔比无疑是人类心理学史上最有影响力的思想家和研究者之一，他最为人所知的是对"依恋理论"的深刻阐述。他接受过琼·里维埃的分析，鲍尔比超越了同行对内在世界的强调，系统地探索了婴儿期和童年期真实的分离和丧失如何导致抑郁症和其他形式的精神机能障碍在日后的生活中发展。尽管鲍尔比与温尼科特不是社交上的密友，但两人对彼此非常尊重，人们可以发现他们的思想中有许多相似之处。

**康斯坦丁·布朗库西（Constantin Brâncuşi，1876—1957）** 康斯坦丁·布朗库西出生于罗马尼亚，是 20 世纪最具影响力的雕塑家之一，他开创了现代主义的方法。温尼科特在学生时代的好朋友哈罗德·斯坦利·埃德成了一位艺术鉴赏家和策展人，并在英国大力推广布朗库西的作品。尽管温尼科特可能从未与布朗库西见过面，但他从与埃德的交往以及埃德身上魅力四射的文学和戏剧素养中学到了许多现代艺术方法。这种联系可能促成了温尼科特作品中所特有的新鲜感和挑战性。

**玛乔丽·布赖尔利（Marjorie Brierley，1893—1984）** 作为温尼科特在精神分析研究所的同学之一，玛乔丽·布赖尔利在20世纪30—40年代成了英国精神分析界的重要人物。她以在一系列主题上的学术论文而被人铭记，其中包括一篇关于女性发展的重要文章，以及与爱德华·格洛弗合作的关于精神分析技术的开创性概述。布赖尔利以其独立思想而闻名，在所谓的"论战"期间做出了许多重要贡献，这场论战几乎在第二次世界大战期间使英国精神分析学会分裂。

**詹姆斯·布里顿（James Britton，1908—1994）** 詹姆斯·布里顿是克莱尔·布里顿女士（后来的克莱尔·温尼科特夫人）的弟弟，他是教育研究领域的杰出学者。他在伦敦大学教育学院任教多年，最终成为金史密斯学院教授。温尼科特与詹姆斯·布里顿有着深厚的私人情谊，他曾寄给布里顿一首关于温尼科特母亲的深情款款的诗，题为《树》。

**赫克托·卡梅隆（Hector Cameron，1878—1958）** 作为儿童医学领域的知名医生，赫克托·卡梅隆在治疗患有神经紊乱的年轻人方面声名远扬。他在伦敦盖伊医院（Guy's Hospital）工作多年，他反对使用精神分析来理解儿童神经症。卡梅隆和温尼科特在治疗儿童和家庭心理困扰方面，代表了两个极端。

**温斯顿·丘吉尔（Winston Churchill，1874—1965）** 作为20世纪最著名的英国政治家，温斯顿·丘吉尔几乎不需要特别介绍，但他确实偶尔会出现在温尼科特的作品中，尤其是在一篇关于"忽视研究结果的代价（The Price of Disregarding Research Findings）"的重要论文中对他有一段简短但重要的提及，该论文重新出版后改名为"忽视精神分析研究的代价（The Price of Disregarding Psychoanalytic Research）"。没有证据表明温尼科特和丘吉尔曾经见过面。

**埃里克·克莱因（Eric Clyne，1914—1987）** 他是梅兰妮·克莱因夫人的儿子，他最终修改了姓氏的拼写方式，使其符合英国英语的拼写习惯。克莱因把她的儿子送到温尼科特处接受精神分析治疗，并希望亲自督导这个案例，但温尼科特拒绝了这种侵入性的要求。埃里克·克莱因对温尼科特一直心怀感激，两人保持了一段时间的友好关系。除了参与精神分析运动之外，埃里克·克莱因还因参与解放纳粹集中营贝尔根-贝尔森（Bergen-Belsen），而在历史上占有重要地位。

**乔伊斯·科尔斯（Joyce Coles，1914—1997）** 原名乔伊斯·伯德（Joyce Bird），后来成为乔伊斯·科尔斯夫人，她从1948年起担任温尼科特的秘书，直到他1971年去世；之后，她协助温尼科特的遗孀克莱尔·温尼科特夫人处理大量行政事务，其中最重要的是为温尼科特的多篇论文做出版前的准备工作。科尔斯夫人将自己成年后的大部分时间都奉献给了温尼科特及其遗留下来的宝贵"财富"，她是一位忠实而谨慎的临床秘书。在1971年温尼科特去世后，克莱尔·温尼科特委托科尔斯将许多留存下来的信件和案卷中温尼科特病人的姓名涂抹掉，因为她怀疑（事实上这是完全正确的）这些资料将来会成为学术研究的重点。

**托马斯·克兰麦（Thomas Cranmer，1489—1556）** 托马斯·克兰麦毫无疑问是英国历史上最有影响力的牧师之一，他在16世纪初就读于剑桥大学耶稣学院。大约400年后，温尼科特也进入了耶稣学院。克兰麦成了亨利八世统治时期的坎特伯雷大主教（Archbishop of Canterbury），并协助策划了教会的改革。尽管与温尼科特不同，克兰麦大主教绝不是罗拉德派，但他代表了英国新教徒宗教异见的传统。

**查尔斯·达尔文（Charles Darwin，1809—1882）** 作为19世纪最具影响力的英国科学家，查尔斯·达尔文是全世界公认的进化论的主要创立者。

在20世纪20年代，当温尼科特仍是剑桥大学的一名学生时，就接触了达尔文的作品，他描述达尔文非常"对他的胃口"。在许多方面，温尼科特关于婴儿通过普通父母照料自然、有机地成长为成人的理论，与达尔文关于人类物种随时间推移而不可阻挡地演变的理论相似。

**约翰·戴维斯（John Davis，生于1923年）** 作为20世纪最杰出的儿科医生之一，约翰·戴维斯年轻时曾在帕丁顿格林儿童医院为温尼科特工作，并对他的工作产生了浓厚的兴趣。戴维斯最终成了教授，先在曼彻斯特大学任教，随后在剑桥大学任教，并在剑桥大学成立了温尼科特研究小组（Winnicott Research Unit）。他的妻子玛德琳·戴维斯（Madeleine Davis）是温尼科特出版委员会的主要成员之一，帮助编辑了许多温尼科特的作品，以便在他逝世后出版。

**亨利·迪克斯（Henry Dicks，1900—1977）** 出生于俄罗斯的亨利·迪克斯是著名的英国精神病学家。他在伦敦的塔维斯托克诊所工作了多年，在此期间，他帮助开发了以精神分析为导向的夫妻治疗方法。迪克斯在一系列主题上撰写了许多影响力深远的书，尤其是他的经典之作《婚姻压力：向互动心理理论迈进的临床研究》（*Marital Tensions: Clinical Studies Towards a Psychological Theory of Interaction*，1967）。他还担任过皇家医学心理学协会的主席。虽然他和温尼科特没有特别密切的工作关系，但他们两人长期在英国心理学会医学分会工作，肯定认识对方。

**哈罗德·斯坦利·埃德（Harold Stanley Ede，1895—1990）** 哈罗德·斯坦利·埃德出生于1895年4月7日，恰好比温尼科特早1年，他是温尼科特在剑桥利斯学校的同学，温尼科特的终生挚友。埃德是一位著名的艺术史学家和博物馆馆长，专攻现代艺术，尽管他对早期艺术也有深厚的学识。晚年时，斯坦利·埃德——朋友都称他为"吉姆（Jim）"——

将自己在剑桥的住所改造成了一座博物馆，即"凯特尔庭院（Kettle's Yard）"，现在它是剑桥大学的一部分，展出他在 20 世纪 20—30 年代期间结识的许多艺术家的作品，如亨利·摩尔（Henry Moore）、本·尼科尔森（Ben Nicholson）和克里斯托弗·伍德（Christopher Wood），温尼科特有可能在埃德经常举办的汉普斯特德派对上见过其中一些（如果不是全部）艺术家。

**米尔德雷德·埃德（Mildred Ede，约 1873—1953）** 米尔德雷德·埃德是哈罗德·斯坦利·埃德的母亲，她的儿子是温尼科特从小到大最亲密的朋友，米尔德雷德·玛丽·弗利·布兰奇·埃德（Mildred Mary Furley Blanch Ede）夫人与温尼科特相识多年。在很年轻的时候，温尼科特曾与米尔德雷德·埃德的女儿菲奥娜·埃德（Fiona Ede）订婚，菲奥娜后来成为歌剧女高音歌唱家琼·萨瑟兰（Joan Sutherland）的私人秘书。

**爱德华八世（Edward Ⅷ，1894—1972）** 作为未来的国王乔治五世和玛丽王后（Queen Mary）的儿子，约克公爵的爱德华王子殿下（His Highness Prince Edward of York）在祖父爱德华七世于 1910 年去世后，最终成了威尔士亲王。这位著名的花花公子在 1922 年结束了一次长时间的海上航行后，抵达德文郡的普利茅斯港，受到了时任普利茅斯市长的弗雷德里克·温尼科特（温尼科特的父亲）的欢迎。温尼科特可能参加了这个典礼，但我们不能确定。在其父亲去世后，威尔士亲王成了爱德华八世国王。他在位不到 1 年，便为了娶辛普森夫人为妻而退位。

**伊尔米·埃尔肯（Irmi Elkan，1918—2009）** 在儿童福利领域经历了一段艰难的职业生涯后，伊尔米·埃尔肯向温尼科特寻求指导，温尼科特慷慨地接纳了她，并资助她接受他的同事玛丽昂·米尔纳夫人的精神分析治疗。在温尼科德和米尔纳的支持下，伊尔米·埃尔肯成功地受训成为一名成人和儿童精神分析师,并最终在汉普斯特德儿童治疗诊所为安娜·弗洛伊德工作。作为少数深深敬仰温尼科特的安娜·弗洛伊德学派成员之一,她终生都对温尼科特本人及其工作怀有深厚的感情。

**比阿特丽斯·恩索尔(Beatrice Ensor,1885—1974)** 比阿特丽斯·恩索尔原名为比阿特丽斯·妮娜·弗雷德里卡·德·诺曼(Béatrice Nina Frédérica de Normann),是一位开拓性的教育家。她出生于法国马赛,后移居英国,将许多进步教育的理念引入英国文化,并在英国推广。比阿特丽斯·恩索尔在1921年组织了一场关于儿童创造力的具有里程碑意义的会议,并帮助创建和推广具有前瞻性的新教育联盟(New Education Fellowship)及其杂志《家庭和学校的新时代》。她邀请了许多心理学家和精神分析师为她的杂志撰写文章,温尼科特成为其中最多产的作者之一,拥有广泛的读者群体。

**埃里克·埃里克森(Erik Erikson,1902—1994)** 埃里克·埃里克森教授出生于德国,在奥地利师从安娜·弗洛伊德,是美国最杰出的精神分析师之一,出版了具有里程碑意义的书,如《童年与社会》(Childhood and Society,1950)和《甘地的真理:激进非暴力起源》(Gandhi's Truth: On the Origins of Militant Nonviolence,1969),后者赢得了美国国家图书奖(National Book Award)。他阐述了一种具有丰富内涵的发展心理学理论,涵盖了从婴儿期到老年期的整个生命周期。温尼科特曾告诉美国精神分析历史学家保罗·罗赞,他非常钦佩埃里克森的贡献,这些贡献与温尼科特关于早期儿童依赖的工作有一定相似之处。

**桑德尔·费伦齐(Sándor Ferenczi,1873—1933)** 出生于匈牙利的医生桑德尔·费伦齐于1908年遇到了西格蒙德·弗洛伊德教授,并很快成为他的主要弟子之一,引领了布达佩斯精神分析运动的发展。费伦齐兴趣广泛,他因撰写了大量临床著作而被人铭记，对精神分析文献做出了巨大贡献。晚年，费伦齐越来越专注于技术实验，如相互分析和与患者身体接触，这引起了弗洛伊德的反对。在因恶性贫血过早去世后，多年来，费伦齐在精神分析运动中一直不受欢迎，但近年来精神分析界开始重新接纳他。许多当代从业者开始珍视费伦齐的开放思想、同情心、文艺复兴般的广博成就、对儿童虐待现实的认识以及他的许多其他优秀品质。尽管温尼科特很少引用费伦齐的作品，但他确实拥有费伦齐的一些著作，并且通过与梅兰妮·克莱因的多次接触，吸收了费伦齐的一些思想（克莱因的首次分析是在布达佩斯由费伦齐做的）。许多当代心理治疗作者在许多方面都把费伦齐视为温尼科特的精神先驱。

**约翰·弗利格尔（John Flügel，1884—1955）** 约翰·弗利格尔教授是一位具有非凡智慧和创造力的心理学家和精神分析师，他是推动了英国心理学和精神分析专业发展的重要先驱，并成为新兴的英国心理学会和英国精神分析学会的主要成员。温尼科特认识弗利格尔，并在他早年作为精神分析研究所的候选人时和他一起学习过。弗利格尔在心理健康科学历史上占据重要地位，不仅因为他在学术心理学与精神分析之间建立了联系，以及帮助将精神分析学引入大学，还因为他在将精神分析思想应用于理解家庭、婚姻和文化方面做了具有里程碑意义的工作。

**迈克尔·福特汉姆（Michael Fordham，1905—1995）** 作为儿童精神病学和荣格分析领域最具影响力的人物之一，迈克尔·福特汉姆在第二次世界大战期间首次与温尼科特相遇，当时两人都在和被疏散并与家人分离的孩子工作。尽管福特汉姆和温尼科特属于非常不同的心理学群体，且经常缺乏交流，但他们之间建立了深厚的情谊，并成为英国首次跨越历史上的"荣格与弗洛伊德"分歧的人。温尼科特邀请迈克尔·福特汉姆在英国精神分析学会演讲，这一举动震惊了他的精神分析同行。

**大卫·福赛斯（David Forsyth，1877—1941）** 大卫·福赛斯是伦敦精神分析学会（London Psycho-Analytical Society）的早期成员，他是一位儿童医学医生，在第一次世界大战后成为第一位前往奥地利维也纳接受西格蒙德·弗洛伊德教授治疗的英国人。他是英国精神分析学会的创始人之一，也是《精神分析技术》(The Technique of Psycho-Analysis，1922）这本重要的教科书的作者，该书至今仍然适用。福赛斯早在温尼科特之前就开始涉足儿童医学和精神分析，尽管他没有像温尼科特那样以富有创造性、广阔和深刻的方式建立两个学科之间的联系。在温尼科特开始于精神分析学院受训时，福赛斯已是一位元老级人物，尽管他们在儿科界和精神分析界肯定互相认识，但两人之间似乎并未有过多少深入的私人交流。

**弗朗西斯·弗雷泽（Francis Fraser，1885—1964）** 出生于爱丁堡，是英国最杰出的医疗从业者、研究者和管理者之一。弗雷泽曾担任过圣巴塞洛缪医院医学院的医学教授，在此期间，他成了温尼科特早期的重要医学导师，并帮助他准备考试。弗雷泽在第二次世界大战期间负责指挥紧急医疗服务（Emergency Medical Service），并因此获得了爵士爵位，他还帮助建立了英国研究生医学联合会（British Postgraduate Medical Federation）。温尼科特一直与弗雷泽保持联系，直到弗雷泽去世前不久。

**安娜·弗洛伊德（Anna Freud，1895—1982）** 安娜·弗洛伊德是西格蒙德·弗洛伊德教授的女儿，是他6个子女中唯一追随父亲从事精神分析实践的人。她是儿童精神分析领域的先驱，并为成人精神分析领域做出了许多理论和临床贡献，尤其是她对防御机制的阐述。为了逃离纳粹的统治，安娜·弗洛伊德于1938年随父亲来到英国，并在他生命的最后几个月里照料他。弗洛伊德去世后，安娜·弗洛伊德在伦敦北部创办了一所战时托儿所，并创建了儿童精神分析强化培训项目。温尼科特非常尊重安娜·弗洛伊德，但也保持着一定的谨慎态度，因为他在儿童心理治疗和儿童精神分析方面采用了略有不同的方法。尽管温尼科特从未成为安娜·弗洛伊德核心圈子的一员，但他因在弗洛伊德雕像委员会（Freud Statue Committee）的工作深受安娜的感激，他积极筹集资金，使奥斯卡·内蒙建造的弗洛伊德雕像得以镀上青铜并安置在合适的地方。

**西格蒙德·弗洛伊德（Sigmund Freud，1856—1939）** 西格蒙德·弗洛伊德是精神分析的创始人，对当代读者来说几乎不需要过多介绍了。温尼科特从未亲自见过西格蒙德·弗洛伊德教授，尽管在弗洛伊德及其随行人员逃离纳粹威胁后不久，温尼科特来到弗洛伊德在伦敦的家，询问他们是否安好。在去世前，温尼科特曾努力筹集资金，将奥斯卡·内蒙建造的弗洛伊德雕像镀上青铜，并在伦敦的瑞士小屋举行揭幕仪式。如今，这座由内蒙创作的致敬弗洛伊德的作品矗立在塔维斯托克中心外，该中心是塔维斯托克与波特曼国家卫生服务基金会（Tavistock and Portman NHS Foundation Trust）的总部，位于伦敦北部贝尔塞斯公园。

**阿奇博尔德·加罗德（Archibald Garrod，1857—1936）** 阿奇博尔德·加罗德是一位富有远见的医生，他长期与圣巴塞洛缪医院合作，帮助创建了第一个儿童门诊部，为儿童健康领域的发展奠定了基础。最终，他成为该医院新医学部的主任，并在伦敦大学获得了医学教授职位和爵士头衔。温尼科特在1920年取得医师资格后不久，曾为阿奇博尔德·加罗德爵士教授担任病房管理员。加罗德接替威廉·奥斯勒爵士（Sir William Osler）教授，成为牛津大学皇家医学教授（Regius Professor of Medicine），并在牛津大学基督教堂学院（Christ Church）担任研究员。

**亨利·戈迪埃-布尔泽斯卡（Henri Gaudier-Brzeska，1891—1915）** 亨利·戈迪埃出生于法国奥尔良附近的圣让德布赛克，是一位现代主义雕塑家和肖像画家，逝世时年仅 23 岁。在与波兰作家索菲·布尔泽斯卡（Sophie Brzeska）的一段充满激情和折磨的恋情后，亨利·戈迪埃将自己的姓氏和恋人的姓氏连在了一起。温尼科特与亨利·戈迪埃－布尔泽斯卡从未相识，但他通过好友——艺术策展人哈罗德·斯坦利·埃德了解了许多关于亨利·戈迪埃－布尔泽斯卡的信息。埃德写了一本关于戈迪埃－布尔泽斯卡的生平与作品的具有里程碑意义的书《野蛮救世主》（*Savage Messiah*），该书于 1931 年出版，使这位艺术家摆脱了被遗忘的境地。1972 年肯·罗素（Ken Russell）执导的同名电影便改编自这本书。年轻的海伦·米伦（Helen Mirren）也出演了这部电影。

**乔治五世国王（King George V，1865－1936）** 乔治五世是未来的国王爱德华七世和亚历山德拉王后（Queen Alexandra）的儿子，也是维多利亚女王的孙子。威尔士的乔治·弗雷德里克·欧内斯特·艾伯特王子殿下（His Royal Highness Prince George Frederick Ernest Albert of Wales）最终于 1910 年继承英国王位，成为乔治五世国王。温尼科特的父亲弗雷德里克·温尼科特因为长期致力于德文郡普利茅斯的公共事业，被乔治五世国王授予爵士爵位。温尼科特从未见过乔治五世，然而作为一个忠诚的君主主义者，他会关注媒体报道的国王和整个王室的动态；然而，他在 1935 年向英国精神分析学会提交的会员论文中确实提到了乔治五世，并从理论上探讨了君主在心理生活中的无意识角色。

**乔治六世国王（KING GEORGE VI，1895－1952）** 乔治六世是未来的国王乔治五世和玛丽王后的儿子，按理说，约克的阿尔伯特·弗雷德里克·阿瑟·乔治王子殿下（His Highness Prince Albert Frederick Arthur George of York）不应该继承王位；然而，在 1936 年，他的哥哥爱德华八世退位，因此阿尔伯特（当时的约克公爵）成为乔治六世国王。尽管温尼科特与乔治六世国王没有正式接触，但他一直幻想着王室可能会召唤他对国王的女儿伊丽莎白公主（Princess Elizabeth）——后来的伊丽莎白二世女王陛下（Her Majesty Queen Elizabeth Ⅱ）——和玛格丽特·罗斯公主（Princess Margaret Rose）——后来的斯诺登伯爵夫人（Countess of Snowdon）——进行精神分析。

**威廉·施文克·吉尔伯特（William Schwenck Gilbert，1836—1911）** 威廉·吉尔伯特毫无疑问是英国喜歌剧最杰出的词作家和剧作家，他与作曲家阿瑟·沙利文合作创作了维多利亚时代一些最重要的娱乐作品。温尼科特在吉尔伯特和沙利文的轻歌剧中长大，当他还是一名年轻的医学生时，他常在伦敦圣巴塞洛缪医院的病房里为病人演唱这些轻歌剧的精彩片段。吉尔伯特因为对艺术的贡献而被授予爵士爵位，沙利文也是如此。吉尔伯特死于心脏病发作，当时他正试图救一名失足跌入他位于伦敦北部的家附近的湖中的17岁女孩。

**爱德华·格洛弗（Edward Glover，1888—1972）** 爱德华·格洛弗出生于苏格兰，在德国柏林接受了卡尔·亚伯拉罕的培训分析，回到英国后成为欧内斯特·琼斯医生的助手，并在理论和制度上推动了精神分析的发展。格洛弗多年来在英国精神分析学会和精神分析研究所中担任过许多重要职位，但在20世纪40年代的"论战"后辞职，部分原因是他与梅兰妮·克莱因夫人的分歧，以及许多年轻成员对格洛弗在机构设置中对权力的明显渴望感到厌恶。从温尼科特成为精神分析研究所的候选人时起，他就与格洛弗交往频繁，在此后的许多年里，两人一直保持着相当友好的关系。格洛弗的杰出之处不仅在于撰写了许多关于精神分析技术的重要著作，还在于对犯罪学领域的预见性贡献。

**阿瑟·格雷（Arthur Gray，1852—1940）** 作为著名的古典学者和历史学家，阿瑟·格雷先生在温尼科特的大学本科期间担任剑桥大学耶稣学院院长。

他撰写了大量关于耶稣学院和剑桥市的历史研究，还用笔名"英格尔弗斯（Ingulphus）"（林肯郡一个撒克逊修道院院长的名字）写了许多以学院为背景的鬼故事。温尼科特在申请进入剑桥大学学习时，很有可能接受了格雷的面试。

**拉尔夫·格林森（Ralph Greenson，1911—1979）** 拉尔夫·格林森是著名的美国精神分析师，为精神分析研究做出了大量重要的临床贡献，并撰写了该领域最基础的教科书之一，即经典著作《精神分析的技术和实践：第一卷》（*The Technique and Practice of Psychoanalysis: Volume 1*，1967）。格林森和温尼科特在许多议题上持有相似的观点，他们在国际精神分析大会上经常见面，建立了良好的关系。如今，格林森之所以被人铭记，主要是因为他治疗过许多名人，尤其是弗兰克·西纳特拉（Frank Sinatra），以及众所周知的玛丽莲·梦露（最具有争议性的是，梦露有一段时间与格林森的家人居住在一起）。

**菲利斯·格罗斯库斯（Phyllis Grosskurth，1924—2015）** 菲利斯·格罗斯库斯教授是加拿大著名的学者和专业传记作家，她为梅兰妮·克莱因夫人撰写的传记借鉴了大量未发表的文献和对目击者的采访，该传记于1986年出版，因其内容丰富、技巧娴熟，而被精神分析界铭记。格罗斯库斯虽然从未与温尼科特本人见面，但她基于与梅兰妮·克莱因最后的被分析者之一克莱尔·温尼科特的采访，发表了一些关于温尼科特及其世界的逸事。

**莱昂纳德·格斯里（Leonard Guthrie，1858—1918）** 在伦敦圣巴塞洛缪医院受训的莱昂纳德·乔治·格斯里医生是儿科医学领域的著名医生，并在帕丁顿格林儿童医院工作多年，晋升为高级医师，专门治疗儿童和青少年神经疾病。作为儿童疾病研究协会（Society for the Study of Disease in Children）的主席和一位备受瞩目的医学史学家，格斯里开始专注于自己对儿童医学症状的前弗洛伊德式心理学方法，对遗尿症和夜惊症（睡惊症）特别感兴趣。在他 1907 年出版的具有里程碑意义的著作《儿童的功能性神经紊乱》（*Functional Nervous Disorders in Childhood*）中，格斯里批评了一些针对有心理症状的儿童的惩罚性治疗方法。尽管两人从未见过面，温尼科特从格斯里的书中得到了很大的鼓励。事实上，温尼科特拥有至少两册格斯里的开创性作品。

**赫尔曼·哈登伯格（Herman Hardenberg，1911—1967）** 哈登伯格是一名医生、精神病学家和精神分析师，在伦敦西部的帕丁顿格林儿童医院于温尼科特手下工作多年。哈登伯格被证明是温尼科特的一位忠实追随者，他在《英国医学杂志》上支持温尼科特对精神外科治疗的批评。他创办了一家成功的私人精神分析诊所，先开设在维尔贝克街，然后又开设在伦敦市中心的上温坡街，他的患者包括著名的编舞家肯尼斯·麦克米伦（Kenneth Macmillan）。哈登伯格的妻子珍妮特·哈登伯格编辑了温尼科特最成功的两本书。

**珍妮特·哈登伯格（Janet Hardenberg，1913—2004）** 珍妮特·哈登伯格原名珍妮特·阿格尼丝·沃克（Janet Agnes Walker），后来嫁给了赫尔曼·哈登伯格。珍妮特自己就是一名医生，她工作非常努力，协助温尼科特编辑了他的前两部长篇精神分析图书：《孩子和家庭：最早的关系》和《孩子和外部世界：发展关系的研究》。温尼科特在与哈登伯格医生合作之前曾与许多人合作过，但前人都未能完成任务，而哈登伯格却非常出色地完成了对温尼科特广播节目的文本编辑工作。这两卷书成为温尼科特最具影响力的出版物，并且为更受欢迎的综合版《孩子、家庭和外部世界》奠定了基础。

**多拉·哈特曼（Dora Hartmann，1902—1974）** 多拉·哈特曼出生在奥地利维也纳南部的莫德林（Mödling）附近的欣特布吕尔（Hinterbrühl），原名多拉·卡普鲁斯（Dora Karplus），后改名为多拉·哈特曼。她接受了医学培训，最终成为一名精神分析师，专门从事儿童分析。作为著名的维也纳精神分析师海因茨·哈特曼（Heinz Hartmann）的妻子，她与丈夫和孩子们一起在纳粹入侵奥地利后移民到了纽约市。多拉·哈特曼博士作为儿童精神分析的老师，尽管她在该领域的论文不多，却激励了很多人。温尼科特在国际大会上认识了多拉·哈特曼，并对她和她的丈夫都抱有一定敬意。他们的儿子们都成了杰出的精神病学家：欧内斯特·哈特曼（Ernest Hartmann）教授专攻梦的研究，劳伦斯·哈特曼（Lawrence Hartmann）教授曾任美国精神病学会（American Psychiatric Association）主席。

**亨利八世（Henry Ⅷ，1491—1547）** 亨利八世可以说是最引人注目和最复杂的英国国王之一，因其对教会的改革，对温尼科特的生活产生了影响。亨利八世曾是坚定的天主教徒和信仰捍卫者，但他对教皇权威进行了史无前例的打击，自封为英国国教最高领袖，并对众多天主教修道院发动了臭名昭著的掠夺和解散行动。他对天主教的镇压为新教各个分支的发展奠定了基础，包括数个世纪后的卫斯理宗，它成了温尼科特哲学的基石。

**希波克拉底（Hippocrates，约公元前460年—约公元前370年）** 希波克拉底是一位古希腊医生，被称为现代医学之父。希波克拉底最为人铭记的是以他名字命名的誓言，尽管至今仍不清楚他是否亲自撰写了所有医生都要遵循的希波克拉底誓言。尽管温尼科特从未正式研究过古代医学，他确实对古代哲学保持着一定兴趣，并可能在某个时候浏览过希波克拉底的作品。然而，温尼科特确实努力按照希波克拉底的基本原则来行医，即避免对患者造成伤害，尽管他并不总是能做到这一点。

**朱丽叶·霍普金斯（Juliet Hopkins，生于 1934）** 朱丽叶·霍普金斯是约翰·鲍尔比的侄女，她是一名心理学家、儿童和成人心理治疗师，职业生涯的大部分时间都在伦敦塔维斯托克诊所的儿童与家庭部门工作，在那里她成了一位重要的教师和督导师。在受训期间，朱丽叶·霍普金斯接受了温尼科特的临床督导。后来，当塔维斯托克诊所的培训逐渐被克莱因学派的实践者主导时，霍普金斯仍然是独立思考的典范，部分原因是她教授温尼科特和她叔叔约翰·鲍尔比的作品。

**托马斯·霍德（Thomas Horder，1871—1955）** 托马斯·霍德出身卑微，是多塞特郡沙夫茨伯里一个布商的儿子，后来他成了英国历史上最杰出的医生之一，相继为不下五位君主服务过：爱德华七世国王、乔治五世国王、爱德华八世国王、乔治六世国王和伊丽莎白二世女王。霍德是圣巴塞洛缪医院的资深医生，他因全面的——实际上是一流的——诊断能力而闻名，也是那个时代为数不多的讨论医患关系本质的医生之一。虽然没有档案证据表明温尼科特与霍德在圣巴塞洛缪医院密切合作，正如许多作者猜测的那样，温尼科特肯定曾遇到过霍德，并受益于他在《圣巴塞洛缪医院杂志》上频繁发表的文章。除了在医院的工作，可以说霍德在 20 世纪初创办了最成功的私人诊所，并治疗了大量贵族。他先是被封为爵士，后来又因在医学上的贡献被授予从男爵爵位，成为霍德勋爵，阿什福德第一代霍德男爵。

**赫尔米内·胡格-赫尔穆特（Hermine Hug-Hellmuth，1871—1924）** 赫尔米内·胡格-赫尔穆特出生于维也纳，原名赫尔米内·威廉敏娜·卢多维卡·胡格·冯·胡根斯坦（Hermine Wilhelmina Ludovika Hug von Hugenstein），后被称为赫尔米内·胡格-赫尔穆特或赫尔米内·冯·胡格-赫尔穆特。她获得了维也纳大学的物理学博士学位,随后加入精神分析运动,成为首位从事儿童精神分析的人。悲剧的是,她的侄子鲁道夫·胡格(Rudolf Hug)勒死了她。显然,她曾尝试对他进行精神分析。看起来温尼科特不太可能读过她的著作,因为在温尼科特生前,她的大部分著作尚未有英文译本。

**苏珊·艾萨克斯(Susan Isaacs,1885—1948)** 苏珊·艾萨克斯原名苏珊·萨瑟兰·费尔赫斯特(Susan Sutherland Fairhurst),出生于英格兰北部兰开夏郡的图尔顿,成长于一个卫斯理宗教徒家庭。她支持自由主义事业,如妇女选举权和费边主义。她在曼彻斯特大学和剑桥大学接受了心理学研究的训练,专攻发展心理学。苏珊·艾萨克斯是儿童进步教育的先驱,并担任剑桥麦尔廷豪斯学校(Malting House School)的校长。她还在精神分析学院接受了精神分析培训,并成为温尼科特的密友。在艾萨克斯担任伦敦大学教育学院儿童发展系主任后,她邀请温尼科特为她的学生授课,温尼科特在这个岗位上持续教学30多年。

**欧内斯特·琼斯(Ernest Jones,1879—1958)** 除了西格蒙德·弗洛伊德教授,在推动精神分析成为国际性、行政性的运动方面,没有人比欧内斯特·琼斯医生的贡献更大。琼斯出生于威尔士,是一名医生,在职业生涯早期就发现了精神分析。在挺过涉及残疾儿童的性不当行为丑闻和被捕事件后,他于1913年成了伦敦精神分析学会的创始人,随后又于1919年创立了英国精神分析学会。他带头创立了精神分析研究所、伦敦精神分析诊所(London Clinic of Psycho-Analysis)和《国际精神分析杂志》(The International Journal of Psycho-Analysis),还担任过国际精神分析协会(International Psycho-Analytical Association)的主席。琼斯最为人所铭记的,也许是他那部有倾向性、但极具价值、文笔优美的三卷本弗洛伊德传记。琼斯是个颇有争议的人物,树敌众多,但他确实很喜温尼科特。

**凯瑟琳·琼斯（Katherine Jones，1892—1983）**　凯瑟琳·琼斯出生于奥地利维也纳，是西格蒙德·弗洛伊德教授的亲密弟子汉斯·萨克斯的亲戚，后来嫁给了年轻的英国精神分析师欧内斯特·琼斯医生。显然，凯瑟琳·琼斯和她的孩子们所表现出的神经症症状迫使欧内斯特·琼斯安排梅兰妮·克莱因夫人从德国永久移居到英国，以治疗他们，从而改变了精神分析学的历史进程。凯瑟琳·琼斯——她的熟人都叫她"基蒂（Kitty）"——作为一个见多识广、地位优越的业余人士，长期以来一直对精神分析感兴趣，她当然也在家里招待过温尼科特。

**卡尔·古斯塔夫·荣格（Carl Gustav Jung，1875—1961）**　荣格出生于瑞士图尔高州的凯斯维尔，他可以说是除西格蒙德·弗洛伊德教授之外最具影响力的深度心理学理论家。荣格的职业生涯始于伯格霍尔兹利（Burghölzli）精神病院，为尤金·布鲁勒（Eugen Bleuler）教授工作，在那里他积累了大量有关精神分裂症的心理学知识。在遇到弗洛伊德后，荣格很快成了他的指定继承人，并担任国际精神分析协会的主席。但由于荣格越来越独立的思想，以及关于性在神经症病因学中的作用的一些理论争议，荣格和弗洛伊德分道扬镳。荣格随后致力于发展自己的动力心理学，即众所周知的分析心理学。温尼科特成为最早认真研究荣格著作的英国弗洛伊德派精神分析师之一，他不仅阅读了荣格的一些作品，还邀请荣格学派的分析师迈克尔·福特汉姆在英国精神分析学会演讲。

**哈里·卡纳克（Harry Karnac，1919—2014）**　哈里·卡纳克是H.卡纳克（图书）公司的创始人，他最初是一名综合图书销售商。但在克利福德·斯科特和温尼科特的鼓励下，他开始专门经营精神分析图书；最终，他在伦敦格洛斯特路的书店成为第一家几乎专门销售心理健康出版物的书店。温尼科特经常拜访哈里·卡纳克，两人关系融洽。温尼科特经常从书店借阅传记，然后归还，他只看主人公童年早期的章节，他告诉卡纳克，他对主人公长大后的传记就失去兴趣了！在书店工作的后期，哈里·卡纳克决定开展出版业务。如今，卡纳克图书公司每年出版大约100种新的精神分析类图书。

**约翰·梅纳德·凯恩斯（John Maynard Keynes，1883—1946）** 著名英国经济学家约翰·梅纳德·凯恩斯与温尼科特的第一位精神分析师詹姆斯·斯特雷奇有着长期的关系。凯恩斯和斯特雷奇是在剑桥大学读书时相识的，多年来一直是性伴侣。后来两人都结婚了。凯恩斯和斯特雷奇还在伦敦布鲁姆斯伯里合租了一所房子，斯特雷奇在那里进行精神分析实践。温尼科特当然记得，当他参加斯特雷奇的课程时，他看到了凯恩斯和他的妻子——俄罗斯芭蕾舞演员莉迪亚·洛波科娃。作为英国政治家的长期顾问，凯恩斯在第一次世界大战和第二次世界大战期间和之后的经济危机中为英国政府提供了建议。最终，由于他在经济学研究方面的贡献，他获得了从男爵爵位。

**马苏德·汗（Masud Khan，1924—1989）** 马苏德·汗无疑是精神分析史上最具争议性的人物之一，他在该领域做出了巨大的临床、理论和管理贡献，赢得了国际认可。但在他生命的最后20年里，他的身体和心理状况都开始恶化，他以一种非常不道德的方式治疗病人。他的许多违规行为导致他最终被英国精神分析学会和英国心理治疗师协会（British Association of Psychotherapists）开除会籍。马苏德·汗与温尼科特密切相关，温尼科特是他的临床督导师，也是他的精神分析师，同时还是他的同事。但汗晚年的行为使两人名誉扫地，引起了当代作者的大量批评，这在很大程度上是由于两人之间复杂、多重的私人和职业关系。

**塔希尔·汗（Tahir Khan，1923—1982）** 我们对穆罕默德·塔希尔·拉扎·汗（Mohammed Tahir Raza Khan）了解甚少，他是温尼科特曾经的患者和弟子穆罕默德·马苏德·拉扎·汗的哥哥。不幸的是，他在成年后有酗酒问题和双相情感障碍。我们不清楚温尼科特与塔希尔·汗的交往程度。不过，我们知道温尼科特1958年出版的《论文集：从儿科到精神分析》一书的封面上，一张温尼科特的照片是马苏德·汗的哥哥拍摄的。他在58岁时因心脏病去世。

**珀尔·金（Pearl King，1918—2015）** 作为英国精神分析界最受爱戴的人物之一，珀尔·金女士在职业生涯初期是一名工业心理学家，后来受训成为一名成人和儿童精神分析师，并在温尼科特的督导下工作。她是一位不知疲倦的工作者，与温尼科特在多个行政岗位上共事，尤其是担任国际精神分析协会设立的委员会的秘书，该委员会负责对芬兰新成立的精神分析学会进行认证。此外，她还在温尼科特第二次担任英国精神分析学会主席期间担任副主席。多年后，她自己最终也成了主席，并且是首位以非医生身份担任此职务的人。作为著名的精神分析历史学家，珀尔·金创建了英国精神分析学会的档案馆，悉心保存了成千上万份未发表的文件。

**特鲁比·金（Truby King，1858—1938）** 特鲁比·金出生于新西兰的新普利茅斯，是一名医生，听过著名的法国神经学家让-马丁·沙尔科（Jean-Martin Charcot）的讲座，年轻的西格蒙德·弗洛伊德也听过他的讲座。特鲁比·金专门研究婴儿护理，他成了严格控制婴儿的喂养、排便和睡眠的狂热代言人。作为新西兰一位杰出的医生，金曾担任新西兰卫生部儿童福利（Child Welfare in New Zealand's Department of Health）主任，最终被授予爵士爵位，并获得了国葬的待遇。我们不知道温尼科特和金是否有过接触，但温尼科特肯定反对金对孩子的过度限制。

**梅兰妮·克莱因（Melanie Klein，1882—1960）** 梅兰妮·克莱因出生于奥地利的维也纳，她与阿瑟·克莱因有过一段不幸的婚姻，但为他生了3个孩子。对家庭生活不满的克莱因先后前往匈牙利布达佩斯，在那里接受了桑德尔·费伦齐的精神分析治疗，然后前往德国柏林，接受了卡尔·亚伯拉罕的进一步精神分析治疗，同时开始对儿童工作产生浓厚的兴趣。作为一位极富创造力的女性，克莱因意识到人类个性中最原始和最具攻击性的基础，并创造了一种诠释病人心灵的这一方面的方式。1926年，克莱因应欧内斯特·琼斯的请求，永久移居英国，并开始撰写她的著作《儿童精神分析》。该书于1932年出版，对温尼科特产生了巨大影响，温尼科特阅读了该书的英译本，并成为克莱因的受督者和学生。尽管温尼科特非常欣赏克莱因，但他最终开始形成自己的独创思想，这让克莱因感到不悦。在她漫长而多产的职业生涯中，克莱因继续出版了大量的书和文章，但她在去世前不久出版的关于嫉羡的开创性著作，不仅疏远了温尼科特，也疏远了约翰·鲍尔比，以及英国精神分析师中间学派的其他一些成员。

**恩斯特·克里斯（Ernst Kris，1900—1957）** 出生于奥地利的维也纳，恩斯特·克里斯是一位著名的艺术史学家，专门研究文艺复兴，并在维也纳艺术史博物馆（Kunsthistorisches Museum）担任策展人。在与玛丽安娜·里——西格蒙德·弗洛伊德的密友的女儿——结婚后，恩斯特·克里斯成为精神分析运动核心圈子的一员，并最终开始从事精神分析。恩斯特·克里斯和他的家人于1938年移民到英国，他和他的妻子都成了英国精神分析学会的成员。当恩斯特·克里斯居住在伦敦的时候，温尼科特肯定认识他，然而不久之后，他和家人再次搬迁，最终在美国定居，成为自我心理学的主要构建者之一。

**玛丽安娜·克里斯（Marianne Kris，1900—1980）** 玛丽安娜·克里斯成长于维也纳精神分析界的中心。她的父亲是儿童医生奥斯卡·里（Oskar Rie），和西格蒙德·弗洛伊德保持了长达数十年的亲密友谊；她的母亲，弗罗·梅拉妮·里（Frau Melanie Rie）夫人［婚前姓邦迪（Bondy）］有一个妹妹，伊达·邦迪（Ida Bondy）女士，后来嫁给了弗洛伊德曾经的知己威廉姆·弗利斯（Wilhelm Fliess）。玛丽安娜·里的姐姐玛格丽特·里（Margarethe Rie）嫁给了维也纳精神分析师赫尔曼·努恩伯格（Hermann Nunberg）。玛丽安娜·里是一名医生，在1927年嫁给了年轻的艺术史学家恩斯特·克里斯。长久以来对儿童医学感兴趣的玛丽安娜·克里斯，很快成为蓬勃发展的儿童分析领域中的开创性人物之一，部分原因是她与安娜·弗洛伊德女士的终身交往。在逃离纳粹之后，玛丽安娜·克里斯短暂居住在英国，然后永久移居美国。她成了著名的儿童和成人精神分析师，并担任美国儿童精神分析协会（American Association for Child Psychoanalysis）的创始主席。玛丽安娜·克里斯居住在伦敦时温尼科特认识了她，并通过国际精神分析大会上的定期会面与她保持着友好的关系。克里斯的两个孩子都成了精神分析师——安娜·克里斯·沃尔夫（Anna Kris Wolff）和安东·克里斯（Anton Kris）。

**雅克·拉康（Jacques Lacan，1901—1981）** 作为一位极具煽动性和争议性的精神分析师，雅克·拉康是20世纪60年代法国文化生活中最著名和备受尊敬的人物之一。温尼科特在许多场合与拉康见过面，甚至在巴黎与他共进晚餐，并感谢他的陪伴。但最终，温尼科特加入了一个由国际精神分析协会任命的团队，调查拉康作为临床从业者的胜任力，因为有传言说他对越来越多的病人进行了缩短时长的治疗。作为委员会审议的结果，拉康失去了国际精神分析协会的会员资格；因此，他不得不创建自己的精神分析组织。

**罗纳德·莱恩（Ronald Laing，1927—1989）** 罗纳德·莱恩是一位出生于苏格兰的精神科医生。在20世纪60—70年代，他成为英国一名引起轰动的人物，领导了所谓的反精神病学运动。虽然他在伦敦的精神分析研究所受训，但他不喜欢大多数老师，认为他们古板且缺乏创意，唯独温尼科特及其身边的人，如玛丽昂·米尔纳夫人（莱恩的督导师之一）例外。莱恩曾将一些自己的作品寄给温尼科特，得到了温尼科特热情的鼓励。

**莉迪亚·洛波科娃（Lydia Lopokova，1892—1981）** 莉迪亚·瓦西列夫娜·洛普霍娃（Lidia Vasilyevna Lopukhova）出生于沙皇俄国的圣彼得堡，是一名农奴的女儿。她更广为人知的名字是莉迪亚·洛波科娃，她后来成为一位著名的芭蕾舞演员，最为人所知的是与谢尔盖·佳吉列夫（Sergei Diaghilev）的俄罗斯芭蕾舞团（Ballets Russes）的合作。1925年，她嫁给了英国经济学家、布鲁姆斯伯里团体的重要成员约翰·梅纳德·凯恩斯，并在一段时间内与詹姆斯·斯特雷奇和阿利克斯·斯特雷奇在伦敦市中心的戈登广场合住一所房子。温尼科特在戈登广场与詹姆斯·斯特雷奇进行精神分析会谈时，有时会看到洛波科娃穿着芭蕾舞裙。1942年，她的丈夫被封为萨塞克斯郡蒂尔顿的凯恩斯男爵（Baron Keynes），她成为凯恩斯男爵夫人（Baroness Keynes）。

**爱德华·麦克道尔（Edward MacDowell，1860—1908）** 爱德华·麦克道尔是土生土长的纽约人，曾在法国巴黎和德国法兰克福接受训练，并逐步成为一位技艺高超的钢琴家和作曲家。早年在弗朗茨·李斯特（Franz Liszt）的鼓励下，麦克道尔创作了许多钢琴曲作品，这些作品通常具有浪漫主义风格，并使他逐渐获得了认可。麦克道尔的作品包括许多钢琴组曲，特别是《新英格兰田园诗》（New England Idyls）。温尼科特在剑桥的利斯学校读书时，曾在音乐会上演奏过一些麦克道尔的作品。

**罗纳德·麦基思（Ronald MacKeith，1908—1977）** 罗纳德·麦基思接受过

牛津大学和伦敦大学圣玛丽医学院的教育，是英国最杰出的儿科医生之一，专门研究脑瘫和其他疾病。作为一名儿童医生，麦基思对儿童精神病学这一新兴领域有着浓厚的兴趣，他过去常常参加温尼科特为儿科医生举办的私人研讨会，并成为他的狂热崇拜者。他与约翰·戴维斯、彼得·蒂泽德等年轻儿科医生一起，帮助将温尼科特的著作引入医学从业者的视野。

**玛格丽特·马勒（Margaret Mahler，1897—1985）** 玛格丽特·舍恩伯格（Margaret Schönberger）出生于匈牙利的肖普朗，是一名专门从事儿童医学的医生，之后在奥地利维也纳接受了精神分析训练。嫁给化学家保罗·马勒（Paul Mahler）后，玛格丽特·马勒为了逃避纳粹的迫害，先移居英国，最终定居纽约市。她与精神病儿童以及残疾和残障儿童进行了深入工作。随后，她开始详细阐述自己独特的发展心理学精神分析理论，追踪婴儿从自闭阶段到与母亲的共生阶段，最终到分离－个体化的复杂阶段，在这一阶段，婴儿逐渐成为独立的个体。温尼科特和马勒在国际精神分析大会上肯定彼此相识，但他们并没有合作，也没有发展出友谊，部分原因可能是他们的作品非常相似，尽管写作风格迥异。

**玛格丽特公主（Princess Margaret，1930—2002）** 玛格丽特·罗斯公主殿下（Her Royal Highness The Princess Margaret Rose）是约克公爵艾伯特——后来的乔治六世国王——的小女儿，也是未来的女王伊丽莎白二世的妹妹。她嫁给了安东尼·阿姆斯特朗－琼斯，温尼科特的精神疾病讲师罗伯特·阿姆斯特朗－琼斯爵士的孙子。温尼科特可能从未见过玛格丽特公主，尽管他一直希望王室能够授予他爵士头衔（像他的父亲弗雷德里克·温尼科特爵士那样），或者召见他治疗王室成员。

**苏格兰女王玛丽（Mary, Queen of Scots，1542—1587）** 玛丽·斯图亚特

（Mary Stuart）是苏格兰国王詹姆斯五世（King James Ⅴ of Scotland）和玛丽·德·吉斯（Marie de Guise）的女儿，在仅6天大时她继承了父亲的王位。像许多幼年即位的君主一样，由于缺乏适当的学习，她的生活充满了挑战，最终她被她的表姐——英格兰女王伊丽莎白一世（Queen Elizabeth Ⅰ of England）监禁，并在44岁时被斩首。温尼科特热爱历史，尤其喜欢君主历史，因此，尽管不确定，他很可能读过安东尼娅·弗雷泽（Antonia Fraser）女士撰写的《苏格兰女王玛丽》(*Mary Queen of Scots*) 这本备受赞誉的传记，该书于1969年出版并成为广受讨论的畅销书。

**唐纳德·梅尔策（Donald Meltzer，1922—2004）** 唐纳德·梅尔策出生于美国，是一位精神科医生，为了接受精神分析治疗和培训而来到英国。作为梅兰妮·克莱因的最后一位被分析者，梅尔策成为克莱因和后克莱因学派思想的发展中一股非常强大的力量，她创作了许多开创性作品，揭示了人类心理学中往往更为险恶的一面，尤其是1992年出版的《幽闭：幽闭恐惧症现象的调查》(*The Claustrum: An Investigation of Claustrophobic Phenomena*)。温尼科特欣赏梅尔策愿意与精神病患者工作，因此他将病人转介给这位年轻的同事。但温尼科特反对梅尔策在精神分析中使用冗长的克莱因式言语诠释，他认为这是过度的。梅尔策最终退出了英国精神分析学会，这引发了人们对她退出的原因的猜测。

**伊莎贝尔·孟席斯·莱思（Isabel Menzies Lyth，1917—2008）** 伊莎贝尔·孟席斯出生于苏格兰法夫的迪萨特，曾在圣安德鲁斯大学学习经济学和实验心理学。在第二次世界大战期间，她在陆军部选拔委员会（War Office Selection Board）任职，结识了许多精神分析师。孟席斯女士最终开始在塔维斯托克人际关系研究所（Tavistock Institute of Human Relations）工作，并在精神分析学院接受成人和儿童精神分析培训。孟席斯以精神分析组织咨询的开创性工作而闻名，她承担了许多项目，通过这些项目她探索了焦虑在机构中的作用，研究了意识和无意识的恐惧如何抑制工作场所的乐趣和创造力。晚年，她与同为精神分析师的奥利弗·莱思（Oliver Lyth）结婚，并与他一起在牛津生活。1997年，东伦敦大学授予她荣誉博士学位，自那时起，她被称为伊莎贝尔·孟席斯·莱思博士。温尼科特通过英国精神分析学会认识了她，在1968年温尼科特差点因心脏病发作丧命之后，孟席斯承担了这项吃力不讨好的任务，她告知温尼科特，他年纪太大了，无法再担任新候选人的培训分析师。

**阿瑟·米勒（Arthur Miller，1915—2005）** 阿瑟·米勒是波兰移民的儿子，在纽约市北部的哈林区长大，并成为美国最著名的剧作家之一。1956年，他因与好莱坞荧幕传奇人物玛丽莲·梦露结婚而受到全球关注。温尼科特对阿瑟·米勒很感兴趣，不仅是因为他与玛丽安娜·克里斯（玛丽莲·梦露的精神分析师之一）相识已久，还因为米勒的书《简的小毯子》，这是一本首次出版于1963年的儿童绘本，灵感来自作者的小女儿简·米勒及其与毯子的关系。温尼科特大胆写信给阿瑟·米勒，询问米勒是否确实是以他对过渡性客体的研究为基础创作的《简的小毯子》。

**伊曼纽尔·米勒（Emanuel Miller，1892—1970）** 伊曼纽尔·米勒是英国最早的儿童精神病学家之一，他在伦敦长大，是一个皮毛贸易商的儿子。他在剑桥大学圣约翰学院接受了临床前教育，然后在伦敦医院完成了医学学习，之后专门从事儿童心理工作。作为儿童指导运动的先驱，米勒在塔维斯托克诊所、莫德斯利医院（Maudsley Hospital）以及许多其他机构工作过。作为一名心理动力学取向的精神病学家，他从未将自己完全局限于某一特定思想流派，他通过创办儿童心理学与精神病学协会

（Association of Child Psychology and Psychiatry）及其期刊《儿童心理学与精神病学及相关学科杂志》（*Journal of Child Psychology and Psychiatry and Allied Disciplines*），帮助整合了儿童和青少年心理健康专业。虽然米勒与温尼科特并非密友，但在多年的交往中，两人都非常尊重对方。在米勒去世后，为了纪念他，一个以他的名字命名的伊曼纽尔·米勒中心（Emanuel Miller Centre）——后来更名为"儿童与青少年心理健康服务伊曼纽尔·米勒中心东区（The Child and Adolescent Mental Health Services Emanuel Miller Centre East Sector）"——在东伦敦成立，为儿童和家庭提供心理服务。他的母校剑桥大学圣约翰学院最终设立了一个以他的名字命名的"伊曼纽尔·米勒奖（Emanuel Miller Prize）"。

**玛丽昂·米尔纳（Marion Milner，1900—1998）** 玛丽昂·米尔纳在伦敦长大。她的丈夫丹尼斯·米尔纳（Dennis Milner）患有很多医学和心理疾病，在和他结婚后，她首先受训成为一名心理学家，后来又成为一名成人和儿童精神分析师。玛丽昂·米尔纳和温尼科特多年来有着非常复杂的关系。信件揭示，温尼科特无疑对米尔纳有着深深的性吸引力，温尼科特对她和她的丈夫进行了精神分析，甚至在米尔纳夫人的家中对她进行治疗。温尼科特去世后，米尔纳成为他最忠实的拥护者之一，在米尔纳80多岁和90多岁时，她定期参加涂鸦基金会的会议，该组织致力于阐释温尼科特的作品。她最为人所铭记的是她对精神分析的独特贡献，包括对"苏珊（Susan）"（一个患严重心理疾病的妇女，住在温尼科特的家中）的治疗，以及对游戏性和自发性的重要性的研究。她也曾文笔优美地描绘过享受感知的乐趣，并且以"乔安娜·菲尔德（Joanna Field）"为笔名，发表了一些最引人入胜的研究发现。

**斯蒂芬·米切尔（Stephen Mitchell，1946—2000）** 斯蒂芬·米切尔是美国心理学家和精神分析师，开创了"关系精神分析"领域，并于1991年帮助创办了著名期刊《精神分析对话：关系视角杂志》(*Psychoanalytic Dialogues: A Journal of Relational Perspectives*)，后来更名为《精神分析对话：关系视角国际杂志》(*Psychoanalytic Dialogues: The International Journal of Relational Perspectives*)。虽然温尼科特在米切尔达到职业成熟期之前就去世了，而且两人从未谋面，但我们有理由认为，温尼科特会很欣赏米切尔将精神分析概念化为一种真正相互作用的事业，事实上，这一理念在很大程度上正是受到了温尼科特在这方面工作的启发。米切尔死于心脏病发作，享年54岁。

**玛丽莲·梦露（Marilyn Monroe，1926—1962）** 玛丽莲·梦露原名诺玛·简·莫滕松（Norma Jeane Mortenson），出生于加利福尼亚州洛杉矶。她在充满创伤的童年中长大，经历了父母的忽视和父母的精神疾病，长大后成为史上最具性魅力的电影明星之一。玛丽莲·梦露在短暂的一生中接受了大量的精神病学和精神分析治疗，包括玛丽安娜·克里斯和拉尔夫·格林森的密集精神分析治疗。尽管温尼科特从未见过玛丽莲·梦露，但他通过专业圈子一定知道一些关于她的精神分析经历，甚至就此事给梦露的前夫阿瑟·米勒写过信。梦露遗产中的资金最终用于资助伦敦的各种儿童心理健康项目，包括塔维斯托克诊所的日间病房，这无疑会让温尼科特感到欣慰。

**奥斯卡·内蒙（Oscar Nemon，1906—1985）** 奥斯卡·内蒙出生于克罗地亚的奥西耶克，是一位声誉卓著的雕塑家。在早期维也纳精神分析师保罗·费登（Paul Federn）的请求下，他为西格蒙德·弗洛伊德教授建造了一座雕像，该雕像在许多年里未被镀上青铜。温尼科特成立了一个弗洛伊德雕像委员会，旨在向世界各地的精神分析师筹集资金，以支付内蒙昂贵的镀青铜费用，并将雕像竖立在公共场所。经过多年艰苦的筹款，温尼科特和他的同事们终于成功筹集到了资金。在乔伊斯·科尔斯的大力协助下，弗洛伊德雕像委员会于 1970 年 10 月 2 日，也就是温尼科特去世前几周，安排了一场特别仪式，为内蒙新镀青铜的雕像揭幕。这座雕像多年来一直矗立在北伦敦瑞士小屋的图书馆外，但后来迁移到了位于贝尔塞斯公园的塔维斯托克中心（前塔维斯托克诊所）外，这个位置离原址不远。内蒙不仅以弗洛伊德雕像而闻名，还因众多知名人物的雕像而被人铭记，包括温斯顿·丘吉尔、伊丽莎白二世女王和伊丽莎白王太后。

**艾萨克·牛顿（Isaac Newton，1642—1727）** 英国人艾萨克·牛顿无疑是世界上最具影响力的科学家之一，以其对万有引力理论的研究而闻名。尽管温尼科特似乎从未详细研究过牛顿的工作，但这两人是剑桥大学的校友，尽管相隔几个世纪。

**西尔维娅·佩恩（Sylvia Payne，1880—1976）** 西尔维娅·佩恩原名西尔维亚·梅·摩尔（Sylvia May Moore），出生于伦敦。这位极其敬业且能力非凡的女性于 1906 年取得行医资格，是英国最早的女医生之一。在汉斯·萨克斯的指导下，西尔维娅·佩恩在德国柏林接受了精神分析培训，之后她回到英国，成为英国精神分析学会的早期成员。1944 年，她接替欧内斯特·琼斯，成为该组织自 1919 年成立以来的第二任主席。佩恩是一位非常和蔼可亲的人，深受许多人爱戴。她对温尼科特非常照顾，在职业生涯中给予了他极大的帮助，两人建立了友好的关系，这种关系一直持续到温尼科特去世。她的一个儿子肯尼思·佩恩（Kenneth Payne）成了一名划船冠军，他在 19 岁时参加了 1932 年在加利福尼亚州洛杉矶举行的夏季奥运会。

**奥斯卡·菲斯特（Oskar Pfister，1873—1956）** 奥斯卡·菲斯特是来自苏黎世的维迪孔的瑞士牧师，是最早加入精神分析运动的非犹太人之一；尽管他忠于正统宗教，但他成功地与无神论者西格蒙德·弗洛伊德教授保持着温暖而亲密的终生友谊。尽管弗洛伊德经常难以容忍他的追随者提出的不同观点，但他对菲斯特和他的精神修养怀有非同寻常的敬意。温尼科特年轻时读过菲斯特的英国版精神分析教科书，这激发了他对该领域的兴趣。

**小猪猪（The Piggle，生于 1961 年）** "小猪猪"的父母都是有心理学头脑的人，她第一次见到温尼科特是在 1964 年，当时是为了进行偶尔的"按需"心理治疗，以帮助她应对妹妹的出生。由于这家人住在伦敦外，定期的儿童精神分析是不可能的；但温尼科特了解这个家庭，他意识到密集治疗可能既不可取，也没有必要。温尼科特对"小猪猪"的治疗在他去世几年后出版。如今，"小猪猪"已长大成人，成为一位具有实力和影响力的人物，在心理健康领域创造性地工作并取得了成功。

**奥托·兰克（Otto Rank，1884—1939）** 奥托·兰克出生于奥地利维也纳，原名奥托·罗森菲尔德（Otto Rosenfeld），他像当时的许多犹太人一样改了姓，希望以此避免反犹太主义的攻击。作为西格蒙德·弗洛伊德教授的长期追随者，年轻的兰克通过他的众多著作和担任弗洛伊德的私人秘书，坚持不懈地推广精神分析。随着兰克的成熟，他开始发展自己的思想，不再仅专注于对弗洛伊德概念的盲目解释。兰克出版了一本关于出生创伤的书，书中暗示焦虑和神经症可能不仅是由俄狄浦斯情结的压力引起的，他与弗洛伊德从此疏远了。尽管温尼科特从未见过兰克，但他深深钦佩兰克关于出生创伤的工作，这启发了他在这一领域的贡献。

**约翰·里克曼（John Rickman，1891—1951）** 约翰·里克曼是一位医生，英国精神分析学会最早，也是最忠诚的成员之一。他先在奥地利维也纳接受了西格蒙德·弗洛伊德教授的分析，然后在匈牙利布达佩斯接受了桑德尔·费伦齐的分析，最后在伦敦接受了梅兰妮·克莱因夫人的分析。里克曼不仅是一名临床医生和学者，还因其独立思想而闻名。因此，温尼科特将里克曼视为兄长般的人物，受其庇护。两人始终对彼此非常敬爱。在他杰出的精神分析职业生涯中，里克曼曾担任《国际精神分析杂志》的编辑和英国精神分析学会的主席。他还因在第二次世界大战期间担任陆军精神病学家，运用精神分析思想进行军官选拔工作而被人们铭记。

**琼·里维埃（Joan Riviere，1883—1962）** 琼·里维埃是萨塞克斯郡布莱顿一位律师的女儿，原名琼·霍奇森·韦勒尔（Joan Hodgson Verrall），后来嫁给了成功的大律师伊夫林·里维埃（Evelyn Riviere）。年轻时，她参加了英国心理研究学会（Society for Psychical Research）的会议，并在那里接触到了弗洛伊德教授的工作；随后，她接受了欧内斯特·琼斯医生的治疗，琼斯诊断她患有歇斯底里症。里维埃对琼斯产生了高度性欲化的移情，琼斯把自己的房子借给她住，这毫无疑问助长了——或者说煽动了——这种局面！后来，她在维也纳和弗洛伊德本人进行了更为令人满意的分析，这次经历让她更加脚踏实地、更加稳重，并让她将那些常常无法控制的激情升华，投入更加冷静的工作中，即将弗洛伊德的许多作品从德语翻译成英语。作为英国精神分析学会的早期成员，里维埃成为梅兰妮·克莱因夫人最热情的拥护者之一；她甚至在克莱因来到英国后帮助她掌握英语。温尼科特在琼·里维埃那里接受了他的第二段分析，并与她建立了动荡的关系——部分是欣赏，部分是愤怒。来自中间学派的她的批评者认为她是个霸凌者，甚至来自克莱因学派的她的支持者也觉得她略显可怕。她的一些精神分析论文，比如《"女人味"之假面》（"Womanliness as a Masquerade"，1929）和《对负面治疗反应的分析贡献》（"A Contribution to the Analysis of the Negative Therapeutic Reaction"，1936），至今仍然是经典之作。

**保罗·罗赞（Paul Roazen，1936—2005）** 保罗·罗赞是美国政治理论家、历史学家和传记作者，保罗·罗赞教授以标志性人物西格蒙德·弗洛伊德 教授的传记开创了精神分析历史学的先河，尤其是《弗洛伊德及其追随者》(*Freud and His Followers*，1975)，该书的独特之处在于，它是基于 20 世纪 60 年代与弗洛伊德的数十位在世的病人和学生的面对面访谈而写成的。罗赞于 1965 年在伦敦采访了温尼科特，这次交流的文字记录出现在由各种作者撰写的一本名为《温尼科特的遗产：婴儿和儿童心理健康论文集》(*The Legacy of Winnicott: Essays on Infant and Child Mental Health*) 的书中，该书出版于 2002 年。

**詹姆斯·罗伯逊（James Robertson，1911—1988）** 詹姆斯·罗伯逊出生于苏格兰拉瑟格伦的一个非常普通的家庭。他曾在伦敦的安娜·弗洛伊德战时托儿所做过一段时间的杂工，然后在伦敦大学伦敦政治经济学院接受社会工作者的培训，之后在精神分析研究所接受精神分析训练。在塔维斯托克诊所的约翰·鲍尔比的支持下，詹姆斯·罗伯逊和他的妻子乔伊斯·罗伯逊拍摄了一系列关于住院对幼儿影响的具有里程碑意义的电影，以一种无可否认的方式记录了孩子与照顾者分离的痛苦后果。罗伯逊夫妇的工作影响了英国和其他地方的儿科医院实践，并延长了患病儿童父母的探视时间。温尼科特支持罗伯逊夫妇的工作，并安排在英国皇家医学会放映他们的电影。

**乔伊斯·罗伯逊（Joyce Robertson，1919—2013）** 乔伊斯·罗伯逊出生于伦敦，原名乔伊斯·厄斯尔（Joyce User），她曾在伯明翰的工人教育协会（Workers' Education Association）学习，在那里她遇到了未来的丈夫詹姆斯·罗伯逊。第二次世界大战期间，她前往北伦敦汉普斯特德的安娜·弗洛伊德的托儿所工作，然后与丈夫一起拍摄了关于分离对幼儿影响的开创性电影，特别是在医疗环境中。乔伊斯·罗伯逊在这些教育电影项目中扮演着至关重要的角色，并与丈夫和约翰·鲍尔比密切合作，探索儿童与父母的早期分离的影响。退休后，这对夫妇成立了罗伯逊中心（Robertson Centre），以推广他们的工作并出租他们的电影。乔伊斯·罗伯逊成了儿童心理治疗师协会（Association of Child Psychotherapists）的荣誉会员。

**赫伯特·罗森菲尔德（Herbert Rosenfeld，1910—1986）** 赫伯特·罗森菲尔德出生于德国纽伦堡，1935 年移居英国，以逃离纳粹主义日益猖獗的入侵。罗森菲尔德先后在伦敦的塔维斯托克诊所和莫德斯利医院学习，并在精神分析研究所接受精神分析训练，他选择了梅兰妮·克莱因夫人作为他的"培训分析师"。作为一名忠实的克莱因学派的成员，罗森菲尔德为精神分裂症和边缘型状态的治疗做出了许多贡献。尽管他和温尼科特努力友好相处，罗森菲尔德甚至在家中招待过温尼科特，但两人之间未公开的信件却透露出他们之间存在着明显的不和谐。罗森菲尔德视温尼科特为梅兰妮·克莱因的攻击者，而温尼科特则对罗森菲尔德的精神分析方法持保留态度。

**威廉·萨金特（William Sargant，1907—1988）** 威廉·萨金特在剑桥的利斯学校接受过教育，尽管他比温尼科特晚几年入学。威廉·萨金特无疑是他那一代中最杰出的生物学导向的英国精神病学家。作为精神分析的激烈批评者，萨金特主张对患有严重精神疾病的患者进行电击治疗和脑白质切除术（精神外科手术）。温尼科特写给威廉·萨金特的抗议信——大部分未公开——仍然被认为是他最优秀的作品之一。温尼科特有着卓越的外交手腕，他成功地斥责了萨金特，同时设法保持对萨金特在精神病学领域地位的尊重，并体谅他的观点，尽管他认为萨金特的躯体治疗在本质上是相当残忍的。萨金特与埃利奥特·斯莱特（Eliot Slater）合著的开创性教科书《精神病学的物理治疗方法导论》（*An Introduction to*

*Physical Methods of Treatment of Psychiatry*，1944），成了整整一代英国医生心目中的经典之作。

**梅莉塔·施米德伯格（Melitta Schmideberg，1904—1983）** 梅莉塔·施米德伯格原名梅莉塔·克莱因（Melitta Klein），是梅兰妮·克莱因夫人唯一的女儿，她先后接受过医生和精神分析师的培训。她嫁给了沃尔特·施米德伯格（Walter Schmideberg），一位定居在德国柏林的奥地利精神分析师。她接受了几段精神分析，先是在德国接受了卡伦·霍尼（Karen Horney）的分析，然后在英国接受了爱德华·格洛弗的分析。各种资料表明，她的母亲也曾对她进行精神分析，因此加深了这两位女性之间的深刻矛盾。虽然她与温尼科特并不亲近，但两位精神分析师彼此都很欣赏，施米德伯格甚至在温尼科特的职业生涯早期督导过他的工作。晚年，梅莉塔·施米德伯格移居美国，并帮助开创了对罪犯患者的精神分析治疗。她最终退出了英国精神分析学会，因为她对以前的一些同事并不满意。

**克利福德·斯科特（Clifford Scott，1903—1997）** 克利福德·斯科特出生于加拿大，与温尼科特一起在精神分析研究所受训，以创纪录的速度取得了精神分析师的资格。他是一位开朗而富有创造力的人，拥有大量的临床精神病学和精神分析经验，他不仅分析了温尼科特的第一任妻子——爱丽丝·巴克斯顿·泰勒·温尼科特（Alice Buxton Taylor Winnicott）夫人，还分析了克莱尔·布里顿女士，后者成了温尼科特的第二任妻子。斯科特曾担任英国精神分析学会的主席。他最终回到了自己的祖国加拿大，并帮助建立了加拿大精神分析学会（Canadian Psychoanalytic Society）。

**尼娜·瑟尔（Nina Searl，约 1882—1955）** 尼娜·瑟尔是英国儿童精神分析的先驱，瑟尔女士督导过该领域的许多早期受训者，包括温尼科特、约翰·鲍尔比和克利福德·斯科特。梅兰妮·克莱因夫人一度对尼娜·瑟尔青睐有加，但由于瑟尔对精神治疗有着浓厚的兴趣，很多同行临床医生逐渐开始对她产生反感。据一份报道称，瑟尔女士会与那些自认为是古埃及转世的人交往。她与精神分析界渐行渐远，当她最终决定退出英国精神分析学会时，她昔日的同事对她的离开都感到松了一口气。

**汉娜·西格尔（Hanna Segal，1918—2011）** 汉娜·波兹南斯卡（Hanna Poznanska）在第一次世界大战期间出生于波兰，后移居法国，又迁居英国，并在英国接受了精神分析师的培训。婚后，她被称为汉娜·西格尔。在职业生涯的大部分时间里，她都在私人执业。西格尔对温尼科特怀有长期的敌意，并成为梅兰妮·克莱因夫人的主要追随者。很少人意识到，她曾在帕丁顿格林儿童医院为温尼科特工作，在20世纪40年代因他拒绝为她进行精神分析而感到非常失望。作为一位具有深刻智慧和临床洞察力的临床医生，西格尔致力于阐明和发展克莱因的理论。

**艾拉·弗里曼·夏普（Ella Freeman Sharpe，1875—1947）** 艾拉·弗里曼·夏普女士是英国精神分析运动的创始人之一，温尼科特在精神分析研究所受训期间，她是他的早期临床督导师之一，在她的一生中，他们都保持着友好的关系。作为一位极富文学修养的女性和曾经的教师，夏普女士将因其开创性的教科书《梦的分析：精神分析师的实用手册》（*Dream Analysis: A Practical Handbook for Psycho-Analysts*，1937）以及她去世后出版的杰出著作《精神分析论文集》（*Collected Papers on Psycho-Analysis*，1950）而被人们铭记。

**海伦·希恩-戴尔（Helen Sheehan-Dare，1885年至不详）** 海伦·希恩-戴尔女士曾是苏塞克斯郡巴特尔修道院学校的组织校长。在第一次世界大战期间，海伦·希恩-戴尔女士成了一名工厂福利工作者，后来她被精神分析所吸引。她和温尼科特一起接受了儿童精神分析的培训，后来苏珊·艾萨克斯夫人加入了他们。海伦·希恩-戴尔女士最终专门从事儿童精神分析，在第二次世界大战期间，温尼科特聘请她为一些住在牛津郡特别旅馆的疏散儿童提供心理治疗，温尼科特负责这些儿童的医疗和精神治疗工作。

**沃利斯·沃菲尔德·辛普森（Wallis Warfield Simpson，1896—1986）** 贝茜·沃利斯·沃菲尔德（Bessie Wallis Warfield）出生于宾夕法尼亚州蓝岭峰顶的一家旅馆，她的生日比温尼科特仅晚了几天。她先是英国威尔士亲王爱德华王子殿下（后来的爱德华八世国王陛下）的情妇，后来成为他的妻子。众所周知，爱德华国王为了迎娶这位美国女子而放弃了王位，她因平民身份和曾离过两次婚而招致非议，她的第一任丈夫是海军飞行员小温菲尔德·斯宾塞伯爵（Earl Winfield Spencer, Jr.），第二任丈夫是航运业高管欧内斯特·奥尔德里奇·辛普森（Ernest Aldrich Simpson）。尽管温尼科特似乎从未见过她，但他的父亲弗雷德里克·温尼科特在那位年轻的威尔士亲王访问普利茅斯时曾迎接过他。辛普森夫人与前国王结婚后成了温莎公爵夫人，尽管她的新小叔子乔治六世国王陛下拒绝授予她"殿下"的称号，此举被许多人视为狭隘、敌意的冷落。

**艾德里安·斯蒂芬（Adrian Stephen，1883—1948）** 艾德里安·斯蒂芬是弗吉尼亚·伍尔夫（原名弗吉尼亚·斯蒂芬）的弟弟，他和妻子卡琳·斯蒂芬（Karin Stephen）与温尼科特一起接受了精神分析培训。在英国精神分析学会的"论战"中，他成了推翻欧内斯特·琼斯和爱德华·格洛弗的主要发起人。他只出版了一本书，不是关于精神分析的书，而是关于一个被称为"无畏号骗局（Dreadnought Hoax）"的恶作剧的书，书中讲述了他年轻时与姐姐和几个朋友一起冒充阿比西尼亚王子的随行人员，登上一艘皇家海军战舰的经历。

**阿利克斯·斯特雷奇（Alix Strachey，1892—1973）** 出生于美国的阿利克斯·萨尔岗特-弗洛伦斯（Alix Sargant-Florence）在少女时期移居英国，先后在贝代尔斯学校（Bedales School）、斯莱德美术学院（Slade School of Fine Art）和剑桥大学接受教育。她是布鲁姆斯伯里团体的成员，于1920年与詹姆斯·斯特雷奇结婚；此后不久，这对新婚夫妇前往奥地利维也纳，在那里分别接受了西格蒙德·弗洛伊德教授的短暂的分析。斯特雷奇夫人从事精神分析实践的时间有限，但最终将大部分精力投入协助丈夫准备24卷的弗洛伊德作品集中。詹姆斯·斯特雷奇去世后，温尼科特一直与她保持着联系。1967年，她的丈夫因翻译获得了施莱格尔-蒂克奖（Schlegel-Tieck Prize），并且是追授的，当时温尼科特代表她出席了德国大使馆（German Embassy）的颁奖仪式。

**詹姆斯·斯特雷奇（James Strachey，1887—1967）** 詹姆斯·斯特雷奇是一个显赫家族的小儿子，家族成员包括愈发引人注目和放荡不羁的作家利顿·斯特雷奇。詹姆斯·斯特雷奇一直在努力寻找自己的使命，直到他发现了精神分析。他接受了西格蒙德·弗洛伊德教授的培训分析，成为他的忠实崇拜者，并投入了近半个世纪的时间将弗洛伊德的著作从德语翻译成英语。尽管他的翻译经常受到批评——有时是吹毛求疵、无端的批评，但斯特雷奇的翻译仍然是弗洛伊德的文本的黄金标准。斯特雷奇自己几乎没有写过什么论文，而是主要专注于翻译工作；然而，他1934年发表的论文《精神分析治疗作用的本质》（"The Nature of the Therapeutic Action of Psycho-Analysis"）已成为经典之作，该论文重点讨论了移情诠释作为一种转化性因素的重要性，以及精神分析师作为患者的辅助性超我的角色。温尼科特与斯特雷奇进行了长达10年的分析，尽管存在一些不足，但温尼科特发现这对他非常有帮助，并让他在儿童心理学领域发展出自己独特的见解,并成为该领域的世界领袖。

**利顿·斯特雷奇(Lytton Strachey,1880—1932)** 詹姆斯·斯特雷奇的哥哥利顿·斯特雷奇是第一次世界大战后英国最具传奇色彩的人物之一,他以其具有挑衅性、争议性和颠覆性的作品而闻名。他于1918年出版的广受欢迎的传记《维多利亚时代:四名人传》(*Eminent Victorians: Cardinal Manning - Florence Nightingale - Dr. Arnold - General Gordon*),抨击了19世纪人们沉闷的情感观,帮助开启了进步主义的新时代。作为一名传记作家、小说家、评论家和文学家,他精力充沛,作品不断,甚至还与西格蒙德·弗洛伊德教授有书信往来。我们不知道温尼科特是否曾与利顿·斯特雷奇本人见过面,但他可能在每日前往布鲁姆斯伯里与詹姆斯·斯特雷奇进行精神分析时与他有过接触。然而,温尼科特确实对这个事实有所察觉:他和利顿·斯特雷奇以及詹姆斯·斯特雷奇一样,说话的声调很高。

**阿瑟·沙利文(Arthur Sullivan,1842—1900)** 阿瑟·沙利文无疑是维多利亚时代最多才多艺、最具创造性和最有趣的音乐作曲家。阿瑟·沙利文与他的创作伙伴威廉·施文克·吉尔伯特共同创作了许多巧妙讽刺和高度喜剧化的轻歌剧。温尼科特是听着吉尔伯特和沙利文的歌曲长大的,他几乎熟记了所有的曲目,这给他的一生带来了很多欢乐。沙利文的经典轻歌剧包括与吉尔伯特合著的《军舰皮娜福号》(*H.M.S. Pinafore*);或《爱上水手的姑娘》(*The Lass That Loved a Sailor*)、《彭赞斯的海盗》(*The Pirates of Penzance*);或《义务的奴隶》(*The Slave of Duty*),当然还有《米卡多》(*The Mikado*);或《蒂蒂普镇》(*The Town of Titipu*)。他于1883年被封为爵士。

**伊丽莎白·斯旺(Elisabeth Swan,生于1921)** 伊丽莎白·斯旺是哈罗德·斯坦利·埃德和他的妻子海伦·埃德（Helen Ede）的女儿，伊丽莎白·埃德在童年时期与温尼科特非常熟悉。实际上，当她的父母外出旅行时，她和她的妹妹经常住在温尼科特位于汉普斯特德的家中。温尼科特曾希望收养她，但她的父母拒绝了这个请求。她最终获得了行医资格，并嫁给了哈罗德·斯旺（Harold Swan），他是一名血液学家，也是南约克郡谢菲尔德大学著名的医学历史学家。晚年，伊丽莎白·斯旺退休后搬到了苏格兰的爱丁堡。

**西比尔·桑代克（Sybil Thorndike，1882—1976）** 西比尔·桑代克是20世纪最杰出的英国古典戏剧女演员之一，她对心理健康事业和左翼政治非常感兴趣。1934年，她作为特邀嘉宾出席了一场午宴，该午宴旨在提高人们对伦敦塔维斯托克诊所工作的认识。温尼科特没有出席这次午宴，据我们所知，他从未见过西比尔·桑代克女爵士；但他肯定知道她的作品。作为几十年的戏剧爱好者，温尼科特很有可能曾在某个舞台上欣赏过西比尔·桑代克的表演。

**彼得·蒂泽德（Peter Tizard，1916—1993）** 作为一位杰出科学家的儿子，彼得·蒂泽德是一位声誉卓著的儿科医生。他和温尼科特至少在1949年就见过，当时蒂泽德被任命为帕丁顿格林儿童医院的医生。作为一位新生儿学专家，蒂泽德对婴儿心理学有着长期的兴趣（受温尼科特的激发），他成了牛津大学第一位儿科教授和英国儿科协会（British Paediatric Association）的主席。他因对儿童医学的贡献而被授予爵士爵位。蒂泽德与温尼科特一直保持着长期的职业友谊，他还在温尼科特的葬礼上致辞。

**维多利亚女王（Queen Victoria，1819—1901）** 维多利亚女王陛下是大不列颠及爱尔兰联合王国的女王，也是印度女皇（Empress of India），在位

63 年。维多利亚女王是道德正直和性保守的典范，她厌恶看到孕妇，尽管她在私生活中充满魅力，但她坚持认为，所有亲热举动都应该从公众视野中消失。温尼科特当然从未见过维多利亚女王，但在他的整个职业生涯中，他不得不抵制维多利亚时代育儿方式的影响，特别是在那些将婴儿交给护士和家庭教师照顾的绅士家庭中。

**佩吉·沃尔科夫（Peggy Volkov，1899—1973）** 作为一名儿童福利、儿童心理学和进步教育领域的学生，佩吉·沃尔科夫接替比阿特丽斯·恩索尔，成为《家庭和学校的新时代》的编辑，这是一份重要的刊物，有助于将精神分析思想传播给公众，尤其是在 20 世纪 40 年代。她深深敬仰温尼科特及其工作，并鼓励温尼科特出版他的广播节目的内容。

**约翰·卫斯理（John Wesley，1703—1791）** 作为一名英国圣公会牧师的儿子，约翰·卫斯理和他的弟弟查尔斯·卫斯理（Charles Wesley）成了英国循道宗（Methodism）的创始人，后来被称为卫斯理循道宗（Wesleyan Methodism），这是基督教新教的一个分支，其特点是致力于行善和公民意识。约翰·卫斯理还广泛传教，通过他的福音演讲和布道教育了无数人。与相信宿命论（无论是拯救还是诅咒）的加尔文宗（Calvinists）不同，卫斯理主张更有希望的普遍救赎的可能性。温尼科特在卫斯理宗的影响下成长，这种神学成为他关怀和关心他人的完整哲学观的不可或缺的背景。

**爱丽丝·温尼科特（Alice Winnicott，1891—1969）** 爱丽丝·温尼科特原名爱丽丝·巴克斯顿·泰勒（Alice Buxton Taylor），是一位著名妇科外科医生的女儿，她就读于剑桥大学的纽纳姆女子学院，学习自然科学。她于 1923 年与温尼科特结婚，在他们共同生活的岁月里，她逐渐在陶艺和绘画领域发展出了自己的专长。人们常常认为她是温尼科特的第一任

"疯"妻子——这是对她的魅力和能力的严重低估——事实上,她的陶瓷生意非常成功,并将她的许多作品卖给了伦敦的一些顶级商店。她和唐纳德·温尼科特于1951年离婚,此后从未再婚。她的私人信件显示,她的晚年生活非常孤独。

**克莱尔·温尼科特(Clare Winnicott,1906—1984)** 克莱尔·温尼科特原名埃尔西·克莱尔·尼莫·布里顿(Elsie Clare Nimmo Britton),第二次世界大战期间,她成了一名驻扎在牛津郡的精神病学社会工作者。克莱尔·布里顿被聘请来监管一些收容受到心理困扰、被疏散的儿童的旅馆,而温尼科特则担任精神病学顾问。在第二次世界大战期间,温尼科特和布里顿的感情日益深厚;最终,在1951年,温尼科特与结婚多年的妻子爱丽丝·温尼科特离婚,并与布里顿女士结婚。作为克莱尔·温尼科特夫人,她是一位忠诚的配偶和同事,最终她也接受了梅兰妮·克莱因夫人的培训分析,凭借自己的能力获得了精神分析师的资格。她在伦敦政治经济学院担任儿童护理专业和社会工作专业的学生的导师,产生了深远的影响,她还在英国内政部担任要职,帮助提高了社会工作培训的标准。丈夫去世后,克莱尔·温尼科特继续从事精神分析。晚年,她撰写了少量图书章节和论文,但她将主要精力放在了传承和保护丈夫的遗产上。

**唐纳德·温尼科特(Donald Winnicott,1896—1971)** 唐纳德·温尼科特出生于德文郡普利茅斯,是商人弗雷德里克·温尼科特和药剂师的女儿伊丽莎白·玛莎·伍兹·温尼科特(Elizabeth Martha Woods Winnicott)的儿子。唐纳德·温尼科特就读于剑桥的利斯学校,随后在剑桥大学耶稣学院攻读本科,然后在伦敦大学的圣巴塞洛缪医院医学院接受医学培训。温尼科特曾是一名儿童医学医生,后来接受精神分析培训,成为英国第一位获得儿童精神分析师资格的男性。在漫长且富有创造力的一生中,温尼科特撰写了许多关于精神分析理论和实践各方面的书。他出色地担任了英国精神分析学会及许多其他组织的主席职务，并在第二次世界大战期间及之后开创了心理健康广播领域。他在精神分析和儿童精神病学领域的众多出版物是他毕生献身于临床工作的见证。

**伊丽莎白·温尼科特（Elizabeth Winnicott，1862—1925）** 温尼科特的母亲在德文郡普利茅斯长大，是一位药剂师的女儿。尽管被怀疑患有抑郁症，但伊丽莎白·温尼科特［后来的温尼科特夫人（Lady Winnicott）］非常热衷于慈善工作。在她的众多活动中，她为普利茅斯的贫困母亲及其宝宝创办了一个支持团体。温尼科特夫人饱受卡他性肺充血和晕厥的折磨，去世时年纪尚轻。

**弗雷德里克·温尼科特（Frederick Winnicott，1855—1948）** 温尼科特的父亲约翰·弗雷德里克·温尼科特在德文郡普利茅斯长大，最终成功接任了温尼科特兄弟公司的董事职位，这是一家既经营制罐和五金制品，又销售精美小商品的公司。弗雷德里克·温尼科特和他的哥哥理查德·温尼科特共同经营这家公司。弗雷德里克·温尼科特是一位备受爱戴和善良的人，他花了大量时间从事志愿工作，并两次担任普利茅斯市长。弗雷德里克·温尼科特因对普利茅斯市民生活的持续贡献而被授予爵士爵位，他终年93岁。作为一位敬业且自豪的父亲，多年来，他不仅在情感上支持他的儿子，而且也在经济上支持他。

**凯瑟琳·温尼科特（Kathleen Winnicott，1891—1979）** 作为温尼科特的两个姐姐中年龄较小的那个，凯瑟琳·温尼科特终身都对她的弟弟关爱有加。她通过宗教工作、慈善活动和慈善事业积极参与普利茅斯的社会生活。第二次世界大战期间，凯瑟琳·温尼科特和她的姐姐维奥莱特·温尼科特在很多方面帮助了普利茅斯市，甚至在空袭中幸存下来。

**理查德·温尼科特（Richard Winnicott，1853—1929）** 理查德·温尼科特是弗雷德里克·温尼科特的哥哥，也是德文郡普利茅斯温尼科特兄弟公司的共同所有人。与他的弟弟一样，他也成了普利茅斯市长，并为普利茅斯的社会生活做出了巨大贡献。理查德·温尼科特和他的家人住在一栋名为"海波利恩（Hyperion）"的房子里，这栋房子紧邻弗雷德里克·温尼科特的家庭住宅"洛克维尔（Rockville）"。

**维奥莱特·温尼科特（Violet Winnicott，1889—1984）** 作为温尼科特的长姐，维奥莱特·温尼科特终生未婚，并像家里的所有成员一样投身于慈善事业。温尼科特女士是一名充满激情的音乐家和动物爱好者，比她的弟弟多活了十多年。她的去世标志着温尼科特家族血脉的断绝。

**弗吉尼亚·伍尔夫（Virginia Woolf，1882—1941）** 弗吉尼亚·伍尔夫原名弗吉尼亚·斯蒂芬（Virginia Stephen），是维多利亚时代伟大的文学家莱斯利·斯蒂芬（Leslie Stephen）的女儿，她是20世纪最重要的小说家之一。弗吉尼亚·伍尔夫嫁给了出版商、霍加斯出版社（Hogarth Press）的联合创始人伦纳德·伍尔夫（Leonard Woolf），并在布鲁姆斯伯里团体的中心蓬勃发展，该团体的成员包括许多早期的英国精神分析师，其中有她的哥哥艾德里安·斯蒂芬和他的妻子卡琳·斯蒂芬，以及詹姆斯·斯特雷奇和阿利克斯·斯特雷奇。伍尔夫住在詹姆斯·斯特雷奇家附近，温尼科特在10年的时间里，每周都会去位于戈登广场的斯特雷奇的诊所6次，因此他很可能会时不时碰到伍尔夫。遗憾的是，弗吉尼亚·伍尔夫从未接受过精神分析治疗，最终她溺水自尽。

# 推荐阅读

唐纳德·温尼科特在他的一生中创作了大量的书、专著、小册子、章节、文章、随笔、评论、综述、讣告、报告、备忘录、信件、案例报告、病例记录、打油诗、素描和涂鸦，其中一些作品从未出版过。一位认真研究温尼科特作品的学者至少需要10年，甚至更长时间才能读完他写的所有东西，我怀疑，如果要以有意义的方式吸收这些材料，可能需要更长时间。

幸运的是，深入探究温尼科特的全部著作并非必要之举，只需精选并研读其部分作品，就能很好地把握温尼科特的思想。

对于从未阅读过温尼科特著作的人，我建议可以从1987年出版的这本虽然薄，但内容丰富的《婴儿与母亲》(Babies and Their Mothers)开始读起。而对于那些已经在心理健康领域开启职业生涯的人，或者已经积累了相当多临床经验的专业人士，我十分推荐1958年出版的《论文集：从儿科到精神分析》中的基础论文，然后可以读1965年出版的《成熟过程与促进性环境：情感发展理论研究》(Facilitating Environment: Studies in the Theory of Emotional Development)中的论文。

当然，温尼科特将自己作为一个可被使用的客体奉献给世界。就像婴儿必须找到自己的过渡性客体一样，每个心理学学习者也必须在纷繁复杂的温尼科特理论世界中，探索出适合自己的道路。当然，我自己开始研究温尼科特（30多年前）时，是以一种非常无结构、自由联想的方式进行的，只是随意翻阅他的文章，不时停下来阅读一些引起我注意的内容。

然而，无论是以系统、按时间顺序、学术性的方式阅读温尼科特的作品，还是以更加富有创意、轻松愉快、随心所欲的方式进入他的世界，你都会发现自己始终置身于一位真正杰出的思想家面前，他总是能激发我们无尽的思考和灵感。温尼科特的每一篇文章都会引导你愉快地去读下一篇，你只要稍微投入一些时间和精力去研读他的作品，很快就会发现贯穿其众多著作的主线，它将临床案例与发展理论联系起来，经常穿插着对人类生存重要方面的诙谐观察。

当然，温尼科特的作品催生了大量的次级文献，当代从业者撰写的相关图书和论文数量不断增加。与温尼科特的原创作品相比，大多数关于他的评论显得黯然失色。因此，我建议初学者在开始探索温尼科特世界的旅程时，先研究他的原著。你手上的这本《与温尼科特的茶会闲谈》，应当只是作为激发兴趣的"开胃菜"。

下面，我精选了一些温尼科特的"最佳作品"，供你参考。我将这些出版物分为三个部分：第一部分是他生前出版的书和小册子的参考书目；第二部分是他逝世后出版的图书清单；第三部分是我认为特别有帮助的图书章节、期刊文章和短篇通讯精选。无论哪种情况，我都提供了原始的文献出处，尽管其中许多图书和随笔后来也以不同的形式再版或发表。

## 温尼科特生前出版的图书和小册子

1931　*Clinical Notes on Disorders of Childhood.* London: William Heinemann (Medical Books).

1945　*Getting to Know Your Baby.* London: William Heinemann (Medical Books).

1949　*The Ordinary Devoted Mother and Her Baby: Nine Broadcast Talks. (Autumn 1949.)* London: C.A. Brock and Company.

1957　*The Child and the Family: First Relationships.* Janet Hardenberg (Ed.). London: Tavistock Publications.

1957　*The Child and the Outside World: Studies in Developing Relationships.* Janet Hardenberg (Ed.). London: Tavistock Publications.

1958　*Collected Papers: Through Paediatrics to Psycho-Analysis.* London: Tavistock Publications.

1964　*The Child, the Family, and the Outside World.* Harmondsworth, Middlesex: Penguin Books.

1965　*The Family and Individual Development.* London: Tavistock Publications.

1965　*The Maturational Processes and the Facilitating Environment: Studies in the Theory of Emotional Development.* London: Hogarth Press and the Institute of Psycho-Analysis.

## 温尼科特逝世后出版的图书

1971　*Playing and Reality.* London: Tavistock Publications.

1971　*Therapeutic Consultations in Child Psychiatry.* London: Hogarth Press and the Institute of Psycho-Analysis.

1977　*The Piggle: An Account of the Psychoanalytic Treatment of a Little Girl.* Ishak Ramzy (Ed.). New York: International Universities Press.

1984　*Deprivation and Delinquency.* Clare Winnicott, Ray Shepherd, and Madeleine Davis (Eds.). London: Tavistock Publications.

1986　*Holding and Interpretation: Fragment of an Analysis.* London: Hogarth Press and the Institute of Psycho-Analysis.

1986　*Home Is Where We Start From: Essays by a Psychoanalyst.* Clare Winnicott, Ray Shepherd, and Madeleine Davis (Eds.). New York: W. W. Norton & Company.

1987　*Babies and Their Mothers.* Clare Winnicott, Ray Shepherd, and Madeleine Davis (Eds.). Reading, Massachusetts: Addison-Wesley Publishing Company.

1987　*The Spontaneous Gesture: Selected Letters of D.W. Winnicott.* F. Robert

Rodman (Ed.). Cambridge, Massachusetts: Harvard University Press.

1988  *Human Nature.* Christopher Bollas, Madeleine Davis, and Ray Shepherd (Eds.). London: Free Association Books.

1989  *Psycho-Analytic Explorations.* Clare Winnicott, Ray Shepherd, and Madeleine Davis (Eds.). London: H. Karnac (Books).

1993  *Talking to Parents.* Clare Winnicott, Christopher Bollas, Madeleine Davis, and Ray Shepherd (Eds.). Reading, Massachusetts: Addison-Wesley Publishing Company.

1996  *Thinking About Children.* Ray Shepherd, Jennifer Johns, and Helen Taylor Robinson (Eds.). London: H. Karnac (Books).

## 精选章节、文章和随笔

1928  The Only Child. In Eva Isaacs, Viscountess Erleigh (Ed.). *The Mind of the Growing Child: A Series of Lectures*, pp. 47–64. London: Scientific Press/Faber and Gwyer.

1930  Enuresis. *Proceedings of the Royal Society of Medicine, 23,* 255.

1933  Short Communication on Enuresis. *British Journal of Children's Diseases, 30,* 41–42.

1933  Pathological Sleeping. *British Journal of Children's Diseases, 30,* 205–206.

1935  The Manic Defence. In Donald W. Winnicott (1958). *Collected Papers: Through Paediatrics to Psycho-Analysis,* pp. 129–144. London: Tavistock Publications.

1936  Appetite and Emotional Disorder. In Donald W. Winnicott (1958). *Collected Papers: Through Paediatrics to Psycho-Analysis,* pp. 33–51. London: Tavistock Publications.

1941  The Observation of Infants in a Set Situation. *International Journal of*

*Psycho-Analysis*, 22, 229–249.

1942　Child Department Consultations. *International Journal of Psycho-Analysis*, 23, 139–146.

1943　Prefrontal Leucotomy. *The Lancet* (10 April), 475.

1943　Shock Treatment of Mental Disorder. *British Medical Journal* (25 December), 829–830.

1943　Treatment of Mental Disease by Induction of Fits. In Donald W. Winnicott (1989). *Psycho-Analytic Explorations*. Clare Winnicott, Ray Shepherd, and Madeleine Davis (Eds.), pp. 516–521. London: H. Karnac (Books).

1944　Shock Therapy. *British Medical Journal* (12 February), 234–235.

1944　Introduction to a Symposium on the Psycho-Analytic Contribution to the Theory of Shock Therapy. In Donald W. Winnicott (1989). *Psycho-Analytic Explorations*. Clare Winnicott, Ray Shepherd, and Madeleine Davis (Eds.), pp. 525–528. London: H. Karnac (Books).

1944　Kinds of Psychological Effect of Shock Therapy. In Donald W. Winnicott (1989). *Psycho-Analytic Explorations*. Clare Winnicott, Ray Shepherd, and Madeleine Davis (Eds.), pp. 529–533. London: H. Karnac (Books).

1945　Primitive Emotional Development. *International Journal of Psycho-Analysis*, 26, 137–143.

1945　Physical Therapy in Mental Disorder. *British Medical Journal* (22 December), 901–902.

1947　Physical Therapy of Mental Disorder. *British Medical Journal* (17 May), 688–689.

1947　Battle Neurosis Treated with Leucotomy. *British Medical Journal* (13 December), 974.

1948　Children's Hostels in War and Peace: A Contribution to the Symposium on "Lessons for Child Psychiatry". Given at a Meeting of the Medical Section of the British Psychological Society, 27 February 1946. *British Journal of Medical Psychology*, *21*, 175–180.

1948　Pediatrics and Psychiatry. *British Journal of Medical Psychology*, *21*, 229–240.

1949　Hate in the Counter-Transference. *International Journal of Psycho-Analysis*, *30*, 69–74.

1949　Birth Memories, Birth Trauma, and Anxiety. In Donald W. Winnicott (1958). *Collected Papers: Through Paediatrics to Psycho-Analysis*, pp. 174–193. London: Tavistock Publications.

1950　Some Thoughts on the Meaning of the Word Democracy. *Human Relations*, *3*, 175–186.

1950　Knowing and Learning. In Donald W. Winnicott (1957). *The Child and the Family: First Relationships*. Janet Hardenberg (Ed.), pp. 69–73. London: Tavistock Publications.

1950　Instincts and Normal Difficulties. In Donald W. Winnicott (1957). *The Child and the Family: First Relationships*. Janet Hardenberg (Ed.), pp. 74–79. London: Tavistock Publications.

1950　"Yes, But How Do We Know It's True?". In Donald W. Winnicott (1996). *Thinking About Children*. Ray Shepherd, Jennifer Johns, and Helen Taylor Robinson (Eds.), pp. 13–18. London: H. Karnac (Books).

1951　Notes on the General Implications of Leucotomy. In Donald W. Winnicott (1989). *Psycho-Analytic Explorations*. Clare Winnicott, Ray Shepherd, and Madeleine Davis (Eds.), pp. 548–552. London: H. Karnac (Books).

1953　Transitional Objects and Transitional Phenomena: A Study of the First Not-Me Possession. *International Journal of Psycho-Analysis*, *34*, 89–97.

1953　Psychoses and Child Care. *British Journal of Medical Psychology*, *26*, 68–74.

1953　Symptom Tolerance in Paediatrics: President's Address. *Proceedings of the Royal Society of Medicine*, 46, 675–684.

1954　Play in the Analytic Situation. In Donald W. Winnicott (1989). *Psycho-Analytic Explorations*. Clare Winnicott, Ray Shepherd, and Madeleine Davis (Eds.), pp. 28–29. London: H. Karnac (Books).

1954　Mind and Its Relation to the Psyche-Soma. *British Journal of Medical Psychology*, 27, 201–209.

1955　Metapsychological and Clinical Aspects of Regression within the Psycho-Analytical Set-Up. *International Journal of Psycho-Analysis*, 36, 16–26.

1955　Adopted Children in Adolescence. In *Report of the Residential Conference Held at Roehampton: July 13th–15th, 1955*, pp. 33–39. London: Standing Conference of Societies Registered for Adoption.

1956　On Transference. *International Journal of Psycho-Analysis*, 37, 386–388.

1956　Primary Maternal Preoccupation. In Donald W. Winnicott (1958). *Collected Papers: Through Paediatrics to Psycho-Analysis*, pp. 300–305. London: Tavistock Publications.

1956　The Antisocial Tendency. In Donald W. Winnicott (1958). *Collected Papers: Through Paediatrics to Psycho-Analysis*, pp. 306–315. London: Tavistock Publications.

1956　Prefrontal Leucotomy. *British Medical Journal* (28 January), pp. 229–230.

1958　The Capacity to Be Alone. *International Journal of Psycho-Analysis*, 39, 416–420.

1958　Psychogenesis of a Beating Fantasy. In Donald W. Winnicott (1989). *Psycho-Analytic Explorations*. Clare Winnicott, Ray Shepherd, and Madeleine Davis (Eds.), pp. 45–48. London: H. Karnac (Books).

1960　String. *Journal of Child Psychology and Psychiatry and Allied Disciplines*, 1, 49–52.

1960　The Theory of the Parent–Infant Relationship. *International Journal of Psycho-Analysis*, *41*, 585–595.

1960　Ego Distortion in Terms of True and False Self. In Donald W. Winnicott (1965). *The Maturational Processes and the Facilitating Environment: Studies in the Theory of Emotional Development*, pp. 140–152. London: Hogarth Press and the Institute of Psycho-Analysis.

1960　The Relationship of a Mother to Her Baby at the Beginning. In Donald W. Winnicott (1965). *The Family and Individual Development*, pp. 15–20. London: Tavistock Publications.

1961　The Effect of Psychotic Parents on the Emotional Development of the Child. *British Journal of Psychiatric Social Work*, *6*, 13–20.

196　 The Aims of Psycho-Analytical Treatment. In Donald W. Winnicott (1965). *The Maturational Processes and the Facilitating Environment: Studies in the Theory of Emotional Development*, pp. 166–170. London: Hogarth Press and the Institute of Psycho-Analysis.

1962　A Personal View of the Kleinian Contribution. In Donald W. Winnicott (1965). *The Maturational Processes and the Facilitating Environment: Studies in the Theory of Emotional Development*, pp. 171–178. London: Hogarth Press and the Institute of Psycho-Analysis.

1963　The Mentally Ill in Your Case Load. In Joan F. S. King (Ed.). *New Thinking for Changing Needs*, pp. 50–66. London: Education Sub-Committee, Association of Social Workers.

1963　The Young Child at Home and at School. In William Roy Niblett (Ed.). *Moral Education in a Changing Society*, pp. 96–111. London: Faber & Faber.

1963　Dependence in Infant Care, in Child Care, and in the Psycho-Analytic Setting. *International Journal of Psycho-Analysis*, *44*, 339–344.

1963　Regression as Therapy Illustrated by the Case of a Boy Whose Pathological Dependence was Adequately Met by the Parents. *British Journal of Medical Psychology*, 36, 1–12.

1963　The Development of the Capacity for Concern. *Bulletin of the Menninger Clinic*, 27, 167–176.

1963　Symposium: Training for Child Psychiatry. *Journal of Child Psychology and Psychiatry and Allied Disciplines*, 4, 85–91.

1963　Communicating and Not Communicating Leading to a Study of Certain Opposites. In Donald W. Winnicott (1965). *The Maturational Processes and the Facilitating Environment: Studies in the Theory of Emotional Development*, pp. 179–192. London: Hogarth Press and the Institute of Psycho-Analysis.

1963　Psychiatric Disorder in Terms of Infantile Maturational Processes. In Donald W. Winnicott (1965). *The Maturational Processes and the Facilitating Environment: Studies in the Theory of Emotional Development*, pp. 230–241. London: Hogarth Press and the Institute of Psycho-Analysis.

1963　Struggling Through the Doldrums. *New Society*. 25th April, pp. 8–11.

1964　The Value of Depression. *British Journal of Psychiatric Social Work*, 7, 123–127.

1964　The Neonate and His Mother. *Acta Paediatrica Latina*, 17 (Supplement), 747–758.

1964　This Feminism. In Donald W. Winnicott (1986). *Home Is Where We Start From: Essays by a Psychoanalyst*. Clare Winnicott, Ray Shepherd, and Madeleine Davis (Eds.), pp. 183–194. New York: W. W. Norton & Company.

1965　The Price of Disregarding Research Findings. In *The Price of Mental Health*, pp. 34–41. London: National Association for Mental Health.

1966　A Psychoanalytic View of the Antisocial Tendency. In Ralph Slovenko (Ed.). *Crime, Law and Corrections*, pp. 102–130. Springfield, Illinois: Charles C Thomas, Publisher.

1966　The Ordinary Devoted Mother. In Donald W. Winnicott (1987). *Babies and Their Mothers*. Clare Winnicott, Ray Shepherd, and Madeleine Davis (Eds.), pp. 3–14. Reading, Massachusetts: Addison-Wesley Publishing Company.

1967　D.W.W. on D.W.W. In Donald W. Winnicott (1989). *Psycho-Analytic Explorations*. Clare Winnicott, Ray Shepherd, and Madeleine Davis (Eds.), pp. 569–582. London: H. Karnac (Books).

1967　The Aetiology of Infantile Schizophrenia in Terms of Adaptive Failure. In Donald W. Winnicott (1996). *Thinking About Children*. Ray Shepherd, Jennifer Johns, and Helen Taylor Robinson (Eds.), pp. 218–223. London: H. Karnac (Books).

1968　The Squiggle Game. *Voices: The Art and Science of Psychotherapy*, 4, 98–112.

1968　Sleep Refusal in Children. *Paediatrics*, July, pp. 8–9.

1968　Infant Feeding and Emotional Development. *Maternal and Child Care*, 4 (Number 33), 7–9.

1968　Delinquency as a Sign of Hope. *Prison Service Journal*, 7 (Number 27), 2–7.

1969　The Use of an Object. *International Journal of Psycho-Analysis*, 50, 711–716.

1971　The Concept of a Healthy Individual. In John D. Sutherland (Ed.). *Towards Community Mental Health*, pp. 1–15. London: Tavistock Publications.

1974　Fear of Breakdown. *International Review of Psycho-Analysis*, 1, 103–107.

# 致　谢

我的许多亲爱的同行都对《与温尼科特的茶会闲谈》的打印文稿提供了建议，他们不仅对这个项目提供了弥足珍贵的鼓励，还给了我极其有帮助和启发性的见解。苏茜·奥尔巴赫（Susie Orbach）博士是一位真正优秀的作家，她阅读了这次访谈的初稿，并以她一贯的慷慨态度给予了回应，我对此深表感谢。她十分欣赏这次逝世后历史写作实验所兼具的严肃性与趣味性，这份认可极大地增强了我完成这部作品的信心。

不久之后，我有幸与两位杰出人士分享了这本书的初稿——他们都是精神分析师，也都是绅士——阿布拉奥·布拉夫曼（Abrahão Brafman）博士和伯纳德·巴奈特博士。能够有幸和这两位杰出的资深临床工作者一起学习和督导，我深感荣幸，我非常珍视他们的洞察力和敏锐的思维。布拉夫曼博士是一位才华横溢的儿童精神病学家和精神分析师，他以新颖独特的方式扩展了温尼科特的涂鸦技巧，这一点在他丰富的出版成果中得到了体现。他为我提供了详尽的逐行评论，完全超出了我的期待，我怀着感激和喜悦采纳了他的许多建议。而巴奈特博士曾任涂鸦基金会（该组织致力于推广温尼科特的工作）的主任，并撰写了一本关于"超我"的富有同情心的教科书，他对我的这个项目给予了许多热情和慷慨的鼓励。

此外，布拉夫曼博士和巴奈特博士还有一个额外的优势，他们是精神分析界最后在世的几个与温尼科特本人相识的人。他们在40多年前见过温尼科特，并与他一起学习。因此，我特别希望得到他们的祝福和认可，确认我能够高度准确地捕捉到温尼科特的声音和精神。当阿布拉奥和伯纳德告诉我，他们从这些文字中感受到了温尼科特的影子时，我倍受鼓舞，决定继续深入探究。

我还受益于另一位特别人士详尽的阅读反馈,她也认识真正的唐纳德·温尼科特,即我们所知的"小猪猪",温尼科特著名的儿童患者。我于1996年首次见到这位年轻的女士,当时我正在对温尼科特圈子的成员进行一系列访谈,为写一部全面的传记做准备。自从我们第一次共进晚餐后,"小猪猪"与我就成了朋友,并一直保持联系。"小猪猪"如今已经50多岁,是一个热情洋溢、才华横溢且和蔼可亲的人,同时是一位能力出众的专业人士。她非常友善地抽时间阅读了《与温尼科特的茶会闲谈》的草稿,并提供了大量的想法、反思与建议,最重要的是,她确认说,尽管她只在童年时期与温尼科特有过接触,而且时间已久,但是通过她与温尼科特的私人接触,以及她与父母的多次交谈(他们对温尼科特更为了解),我还是成功地捕捉到了她记忆中温尼科特的精髓。我从心底感谢"小猪猪"对这个项目的慷慨支持。

许多其他朋友和同行也分享了非常有用的建议,尤其是彼得·鲁德尼茨基(Peter Rudnytsky)教授,他是一位临床工作者兼历史学家。他像阿布拉奥·布拉夫曼博士一样,对全文进行了细致的逐行阅读。他享受玩乐的能力和严谨的学术态度总是激励着我,我从我们的交流中学到了很多,而且还在不断地学习,对此我深表感激。同样慷慨的是精神分析师和诗人瓦莱丽·辛纳森(Valerie Sinason)博士,她具备非凡的临床和文学敏感性,她不止阅读了一遍本书的打印文稿,而且读了两遍,并为我提供了她独到的敏锐观察和建议,这些建议对我来说极其有帮助,我对此表示最深切的谢意。辛纳森博士是我近30年来的良师益友,她以惊人的能力将爱、工作和游戏以如此富有创造性和有机的方式结合在一起,使我对温尼科特的精神有了更深入的了解。

我还必须感谢在1982—2014年期间接受我采访的数百名与唐纳德·温尼科特有过私人往来的人。其中一些材料已经公开发表,我希望,更多的材料将被融入一系列即将出版的学术著作中。但可以肯定的是,如果没有花费几十年时间,去深入了解温尼科特的众多亲属、朋友、同事、病人、咨询师、学生、教子,甚至敌对者的大量回忆,我是不可能写出这本更加有趣的书的。

# 致谢

虽然我不愿意特别地提及某一个人（我将在后续作品中更充分地感谢其中的许多人），但我必须对已故的乔伊斯·科尔斯夫人表达最深切的感谢，她在《与温尼科特的茶会闲谈》中扮演了重要角色，尽管是以戏剧化的方式，但我希望对她的描绘是准确的。如果没有与乔伊斯的数次交谈，如果没有她留给我的无价的档案文件的帮助，我很难想象自己能坚持如此长时间的研究。

梅兰妮·克莱因的孙女戴安娜·布林布尔康（Diana Brimblecombe）夫人优雅地回应了我的研究请求，这要感谢梅兰妮·克莱因基金会（Melanie Klein Trust）的玛丽·布洛克（Mary Block）女士和迈克尔·费尔德曼（Michael Feldman）博士的帮助。

我还必须感谢多年来在许多方面协助我的众多历史学家、图书馆管理员和档案管理员，特别是在我对唐纳德·温尼科特的研究方面。首先，我要向温尼科特基金会的前主席莱斯利·考德威尔（Lesley Caldwell）教授和前前主席詹妮弗·约翰斯（Jennifer Johns）博士表示最深切的感谢，他们慷慨地允许我查阅温尼科特的未出版信件和手稿，这些资料部分存放在伦敦韦尔科姆收藏馆（Wellcome Collection）的韦尔科姆图书馆（Wellcome Library）的档案与手稿（Archives and Manuscripts）中，以及奥斯卡·迪瑟姆图书馆（The Oskar Diethelem Library）的精神病学档案（Archives of Psychiatry）中，后者属于纽约市康奈尔大学琼和桑福德·I.韦尔医学院（Joan and Sanford I. Weill Medical College）精神病学系的德威特·华莱士精神病学历史研究所（The DeWitt Wallace Institute for the History of Psychiatry）。莱斯利·霍尔（Lesley Hall）博士和詹妮弗·海恩斯（Jennifer Haynes）博士及其团队在韦尔科姆图书馆给我提供了无数次帮助；乔治·马卡里（George Makari）教授和他的前任，已故的埃里克·卡尔森（Eric Carlson）教授，以及康奈尔大学前图书馆管理员黛安·理查森（Diane Richardson）女士也给予了我极大的帮助，我在此表示衷心的感谢。我还要感谢各个机构的许多图书管理员、档案管理员和研究人员，包括但不限于华盛顿特区的国会图书馆（Library of Congress）、伦敦皇家医学会会员图书馆（Members' Library of the Royal Society of

Medicine in London）——特别是罗伯特·格林伍德（Robert Greenwood）先生和格蕾丝·斯威特曼（Grace Sweetman）女士、大英图书馆的手稿收藏室（Manuscripts Collection of the British Library）、牛津大学博德利图书馆（Bodleian Library）以及伦敦图书馆（London Library）的工作人员。

我要特别致敬已故的珀尔·金女士，她是英国精神分析学会档案馆（Archives of the British Psychoanalytical Society）的创始人。数年以来，她一直很照顾我，慷慨地教导我，引导我参观了最初位于伦敦市中心的曼斯菲尔德大厦（Mansfield House）和后来位于西伦敦的拜伦大厦（Byron House）的藏品。此外，她无私地分享了她对唐纳德·温尼科特及本书涉及的众多人物的大量私人回忆。她还慷慨地允许我在她的家中自由查阅她的专业和私人文件，包括桑德尔·费伦齐的原始信件和一些其他地方找不到的委员会会议记录。心理健康历史学家需要一些时间，才能意识到金女士对这一领域的深远贡献。

写这本《与温尼科特的茶会闲谈》的想法是在一次喝茶时——确实是字面意思的喝茶——与我最喜欢的奥利弗·拉思伯恩先生聊天时诞生的，他是卡纳克图书公司的董事兼出版人。他对我的这个想法表现出了极大的热情，在他的鼓舞下，这个项目才得以实现。他在整个过程中也提供了许多有用且富有创意的想法。奥利弗让我相信，这样一部被我们称为"富有想象力的非虚构作品"的书，可以作为向学习者和年轻从业者介绍伟大的心理学思想家的有价值的工具。一如既往，奥利弗是最可靠、最诚实的朋友和同事，我感谢他以及卡纳克图书公司的全体员工，特别是塞西莉·布伦奇（Cecily Blench）女士、康斯坦斯·戈文丁（Constance Govindin）女士、亚历克斯·马西（Alex Massey）先生、凯特·皮尔斯（Kate Pearce）女士和罗德·特威迪（Rod Tweedy）博士。埃里克·金（Eric King）先生和克拉拉·迈森尼·金（Klara Majthényi King）夫人为这本书进行了精美的装帧设计和细致的编辑。艾莉森·贝赫德尔（Alison Bechdel）女士，一位才华横溢的艺术家和温尼科特学者,为这本书绘制了精巧的插图*,对此我永远心存感激。

我要特别感谢我在献词中提到的人,他们多年来一直是我非常珍贵的朋友。当然,我也要感恩我的家人,他们中好几位都在书稿还处于萌芽阶段时就阅读了我的手稿,并提出了许多非常重要的建议、观察、澄清要求,等等。

---

\* 此处指本书英文版插图的绘制者,因版权原因,中文版未能使用英文版插图。为了让中文版读者获得同样良好的阅读体验,特请鑫雨为中文版绘制了插图。——中文版编辑注

# 参 考 文 献

以下是在采访过程中或采访相关的编辑材料中，直接或间接提到的所有特定作品的完整参考文献。

Abraham, Karl (1924). A Short Study of the Development of the Libido, Viewed in the Light of Mental Disorders. In Karl Abraham (1927). *Selected Papers of Karl Abraham M.D.* Douglas Bryan and Alix Strachey (Transls.), pp. 418–501. London: Leonard and Virginia Woolf at the Hogarth Press.

Alexander, Franz (1926). Neurosis and the Whole Personality. *International Journal of Psycho-Analysis*, 7, 340–352.

Alexander, Franz (1927). *Psychoanalyse der Gesamtpersönlichkeit: Neun Vorlesungen über die Anwendung von Freuds Ichtheorie auf die Neurosenlehre.* Vienna: Internationaler Psychoanalytischer Verlag.

Alexander, Franz (1946). The Principle of Corrective Emotional Experience. In Franz Alexander, Thomas Morton French, Catherine Lillie Bacon, Therese Benedek, Rudolf A. Fuerst, Margaret Wilson Gerard, Roy Richard Grinker, Martin Grotjahn, Adelaide McFadyen Johnson, Helen Vincent McLean, and Edoardo Weiss. *Psychoanalytic Therapy: Principles and Application*, pp. 66–70. New York: Ronald Press Company.

Alexander, Franz (1957). Psychosomatische Wechselbeziehungen. In Alexander Mitscherlich (Ed.). *Freud in der Gegenwart: Ein Vortragszyklus der Universitäten Frankfurt und Heidelberg zum hundertsten Geburtstag*, pp. 279–306. Frankfurt am Main: Europäische Verlagsanstalt.

Alexander, Franz; Eisenstein, Samuel, and Grotjahn, Martin (Eds.). (1966). *Psychoanalytic Pioneers*. New York: Basic Books.

Alexander, Franz; French, Thomas M., and Pollock, George H. (Eds.). (1968). *Psychosomatic Specificity: Volume 1. Experimental Study and Results*. Chicago,

Illinois: University of Chicago Press.

Alexander, Franz G., and Selesnick, Sheldon T. (1966). *The History of Psychiatry: An Evaluation of Psychiatric Thought and Practice from Prehistoric Times to the Present.* New York: Harper & Row, Publishers.

Alexander, Franz, and Staub, Hugo (1929). *Der Verbrecher und seine Richter: Ein psychoanalytischer Einblick in die Welt der Paragraphen.* Vienna: Internationaler Psychoanalytischer Verlag.

Alexander, Franz, and Szasz, Thomas S. (1952). The Psychosomatic Approach in Medicine. In Franz Alexander and Helen Ross (Eds.). *Dynamic Psychiatry*, pp. 369–400. Chicago, Illinois: University of Chicago Press.

Armstrong-Jones, Robert (1920). Consciousness: The Unconscious Mind and Psycho-Analysis. *St. Bartholomew's Hospital Journal*, 28, 19–20.

Barnett, Bernard (2007). *"You Ought To!": A Psychoanalytic Study of the Superego and Conscience.* London: Karnac Books.

Bion, Wilfred R. (1956). Development of Schizophrenic Thought. *International Journal of Psycho-Analysis*, 37, 344–346.

Bion, Wilfred R. (1961). *Experiences in Groups and Other Papers.* London: Tavistock Publications.

Bion, Wilfred R. (1962). *Learning from Experience.* London: William Heinemann Medical Books.

Bion, Wilfred R. (1962). The Psycho-Analytic Study of Thinking: II. A Theory of Thinking. *International Journal of Psycho-Analysis*, 43, 306–310.

Bion, Wilfred R. (1970). *Attention and Interpretation: A Scientific Approach to Insight in Psycho-Analysis and Groups.* London: Tavistock Publications.

Bollas, Christopher (1987). *The Shadow of the Object: Psychoanalysis of the Unthought Known.* London: Free Association Books.

Bollas, Christopher, and Bollas, Sacha (2013). *Catch Them Before They Fall: The Psychoanalysis of Breakdown.* Hove, East Sussex: Routledge/Taylor & Francis Group.

Bollas, Christopher, and Sundelson, David (1995). *The New Informants: The Betrayal of Confidentiality in Psychoanalysis and Psychotherapy.* London: H. Karnac (Books).

Bornstein, Berta (1951). On Latency. *Psychoanalytic Study of the Child*, 6, 279–285.

New York: International Universities Press.

Bowlby, John (1969). *Attachment and Loss: Volume I. Attachment.* London: Hogarth Press and the Institute of Psycho-Analysis.

Bowlby, John (1973). *Attachment and Loss: Volume II. Separation. Anxiety and Anger.* London: Hogarth Press and the Institute of Psycho-Analysis.

Bowlby, John (1980). *Attachment and Loss: Volume III. Loss. Sadness and Depression.* London: Hogarth Press and the Institute of Psycho-Analysis.

Bowlby, John; Miller, Emanuel, and Winnicott, Donald W. (1939). Evacuation of Small Children. *British Medical Journal,* 16th December, 1202– 1203.

Bowlby, John, and Robertson, James (1953). A Two-Year-Old Goes to Hospital. *Proceedings of the Royal Society of Medicine, 46,* 425–426.

Brafman, Abrahão H. (1978). The Family, the Child and the Psychiatrist: A Psychoanalyst's View of Therapy. In John Connolly (Ed.). *Therapy Options in Psychiatry,* pp. 208–226. Tunbridge Wells, Kent: Pitman Medical Publishing Company.

Brafman, Abrahão H. (1988). Infant Observation. *International Review of Psycho-Analysis, 15,* 45–59.

Brafman, Abrahão H. (1997). Winnicott's *Therapeutic Consultations* Revisited. *International Journal of Psycho-Analysis, 78,* 773–787.

Brafman, Abrahão H. (2000). The Child is Still Ill – How Are the Parents? *Psychoanalytic Psychotherapy, 14,* 153–162.

Brafman, Abrahão H. (2001). *Untying the Knot: Working with Children and Parents.* London: H. Karnac (Books)/Other Press.

Brafman, Abrahão H. (2004). *Can You Help Me?: A Guide for Parents.* London: H. Karnac (Books).

Brafman, Abrahão H. (2011). *Fostering Independence: Helping and Caring in Psychodynamic Therapies.* London: Karnac Books.

Brafman, Abrahão H. (2012). *The Language of Drawings: A New Finding in Psychodynamic Work.* London: Karnac Books.

Brierley, Marjorie (1936). Specific Determinants in Feminine Development. *International Journal of Psycho-Analysis, 17,* 163–180.

Brierley, Marjorie (1937). Affects in Theory and Practice. *International Journal of Psycho-Analysis, 18,* 256–268.

Brierley, Marjorie (1939). A Prefatory Note on "Internalized Objects" and Depression. *International Journal of Psycho-Analysis*, 20, 241–245.

Brierley, Marjorie (1942). "Internal Objects" and Theory. *International Journal of Psycho-Analysis*, 23, 107–112.

Brierley, Marjorie (1943). Theory, Practice and Public Relations. *International Journal of Psycho-Analysis*, 24, 119–125.

Brierley, Marjorie (1947). Notes on Psycho-Analysis and Integrative Living. *International Journal of Psycho-Analysis*, 28, 57–105.

Brierley, Marjorie (1951). *Trends in Psycho-Analysis*. London: Hogarth Press and the Institute of Psycho-Analysis.

Brierley, Marjorie (1969). "Hardy Perennials" and Psychoanalysis. *International Journal of Psycho-Analysis*, 50, 447–452.

Cameron, Hector Charles (1919). *The Nervous Child*. London: Henry Frowde/ Oxford University Press, and Hodder and Stoughton.

Darwin, Charles. (1859). *On the Origin of Species by Means of Natural Selection, or the Preservation of Favoured Races in the Struggle for Life*. London: John Murray.

Darwin, Charles (1872). *The Expression of the Emotions in Man and Animals*. London: John Murray.

Dicks, Henry V. (1967). *Marital Tensions: Clinical Studies Towards a Psychological Theory of Interaction*. London: Routledge & Kegan Paul.

Dicks, Henry V. (1968). Experiences with Marital Tensions Seen in the Psychological Clinic. In John G. Howells (Ed.). *Theory and Practice of Family Psychiatry*, pp. 267–287. Edinburgh: Oliver and Boyd.

Dicks, Henry V. (1970). *Fifty Years of the Tavistock Clinic*. London: Routledge & Kegan Paul.

Ede, Harold S. (1931). *Savage Messiah*. London: William Heinemann.

Erikson, Erik H. (1950). *Childhood and Society*. New York: W. W. Norton & Company.

Erikson, Erik H. (1969). *Gandhi's Truth: On the Origins of Militant Nonviolence*. New York: W. W. Norton & Company.

Ferenczi, Sándor (1910). *Introjektion und Übertragung: Eine psychoanalytische Studie*. Vienna: Franz Deuticke.

Ferenczi, Sándor (1919). *Hysterie und Pathoneurosen*. Vienna: Internationaler Psychoanalytischer Verlag.

Ferenczi, Sándor (1919). Die Psychoanalyse der Kriegsneurosen. In Sigmund Freud, Sándor Ferenczi, Karl Abraham, Ernst Simmel, and Ernest Jones. *Zur Psychoanalyse der Kriegsneurosen*, pp. 9–30. Vienna: Internationaler Psychoanalytischer Verlag.

Ferenczi, Sándor (1920). The Further Development of an Active Therapy in Psycho-Analysis. In Sándor Ferenczi (1926). *Further Contributions to the Theory and Technique of Psycho-Analysis*. John Rickman (Ed.). Jane Isabel Suttie (Transl.), pp. 198–216. London: Hogarth Press and the Institute of Psycho-Analysis.

Ferenczi, Sándor (1921). Weiterer Ausbau der "aktiven Technik" in der Psychoanalyse. *Internationale Zeitschrift für Psychoanalyse*, 7, 233–251.

Ferenczi, Sándor (1922). *Populäre Vorträge über Psychoanalyse*. Vienna: Internationaler Psychoanalytischer Verlag.

Ferenczi, Sándor (1988). *Ohne Sympathie keine Heilung: Das klinische Tagebuch von 1932*. Judith Dupont (Ed.). Frankfurt am Main: S. Fischer/S. Fischer Verlag.

Ferenczi, Sándor, and Rank, Otto (1924). *Entwicklungsziele der Psychoanalyse: Zur Wechselbeziehung von Theorie und Praxis*. Vienna: Internationaler Psychoanalytischer Verlag.

Field, Joanna (1934). *A Life of One's Own*. London: Chatto & Windus.

Field, Joanna (1937). *An Experiment in Leisure*. London: Chatto & Windus.

Field, Joanna (1950). *On Not Being Able to Paint*. London: William Heinemann.

Flügel, John C. (1921). *The Psycho-Analytic Study of the Family*. London: International Psycho-Analytical Press.

Forsyth, David (1922). *The Technique of Psycho-Analysis*. London: Kegan Paul, Trench, Trubner and Company.

Fraser, Antonia (1969). *Mary Queen of Scots*. London: Weidenfeld & Nicolson.

Freud, Anna (1936). *Das Ich und die Abwehrmechanismen*. Vienna: Internationaler Psychoanalystischer Verlag.

Freud, Sigmund (1912). Ratschläge für den Arzt bei der psychoanalytischen Behandlung. *Zentralblatt für Psychoanalyse*, 2, 483–489.

Freud, Sigmund (1912). Recommendations for Physicians on the Psycho-Analytic Method of Treatment. In Sigmund Freud (1924). *Collected Papers: Vol. II*. Joan Riviere (Transl.), pp. 323–333. London: Leonard and Virginia Woolf at the Hogarth Press, and the Institute of Psycho-Analysis.

Freud, Sigmund (1912). Recommendations to Physicians Practising Psycho-Analysis.

Joan Riviere and James Strachey (Transls.). In Sigmund Freud (1958). *The Standard Edition of the Complete Psychological Works of Sigmund Freud: Volume XII. (1911–1913). The Case of Schreber. Papers on Technique and Other Works*. James Strachey, Anna Freud, Alix Strachey, and Alan Tyson (Eds. and Transls.), pp. 111–120. London: Hogarth Press and the Institute of Psycho-Analysis.

Glover, Edward (1928). *The Technique of Psycho-Analysis*. London: Institute of Psycho-Analysis/Bailliere, Tindall and Cox.

Glover, Edward (1955). *The Technique of Psycho-Analysis*. London: Baillière, Tindall and Cox.

Glover, Edward (1960). *Selected Papers on Psycho-Analysis: Volume II. The Roots of Crime*. London: Imago Publishing Company.

Glover, Edward, and Brierley, Marjorie (Eds.). (1940). *An Investigation of the Technique of Psycho-Analysis*. London: Baillière, Tindall and Cox.

Glover, Edward; Mannheim, Hermann, and Miller, Emanuel (1951). Editorial. In Edward Glover, Hermann Mannheim, and Emanuel Miller (Eds.). *Papers on Psychopathy*, pp. 77-83. London: Institute for the Study and Treatment of Delinquency/Baillière Tindall and Cox.

Gray, Arthur (1902). *Jesus College*. London: F. E. Robinson and Company.

Gray, Arthur (1912). *Cambridge and Its Story*. London: Methuen and Company.

Gray, Arthur (1925). *The Town of Cambridge: A History*. Cambridge: Heffer and Sons.

Gray, Arthur (1933). *The Master's Lodge of Jesus College, Cambridge*. Cambridge: Heffer and Sons.

Gray, Arthur, and Brittain, Frederick (1960). *A History of Jesus College Cambridge*. London: William Heinemann.

Greenson, Ralph R. (1967). *The Technique and Practice of Psychoanalysis: Volume 1*. New York: International Universities Press.

Grosskurth, Phyllis (1986). *Melanie Klein: Her World and Her Work*. New York: Alfred A. Knopf.

Guthrie, Leonard G. (1907). *Functional Nervous Disorders in Childhood*. London: Henry Frowde/Oxford University Press, and Hodder and Stoughton.

Hardenberg, Herman E. W. (1956). Prefrontal Leucotomy. *British Medical Journal* (11th February), 350.

Hardenberg, Herman E. W. (1956). Prefrontal Leucotomy. *British Medical Journal* (31st

March), 746.

Hartmann, Dora (1969). A Study of Drug-Taking Adolescents. *Psychoanalytic Study of the Child, 24*, 384–398. New York: International Universities Press.

Hopkins, Juliet (2002). From Baby Games to Let's Pretend: The Achievement of Playing. In Brett Kahr (Ed.). *The Legacy of Winnicott: Essays on Infant and Child Mental Health*, pp. 91–99. London: H. Karnac (Books).

Horder, Thomas (1918). Medical Notes. *St. Bartholomew's Hospital Journal, 25*, 83–84.

Horder, Thomas (1918). Medical Notes. *St. Bartholomew's Hospital Journal, 25*, 93–94.

Horder, Thomas (1918). Medical Notes. *St. Bartholomew's Hospital Journal, 25*, 104–105.

Horder, Thomas (1918). Medical Notes. *St. Bartholomew's Hospital Journal, 26*, 3–5.

Horder, Thomas (1918). Medical Notes. *St. Bartholomew's Hospital Journal, 26*, 14–15.

Horder, Thomas (1918). Medical Notes. *St. Bartholomew's Hospital Journal, 26*, 26.

Horder, Thomas (1919). Medical Notes. *St. Bartholomew's Hospital Journal, 26*, 53–54.

Horder, Thomas (1919). Medical Notes. *St. Bartholomew's Hospital Journal, 26*, 61–62.

Horder, Thomas (1919). Medical Notes. *St. Bartholomew's Hospital Journal, 26*, 103–104.

Horder, Thomas (1919). Medical Notes. *St. Bartholomew's Hospital Journal, 26*, 115–116.

Horder, Thomas (1919). Medical Notes. *St. Bartholomew's Hospital Journal, 27*, 6.

Horder, Thomas (1919). Medical Notes. *St. Bartholomew's Hospital Journal, 27*, 36–37.

Horder, Thomas (1920). Medical Notes. *St. Bartholomew's Hospital Journal, 27*, 55–56.

Horder, Thomas (1920). Medical Notes. *St. Bartholomew's Hospital Journal, 27*, 96–97.

Horder, Thomas (1920). The Future of Medicine. *St. Bartholomew's Hospital Journal, 27*, 143–145.

Hug-Hellmuth, Hermine von (1914). Kinderpsychologie, Pädagogik. *Jahrbuch der Psychoanalyse, 6*, 393–404.

Hug-Hellmuth, Hermine (Ed.). (1919). *Tagebuch eines halbwüchsigen Mädchens*. Vienna: Internationaler Psychoanalytischer Verlag.

Hug-Hellmuth, Hermine (1922). Correspondence. *British Journal of Psychology: Medical Section, 2*, 257.

"Ingulphus" [Arthur Gray] (1919). *Tedious Brief Tales of Granta and Gramarye*. Cambridge: W. Heffer and Sons, and London: Simpkin, Marshall, Hamilton, Kent, and Company.

James, Colin (1971). Letter to Clare Winnicott, 26th January. PP/ DWW/G/6/1. Folder 1. Donald Woods Winnicott Collection. Archives and Manuscripts, Rare Materials Room, Wellcome Library, Wellcome Collection, The Wellcome Building, London.

Jones, Ernest (1937). Letter to Sigmund Freud. 23rd February. In Sigmund Freud and Ernest Jones (1993). *The Complete Correspondence of Sigmund Freud and Ernest Jones: 1908–1939*. R. Andrew Paskauskas (Ed.), pp. 755–756. Cambridge, Massachusetts: Belknap Press of Harvard University Press.

Jones, Ernest (1953). *The Life and Work of Sigmund Freud: Volume 1. The Formative Years and the Great Discoveries. 1856–1900.* New York: Basic Books.

Jones, Ernest (1955). *The Life and Work of Sigmund Freud: Volume 2. Years of Maturity. 1901–1919.* New York: Basic Books.

Jones, Ernest (1957). *The Life and Work of Sigmund Freud: Volume 3. The Last Phase. 1919–1939.* New York: Basic Books.

Kahr, Brett (1996). *D.W. Winnicott: A Biographical Portrait.* London: H. Karnac (Books).

Kahr, Brett (Ed.). (2002). *The Legacy of Winnicott: Essays on Infant and Child Mental Health.* London: H. Karnac (Books).

Khan, M. Masud R. (1988). *When Spring Comes: Awakenings in Clinical Psychoanalysis.* London: Chatto & Windus.

King, Pearl (1965). *Report of the Sponsoring Committee of the Finnish Study Group to the Council of the I.PA.* PP/DWW/M.2/2. Donald Woods Winnicott Collection. Archives and Manuscripts, Rare Materials Room, Wellcome Library, Wellcome Collection, The Wellcome Building, London.

King, Pearl (1979). The Contributions of Ernest Jones to the British Psycho-Analytical Society. *International Journal of Psycho-Analysis*, 60, 280–284.

King, Pearl H.M. (1984). Clare Winnicott's Funeral: (Golders Green). Unpublished Typescript.

King, Pearl (1989). Activities of British Psychoanalysts During the Second World War and the Influence of Their Inter-Disciplinary Collaboration on the Development of Psychoanalysis in Great Britain. *International Review of Psycho-Analysis*, 16, 15–33.

King, Pearl (1991). Biographical Notes on the Main Participants in the Freud–Klein Controversies in the British Psycho-Analytical Society, 1941–45. In Pearl King and Riccardo Steiner (Eds.). *The Freud–Klein Controversies: 1941–45*, pp. ix–xxv. London: Tavistock/Routledge.

King, Pearl (1991). Background and Development of the Freud–Klein Controversies in the British Psycho-Analytical Society. In Pearl King and Riccardo Steiner (Eds.). *The Freud–Klein Controversies: 1941–45*, pp. 9–36. London: Tavistock/Routledge.

King, Pearl (1997). Talk on Sept. 5, 1987 on the Twentieth Anniversary of the Founding of the Finnish Psycho-Analytical Society. In Aira Laine, Helena Parland, and Esa Roos (Eds.). *Psykoanalyysin uranuurtajat Suomessa*, pp. 161–168. Kemij-ärvi: LPT Lapin Painotuote Oy.

King, Pearl (2003). (Ed.). *No Ordinary Psychoanalyst: The Exceptional Contributions of John Rickman*. London: H. Karnac (Books).

King, Pearl (2003). Introduction: The Rediscovery of John Rickman and His Work. In Pearl King (Ed.). *No Ordinary Psychoanalyst: The Exceptional Contributions of John Rickman*, pp. 1–68. London: H. Karnac (Books).

King, Pearl (2005). *Time Present and Time Past: Selected Papers of Pearl King*. London: Karnac Books.

King, Pearl (2005). Foreword. In Roger Willoughby. *Masud Khan: The Myth and the Reality*, pp. x–xix. London: Free Association Books.

King, Pearl, and Steiner, Riccardo (Eds.). (1991). *The Freud–Klein Controversies: 1941–45*. London: Tavistock/Routledge.

Klein, Melanie (1932). *Die Psychoanalyse des Kindes*. Vienna: Internationaler Psychoanalytischer Verlag.

Klein, Melanie (1932). *The Psycho-Analysis of Children*. Alix Strachey (Transl.). London: Hogarth Press and the Institute of Psycho-Analysis.

Klein, Melanie (1935). A Contribution to the Psychogenesis of Manic-Depressive States. *International Journal of Psycho-Analysis*, 16, 145–174.

Klein, Melanie (1937). Love, Guilt and Reparation. In Melanie Klein and Joan Riviere. *Love, Hate and Reparation: Two Lectures*, pp. 57–119. London: Leonard and Virginia Woolf at the Hogarth Press, and the Institute of Psycho-Analysis.

Klein, Melanie (1946). Notes on Schizoid Mechanisms. *International Journal of Psycho-Analysis*, 27, 99–110.

Klein, Melanie (1948). *Contributions to Psycho-Analysis: 1921–1945*. London: Hogarth Press and the Institute of Psycho-Analysis.

Klein, Melanie (1950). On the Criteria for the Termination of a Psycho-Analysis. *International Journal of Psycho-Analysis*, 31, 78–80.

Klein, Melanie (1957). *Envy and Gratitude: A Study of Unconscious Sources*. London: Tavistock Publications.

Klein, Melanie (1959). Our Adult World and Its Roots in Infancy. *Human Relations*, 12, 291–303.

Klein, Melanie (1961). *Narrative of a Child Analysis: The Conduct of the Psycho-Analysis of Children as Seen in the Treatment of a Ten Year Old Boy*. London: Hogarth Press and the Institute of Psycho-Analysis.

Laing, Ronald D. (1960). *The Divided Self: A Study of Sanity and Madness*. London: Tavistock Publications.

Mahler, Margaret S. (1979). *The Selected Papers of Margaret S. Mahler, M.D.: Volume 1. Infantile Psychosis and Early Contributions*. New York: Jason Aronson.

Mahler, Margaret S. (1979). *The Selected Papers of Margaret S. Mahler, M.D.: Volume 2. Separation-Individuation*. New York: Jason Aronson.

Mahler, Margaret S., Pine, Fred, and Bergman, Anni (1975). *The Psychological Birth of the Human Infant: Symbiosis and Individuation*. New York: Basic Books.

Meltzer, Donald (1973). *Sexual States of Mind*. Ballinluig, Perthshire: Clunie Press.

Meltzer, Donald (1978). *The Kleinian Development: Part I. Freud's Clinical Development. Part II. Richard Week-by-Week. Part III. The Clinical Significance of the Work of Bion*. Strath Tay, Perthshire: Clunie Press.

Meltzer, Donald (1992). *The Claustrum: An Investigation of Claustrophobic Phenomena*. Oxford: Clunie Press.

Meltzer, Donald (1994). *Sincerity and Other Works: Collected Papers of Donald Meltzer*. Alberto Hahn (Ed.). London: H. Karnac (Books).

Miller, Arthur (1963). *Jane's Blanket*. New York: Crowell-Collier Press, and London: Collier-Macmillan.

Milner, Marion (1938). *The Human Problem in Schools: A Psychological Study Carried Out on Behalf of the Girls' Public Day School Trust*. London: Methuen and Company.

Milner, Marion (1952). Aspects of Symbolism in Comprehension of the Not-Self. *International Journal of Psycho-Analysis*, 33, 181–195.

Milner, Marion (1956). The Communication of Primary Sensual Experience: (The Yell of Joy). *International Journal of Psycho-Analysis*, *37*, 278–281.

Milner, Marion (1969). *The Hands of the Living God: An Account of a Psychoanalytic Treatment*. London: Hogarth Press and the Institute of Psycho-Analysis.

Milner, Marion (1987). *Eternity's Sunrise: A Way of Keeping a Diary*. London: Virago Press.

Milner, Marion (1987). *The Suppressed Madness of Sane Men: Forty-Four Years of Exploring Psychoanalysis*. London: Tavistock Publications.

Pfister, Oskar (1913). *Die psychanalytische Methode: Eine erfahrungswissenschaftlich-systematische Darstellung*. Leipzig: Julius Klinkhardt.

Pfister, Oskar (1917). *The Psychoanalytic Method*. Charles Rockwell Payne (Transl.). London: Kegan Paul, Trench, Trubner and Company.

Rank, Otto (1924). *Das Trauma der Geburt und seine Bedeutung für die Psychoanalyse*. Vienna: Internationaler Psychoanalytischer Verlag.

Rank, Otto (1929). *The Trauma of Birth*. London: Kegan Paul, Trench, Trubner and Company, and New York: Harcourt, Brace and Company.

Rickman, John (Ed.). (1940). *Children in War-Time: The Uprooted Child, the Problem of the Young Child, the Deprived Mother, Foster-Parents, Visiting, the Teacher's Problems, Homes for Difficult Children*. London: New Education Fellowship.

Rickman, John (1957). *Selected Contributions to Psycho-Analysis*. W. Clifford M. Scott (Ed.). London: Hogarth Press and the Institute of Psycho-Analysis.

Riviere, Joan (1929). Womanliness as a Masquerade. *International Journal of Psycho-Analysis*, *10*, 303–313.

Riviere, Joan (1936). A Contribution to the Analysis of the Negative Therapeutic Reaction. *International Journal of Psycho-Analysis*, *17*, 304–320.

Roazen, Paul (1969). *Brother Animal: The Story of Freud and Tausk*. New York: Alfred A. Knopf.

Roazen, Paul (1975). *Freud and His Followers*. New York: Alfred A. Knopf.

Roazen, Paul (1985). *Helene Deutsch: A Psychoanalyst's Life*. Garden City, New York: Anchor Press/Doubleday.

Roazen, Paul (1993). *Meeting Freud's Family*. Amherst, Massachusetts: University of Massachusetts Press.

Roazen, Paul (1995). *How Freud Worked: First-Hand Accounts of Patients*. Northvale, New Jersey: Jason Aronson.

Roazen, Paul (Ed.). (1995). Oral History of Sandor Rado. In Paul Roazen and Bluma Swerdloff. *Heresy: Sandor Rado and the Psychoanalytic Movement*, pp. 19–174. Northvale, New Jersey: Jason Aronson.

Roazen, Paul (2000). *Oedipus in Britain: Edward Glover and the Struggle Over Klein*. New York: Other Press.

Roazen, Paul (2001). *The Historiography of Psychoanalysis*. New Brunswick, New Jersey: Transaction Publishers.

Roazen, Paul (2002). A Meeting with Donald Winnicott in 1965. In Brett Kahr (Ed.). *The Legacy of Winnicott: Essays on Infant and Child Mental Health*, pp. 23–35. London: H. Karnac (Books).

Roazen, Paul (2005). *Edoardo Weiss: The House That Freud Built*. New Brunswick, New Jersey: Transaction Publishers.

Roazen, Paul, and Swerdloff, Bluma (Eds.). (1995). *Heresy: Sandor Rado and the Psychoanalytic Movement*. Northvale, New Jersey: Jason Aronson.

Sargant, William, and Slater, Eliot (1944). *An Introduction to Physical Methods of Treatment in Psychiatry*. Edinburgh: E. and S. Livingstone.

Sharpe, Ella Freeman (1937). *Dream Analysis: A Practical Handbook for Psycho-Analysts*. London: Leonard and Virginia Woolf at the Hogarth Press, and the Institute of Psycho-Analysis.

Sharpe, Ella Freeman (1950). *Collected Papers on Psycho-Analysis*. Marjorie Brierley (Ed.). London: Hogarth Press and the Institute of Psycho-Analysis.

Stephen, Adrian (1936). *The "Dreadnought" Hoax*. London: Leonard and Virginia Woolf at the Hogarth Press.

Strachey, James (1934). The Nature of the Therapeutic Action of Psycho-Analysis. *International Journal of Psycho-Analysis*, 15, 127–159.

Strachey, Lytton (1918). *Eminent Victorians: Cardinal Manning – Florence Nightingale – Dr. Arnold – General Gordon*. London: Chatto & Windus.

Wesley, John (1747). *Primitive Phyfick or, an Easy and Natural Method of Curing Moft Difeafes*. Holborn, London: Thomas Trye.

Winnicott, Clare (1963). Face to Face with Children. In Joan F. S. King (Ed.). *New Thinking for Changing Needs*, pp. 28–50. London: Education Sub-Committee, Association of Social Workers.

Winnicott, Clare (1964). Development Towards Self Awareness. In Frederick G.

Lennhoff (Ed.). *Challenges, Frustrations, Rewards for Those Who Work with People in Need*, pp. 3–10. Harmer Hill, Shrewsbury, Shropshire: Shotton Hall Publication.

Winnicott, Clare (1978). D.W.W.: A Reflection. In Simon A. Grolnick, Leonard Barkin, and Werner Muensterberger (Eds.). *Between Reality and Fantasy: Transitional Objects and Phenomena*, pp. 17–33. New York: Jason Aronson.

Winnicott, Clare (1980). Fear of Breakdown: A Clinical Example. *International Journal of Psycho-Analysis*, *61*, 351–357.

Winnicott, Clare (1984). Introduction. In Donald W. Winnicott. *Deprivation and Delinquency*. Clare Winnicott, Ray Shepherd, and Madeleine Davis (Eds.), pp. 1–5. London: Tavistock Publications.

Winnicott, Clare (1988). Preface. In Donald W. Winnicott. *Human Nature*. Christopher Bollas, Madeleine Davis, and Ray Shepherd (Eds.), p. ix. London: Free Association Books.

Winnicott, Clare (2004). *Face to Face with Children: The Life and Work of Clare Winnicott*. Joel Kanter (Ed.). London: H. Karnac (Books).

Winnicott, Donald W. (1931). *Clinical Notes on Disorders of Childhood*. London: William Heinemann (Medical Books).

Winnicott, Donald W. (1935). The Manic Defence. In Donald W. Winnicott (1958). *Collected Papers: Through Paediatrics to Psycho-Analysis*, pp. 129–144. London: Tavistock Publications.

Winnicott, Donald W. (1945). *Getting to Know Your Baby*. London: William Heinemann (Medical Books).

Winnicott, Donald W. (1945). Primitive Emotional Development. *International Journal of Psycho-Analysis*, *26*, 137–143.

Winnicott, Donald W. (1949). *The Ordinary Devoted Mother and Her Baby: Nine Broadcast Talks. (Autumn 1949.)* London: C.A. Brock and Company.

Winnicott, Donald W. (1949). Hate in the Counter-Transference. *International Journal of Psycho-Analysis*, *30*, 69–74.

Winnicott, Donald W. (1949). Birth Memories, Birth Trauma, and Anxiety. In Donald W Winnicott (1958). *Collected Papers: Through Paediatrics to Psycho-Analysis*, pp. 174–193. London: Tavistock Publications.

Winnicott, Donald W. (1953). Transitional Objects and Transitional Phenomena: A Study of the First Not-Me Possession. *International Journal of Psycho-Analysis*, *34*,

89–97.

Winnicott, Donald W. (1953). Psychoses and Child Care. *British Journal of Medical Psychology*, *26*, 68–74.

Winnicott, Donald W. (1956). Primary Maternal Preoccupation. In Donald W. Winnicott (1958). *Collected Papers: Through Paediatrics to Psycho-Analysis*, pp. 300–305. London: Tavistock Publications.

Winnicott, Donald W. (1957). *The Child and the Family: First Relationships*. Janet Hardenberg (Ed.). London: Tavistock Publications.

Winnicott, Donald W. (1957). *The Child and the Outside World: Studies in Developing Relationships*. Janet Hardenberg (Ed.). London: Tavistock Publications.

Winnicott, Donald W. (1958). *Collected Papers: Through Paediatrics to Psycho-Analysis*. London: Tavistock Publications.

Winnicott, Donald W. (1958). The Capacity to Be Alone. *International Journal of Psycho-Analysis*, *39*, 416–420.

Winnicott, Donald W. (1958). Child Analysis. *A Criança Portuguesa*, *17*, 219–229.

Winnicott, Donald W. (1958). Child Analysis in the Latency Period. In Donald W. Winnicott (1965). *The Maturational Processes and the Facilitating Environment: Studies in the Theory of Emotional Development*, pp. 115–123. London: Hogarth Press and the Institute of Psycho-Analysis.

Winnicott, Donald W. (1960). The Theory of the Parent–Infant Relationship. *International Journal of Psycho-Analysis*, *41*, 585–595.

Winnicott, Donald W. (1960). Ego Distortion in Terms of True and False Self. In Donald W. Winnicott (1965). *The Maturational Processes and the Facilitating Environment: Studies in the Theory of Emotional Development*, pp. 140–152. London: Hogarth Press and the Institute of Psycho-Analysis.

Winnicott, Donald W. (1962). Ego Integration in Child Development. In Donald W. Winnicott (1965). *The Maturational Processes and the Facilitating Environment: Studies in the Theory of Emotional Development*, pp. 56–63. London: Hogarth Press and the Institute of Psycho-Analysis.

Winnicott, Donald W. (1962). The Aims of Psycho-Analytical Treatment. In Donald W. Winnicott (1965). *The Maturational Processes and the Facilitating Environment: Studies in the Theory of Emotional Development*, pp. 166–170. London: Hogarth Press and the Institute of Psycho-Analysis.

Winnicott, Donald W. (1963). Dependence in Infant Care, in Child Care, and in the Psycho-Analytic Setting. *International Journal of Psycho-Analysis, 44*, 339–344.

Winnicott, Donald W. (1963). Communicating and Not Communicating Leading to a Study of Certain Opposites. In Donald W. Winnicott (1965). *The Maturational Processes and the Facilitating Environment: Studies in the Theory of Emotional Development*, pp. 179–192. London: Hogarth Press and the Institute of Psycho-Analysis.

Winnicott, Donald W. (1964). *The Child, the Family, and the Outside World*. Harmondsworth, Middlesex: Penguin Books.

Winnicott, Donald W. (1964). The Concept of the False Self. In Donald W. Winnicott (1986). *Home Is Where We Start From: Essays by a Psychoanalyst*. Clare Winnicott, Ray Shepherd, and Madeleine Davis (Eds.), pp. 65–70. New York: W. W. Norton & Company.

Winnicott, Donald W. (1965). The Price of Disregarding Research Findings. In *The Price of Mental Health*, pp. 34–41. London: National Association for Mental Health.

Winnicott, Donald W. (1965). The Price of Disregarding Psychoanalytic Research. In Donald W. Winnicott (1986). *Home Is Where We Start From: Essays by a Psychoanalyst*. Clare Winnicott, Ray Shepherd, and Madeleine Davis (Eds.), pp. 172–182. New York: W. W. Norton & Company.

Winnicott, Donald W. (1966). The Location of Cultural Experience. *Scientific Bulletin: The British Psycho-Analytical Society and the Institute of Psycho-Analysis, 9*, 1–8.

Winnicott, Donald W. (1967). The Location of Cultural Experience. *International Journal of Psycho-Analysis, 48*, 368–372.

Winnicott, Donald W. (1969). James Strachey: 1887–1967. *International Journal of Psycho-Analysis, 50*, 129–131.

Winnicott, Donald W. (1969). The Use of an Object. *International Journal of Psycho-Analysis, 50*, 711–716.

Winnicott, Donald W. (1971). *Playing and Reality*. London: Tavistock Publications.

Winnicott, Donald W. (1977). *The Piggle: An Account of the Psychoanalytic Treatment of a Little Girl*. Ishak Ramzy (Ed.). New York: International Universities Press.

Winnicott, Donald W. (1988). *Human Nature*. Christopher Bollas, Madeleine Davis, and Ray Shepherd (Eds.). London: Free Association Books.

Winnicott, Donald W. (1993). *Talking to Parents*. Clare Winnicott, Christopher Bollas, Madeleine Davis, and Ray Shepherd (Eds.). Reading, Massachusetts: Addison-Wesley Publishing Company.